本成果受到中国人民大学
"中央高校建设世界一流大学（学科）和特色发展引导专项资金"支持

明 | 德 | 群 | 学
总主编 ◎ 冯仕政

社会学与中国社会研究

郑杭生社会学大讲堂实录

冯仕政　奂平清 ………… 主编

中国人民大学出版社
·北京·

序　言

在中国社会学恢复重建和发展过程中，郑杭生先生做出了重要贡献。他立足于中国改革开放和社会建设的实践，坚持马克思主义社会学的正确方向，致力于构建具有中国特色、中国风格和中国气派的社会学理论。他所倡导的"立足现实、弘扬传统、借鉴国外、创造特色"的中国社会学理论自觉，对于我们今天建设中国社会学自主知识体系仍有重要指导意义。

"郑杭生社会学大讲堂"是为纪念郑杭生先生对中国人民大学社会学学科乃至对整个中国社会学的重大贡献而设立的品牌项目，由教育部人文社会科学重点研究基地中国人民大学社会学理论与方法研究中心负责组织。大讲堂的主要目的是围绕当今世界与当代中国所面临的重大理论与现实问题，以及社会学学科前沿问题，邀请中外社会学和其他哲学社会科学的知名学者做学术讲座，分享学术研究的新发现，开阔学生的视野，以促进社会学学科建设，深化社会学研究，为共同构建中国特色社会学理论和自主知识体系做出我们这个学术共同体的贡献。"郑杭生社会学大讲堂"自 2017 年创办以来，已举办讲座五十余场，其中第一讲至第十五讲的演讲文稿，已以《社会学与中国社会研究——郑杭生社会学大讲堂实录（第一辑）》为题，于 2020 年由中国人民大学出版社出版。

2024 年是郑杭生先生创建中国人民大学社会学研究所和社会学学科40 周年，也是先生逝世 10 周年。继承和发扬光大先生所开创的中国特色社会学发展事业，是对先生最好的纪念。我们特编辑出版《社会学与中国社会研究——郑杭生社会学大讲堂实录》第二、三辑，以表达对先生的深切缅怀之情。第二辑收录了自 2019 年 5 月以来"郑杭生社会学大讲堂"第十六讲到第三十四讲的 17 篇演讲稿，其中美国加利福尼亚大学洛杉矶分校阎云翔主讲的第十八讲"倒立的家庭与后父权代际性：新家庭主义再探讨"、美国加利福尼亚大学圣迭戈分校罗纳-塔斯（Akos Rona-Tas）教授主讲的第二十讲"The Problem of Predicting the Future：Art and Algorithms"因故未能收录；第三辑收录了自 2021 年 4 月以来第三十五讲到第五十讲的 16 篇演讲稿。

《社会学与中国社会研究——郑杭生社会学大讲堂实录》第二、三辑所收录的讲座，大多数是在 2020 年以来新冠病毒感染疫情流行的艰难境况下举办的，多以线上方式进行，网络直播讲座使更多学子和受众得以分享这一重要学术资源，也扩大了社会学的社会影响。衷心感谢应邀莅临"郑杭生社会学大讲堂"并同意将讲演文字收录出版的各位学者！中国人民大学社会学理论与方法研究中心的人员也为大讲堂的举办做了大量辛勤工作，刘少杰、赵旭东、陆益龙、王水雄、赵延东等教授都曾承担讲座的主持和评议工作，奂平清、富晓星、黄家亮、朱斌等在讲座联络和宣传等方面做了许多工作，中心办公室主任李锁成在讲座的组织、协调和材料准备方面付出了大量精力，王策明、王思贤、杨宇黎、和鑫等博士和硕士研究生参与了演讲文字稿的校对，在此一并表示感谢！

感谢中国人民大学出版社人文分社的大力支持，感谢策划编辑盛杰女士支持！

本书的出版受到中国人民大学社会学理论与方法研究中心、北京郑杭生社会发展基金会、学术志、人大京东社会学学科建设基金的大力支持，特致谢意！

冯仕政

中国人民大学社会学理论与方法研究中心

2024 年 1 月

目　录

单位社会的终结及其社会风险 *

田毅鹏

非常荣幸来到中国人民大学郑杭生社会学大讲堂，下面我把自己近年来关于单位研究的心得与各位交流一下。

大家知道，今年是社会学重建 40 年，近期学术界通过各种形式来纪念和反思社会学重建这一重大的事件和过程。作为人文社会科学学术体系中的后来者，20 世纪 80 年代以来社会学的重建过程值得我们特殊关注。郑杭生教授是参与社会学重建的老一辈社会学家，我们今天的讲座也是对郑老师参与社会学重建的一种纪念。在现实中，一个学科的重建是非常复杂的事情。中国社会学重建的发起人费孝通曾说过一句话，一个学科可以挥之即去，却不能招之即来。因为衡量任何一个学科是否强大，其中一个核心指标是它的研究对其他学科的影响，也就是其是否具有辐射力。而学科辐射力的实现需要学科有属于自己的研究领域，除了一级学科、二级学科之外，还要有一些特定研究领域。在 90 年代前后，中国社会学界曾经把握到一些重要的领域性话题，对学术界产生了重大影响。单位研究便是其中一个具有代表性的重要领域。大家稍微检

　　* 此文是 2019 年 5 月 22 日举办的郑杭生社会学大讲堂第十六讲的内容，讲座由刘少杰教授主持。

　　演讲者简介：田毅鹏，吉林大学哲学社会学院教授，教育部"长江学者"特聘教授。兼任中国社会学会副会长，教育部高等学校社会学类专业教学指导委员会副主任委员，国家社会科学基金学科评审组专家，民政部"全国基层政权和社区建设专家委员会"专家，曾任吉林大学哲学社会学院院长。主要研究方向为社会学理论、组织研究、城乡社区建设研究、发展社会学等。

索一下文献就会发现，1990 年前后，学术界连续发表了一些关于单位研究的高水平论文，很多学者以单位研究为重点领域，如中国人民大学的李路路教授、中国社会科学院的李汉林教授、复旦大学的刘建军教授等，都是单位研究的代表性人物。单位研究一度成为社会学突进的重要领域。但值得注意的是，到了 20 世纪 90 年代末，尤其是 21 世纪初，单位研究迅速降温，似乎此问题已经告一段落。实际上单位研究的话题并没有到曲终人散的状态，但是做单位研究的人确实减少了。我正是在单位研究退潮的时期进入这一研究领域的。2004 年，以东北老工业基地振兴为契机，我发表了《"典型单位制"对东北老工业基地社区发展的制约》一文，正式进入单位研究领域。2011 年，我获得了一个国家社科基金重大项目"当代中国单位制度的形成及变迁研究"，加大了研究力度，发表了一系列单位研究的论文。通过研究，我深深地意识到单位研究对于我们深入理解当代中国社会的转型变迁所具有的特殊重要意义，社会学研究者应该循着这个话题继续向纵深挺进。正是基于上述思考，今天我就选了"单位社会的终结及其社会风险"作为演讲的论题，围绕此话题与大家交流一下我的观点。

我今天准备讲三个问题：第一，单位社会的形成；第二，单位社会的特质及其走向终结的原因；第三，单位社会走向终结而引发的社会风险。最后再对当下中国社会走向后单位社会背景之下的形态演化做一简要分析。

一、单位社会的形成

对于单位现象，多年来学术界形成了多种分析研究视角，主要有作为组织的单位、作为体制的单位、作为制度的单位、作为社会结构的单位等。在相当长的一段时间里，学术界以单位组织、单位体制、单位制度、单位社会等为主题展开研究，取得了较为丰富的研究成果。学术界在研究单位制时，有一个最为基本的判断，说单位制资本主义国家没有，苏东社会主义国家没有，其他发展中国家没有，这是中国社会的一个特殊的产物。基于上述判断，我们要想真正地理解单位制，就必须把单位制放到中国社会结构演进的长河中来加以判断。

大家知道，中国是一个文明发展未曾中断的古国，所以我们在理解中国问题时，一定要有大视野。从时间演进的长时段来审视单位社会的建立，我们会发现单位社会的建立在中国社会结构形态演化进程中占有重要的位置。从 19 世纪中叶以来中国思想演化长时段的角度看，单位社会实际上是作为中国社会精英解决社会总体危机、"重建社会"的根本性措施而出现的。作为世界文明古国，中国传统社会发展演进的长时段进程可简略表述为"封建—郡县—单位"三个阶段。在上述三个发展阶段中，单位阶段占据着重要的地位。

秦以前中国的社会可以叫作封建社会，这和卡尔·马克思讲的社会形态意义上的"封建"不是一个概念，前者指的是周代以宗法血缘关系为依托的一种统治形态，就是以宗法血缘统治。大家知道，我们研究中国上古社会时，其实夏、殷有点说不太清楚，到了周就比较清晰了。周灭殷之后，对殷为什么会灭亡的问题展开了深刻的反思，反思的直接结果便是要采取一种特殊的统治体制来对社会加以控制，所以周代殷之后就出现了体制意义上的"封建"。周从黄土高原走下来，统治了中原大地，采用宗法封建的统治方式实现了"普天之下，莫非王土"式的统治。有一次我到湖北省博物馆，意外地发现博物馆的镇馆之宝编钟是从随国国君的墓里发掘出来的，随国的国君是姬姓，始祖为赫赫有名的周朝开国大将军南宫适（括）。随国是西周初期周天子分封镇守南方的重要邦国。这就是说周代分封的时候，派了一支骨肉支系到了长江流域，建了这么一个诸侯国。可以看出，当时是按照血亲的逻辑来展开周王朝统治的。应该说这种统治方式还是很有效的，保障了周朝的发展和走向鼎盛。但大家要注意，宗法分封的逻辑是按照一代一代向下推，其轨迹越推越远。到了周后期，这套封建体制便出现了严重的问题，所以才出现了春秋战国，最后秦统一天下，"封建中国"时代这一页就翻过去了。

下面再说说郡县社会。秦王扫六合，秦始皇统一天下之后，《史记》

做了如下记载：秦始皇召开御前会议，与大臣探讨以何种形式实现王朝统治。当时御前会议上发生了争论，一派主张继续搞周代的分封制，另一派主张采取郡县制，后来郡县派占据了主导，因为商鞅变法之后，走的就是郡县社会的路，这是秦国成功的经验，它自然不会否定自己。然后秦就建立了郡县社会。韦伯在他的著作中提出的观点是，中国是世界上最早建立科层官僚制的国家，只不过中国的官僚制是家产官僚制。秦以后的中国社会从总体上看是一个典型的郡县社会，就是皇权任命官僚统治郡县的体制。当然，此后有些朝代也有些封建现象出现，但已不占主流了，主要是郡县。今天回过头来看，这套郡县体制在世界文明史上堪称一个创举，产生了巨大的社会影响。关于郡县社会的评价，人们往往会有个一般性的误解，认为中国历史上的皇权在郡县社会中是无比强大的力量，即所谓"普天之下，莫非王土，率土之滨，莫非王臣"。现在许多的宫廷戏，似乎都在强调：皇权是至高无上的，其神力也是无边的。其实，以"一人专制"为特点的皇权专制集权统治也有很大的局限性。英国学者约翰·豪曾说：那些描述帝国的作品往往强调帝国的强大，人们往往看到了帝国宏伟的宫殿和皇帝所特有的对臣民的生杀予夺大权，好像皇帝是神力无边的，其实皇权也有明显的弱点，表现为朝廷无力改变社会秩序，皇权的社会动员能力很差。如果没有西方列强的东来，那么中国的这种"传统体制"不会显现出其散漫弊端。但自近代以来，在西方列强的挑战下，中国传统社会发生了全面危机，在政治解体的同时出现了严重的社会解组。这说明在西方资本主义力量的冲击下，传统的郡县社会体制已难以做出有力的回应。

最后我们再说说，在近代以来民族危机背景下单位社会的诞生。我们将目光回溯到 1840 年，会发现英国的东方远征军是劳师远征，而清军则是本土作战，但清廷的社会动员能力远远没有释放出来。在"肉食者鄙"之类的判断中，根本无法形成强力的集体认同。鸦片战争失败的原因非常复杂，而其中一个重要的原因就在于皇权无法实现西方现代"民族国家"式的社会动员，使我们虽然是本土作战，但在局部战役中却未显现出应有的优势。大约从19世纪下半叶开始，一些中国思想精英便逐渐意识到中国社会"散漫"问题的存在。如孙中山在分析中国问题时便认定：中国人因崇尚家族主义而沦为"一盘散沙"。在网上检索"一盘散沙论"，会发现孙中山的上述论断并非个例。如梁启超即云中国人知家族而不知国家，勇于私斗而怯于公战。梁漱溟在《中国文化要义》一书中也一再强调中国社会是一个松散的社会，中国人缺少集团生活，所以他强调改造中国社会要从乡村入手，搞乡村建设。民国年间清华大学社会学教授潘光旦也讲：人们常说中国社会是一盘散沙，我不同意，我把它比作一团面粉，由于滴水和虫蛀形成了一个个小孔，连沙子都不如，不能再有一点用处。这是一种极端的说法，但却得到了很多人的认可。

　　五四前后思想精英改造中国社会的激进思潮，对中国的政治家也产生了很大影响。如新中国成立当天，毛泽东受政协全国委员会委托，起草《中国人民政治协商会议第一届全体会议宣言》，他写道："我们应当将全中国绝大多数人组织在政治、军事、经济、文化及其他各种组织里，克服旧中国散漫无组织的状态，用伟大的人民群众的集体力量，拥护人民政府和人民解放军，建设独立民主和平统一富强的新中国。"很显然，在毛泽东看来，中国社会的散漫弊端，使我们无法与西洋的坚船利炮对垒，必然打败仗，不足以步入现代民族之林。正是在这一意义上，五四以来先进中国人的一个重要的观点就是否定、批判中国传统社会的散漫。当然，在激进批判的基础上，还有一个怎么办的问题。毛泽东在五四时期就曾写过一篇文章，叫《民众的大联合》，提出应把民众联合起来，将其分门别类地安排到各个组织里面，建立一个高度组织化的社会系统。这种情形也可用"党政军民学，东西南北中"这句话来加以概括。可见，新中国成立初期，共产党人建立"单位体制"绝非偶然，是五四以来先进中国人思考中国问题的一个最终结论。正是在上述意义上，冯友兰说毛泽东是五四新文化运动先驱遗志的忠实继承者。我认为冯老这句话讲得非常到位。他意识到毛泽东的建国方略实际上是建立在 20 世纪上半叶中国思想精英深刻思考的基础之上的。

可见，从 19 世纪中叶西方列强靠坚船利炮打开中国大门时起，中国的思想精英认为中国的郡县社会体制存在很多突出的局限性，缺乏现代国家那种极强的动员能力。因此，从晚清、民国时期开始，社会思想精英主张中国要实现一种高度的整合，其最后的结果便是 1949 年中华人民共和国的成立。我们所建立的单位社会，是一种高度组织化的单位社会。单位社会具有高度的整合性，是通过"国家—单位—个人"体系加以展开的。国家通过单位控制个人，个人通过单位向国家提出诉求。到了改革开放后，我们在迈向社会主义市场经济的过程当中又对单位制提出批判，开始走出单位，努力实现社会的再组织化。

二、单位社会的特质及其走向终结的原因

要想深入理解单位制，就必须从对其基本特征的分析开始，明晰了单位社会的特征，便会在很大程度上理解其起源、形成，以及走向终结的过程。

（一）"单位社会"的特质

从结构视角审视单位制，我们会发现，单位社会最核心的特征表现为其所建立的"国家—单位—个人"这样一种结构体系。作为单位社会的构架，这一结构体系是由主线和辅线构成的。这条主线就是"国家—单位—个人"的纵向管理体系，包括单位对工作场所的控制，对员工的动员、控制等等。大家注意，此外还有一条辅线，就是"国家—街居—个人"，这是管理体系的一条辅助线。当时的社会上有一些没有单位的人，就通过"国家—街居—个人"来实施管理。主线和辅线的地位是变动的，今天中国社会恰好是把主线变成了辅线，把辅线变成了主线，二者表现出明显的交替性。基于这种结构体系而衍生出一系列重要的特征，构成了单位社会的重要特质，如组织的大型化、党政的双重体制、单位组织体制的高度合一性（即单位的党组织和行政管理部门不仅是生产管理机构，同时也是政治、社会管理机构，具有高度的合一性）、终

身固定就业与"包下来"的单位福利保障制度、基于单位组织的自我封闭性而形成的具有浓厚伦理色彩的"熟人社会"等。在现实中，我们可以看到很多单位制的空间蓝本，如长春一汽的单位空间构成就非常典型。如果大家去长春，我建议大家到长春一汽去看一看。看什么呢？长春一汽有一条东风大街，东风大街的东侧是厂房，西侧就是住宅区，是非常典型的单位制的空间蓝本。一汽住宅区的房子现在看起来也不落后，是典型的大屋檐建筑。这种大屋檐的房子一般只有在北京才能看得到。在中国文化符号当中，大屋檐是权力的象征。这些住宅当时确实是给工人住的，体现出工人阶级的主人翁地位。房子里的设施是相当现代的，有热水、有洗澡间，这可是在 20 世纪 50 年代的中国，共和国建立初期。在构建现代企业单位过程中，我们能看到一幅非常恢宏的蓝图。

从宏观的组织结构看，单位的高度组织化主要表现为党在企事业单位中的领导地位。在谈到单位制形成时，路风教授认为，1956 年是"一五"计划完成的年份，标志着高度集中的计划体制的形成，这是单位制形成的标志。我认为其观点有一定道理，但值得注意的是，恰好也是 1956 年，中国放弃了以厂长为领导中心的"一长制"，建立起党委领导下的厂长负责制。所以，1956 年的确是单位制研究的一个值得我们注意的时间。

从单位组织的微观结构看，还有一个重要特点是"复数单位人"，主要是指人们往往是举家加入单位组织的。在当时的历史条件下，我觉得这主要是受了军事共产主义的影响，单位制的形成带有较强的军事共产主义色彩。再如，社会动员体制、福利依赖体系、共同体文化、城乡分割等等，也是单位制的特点。但是我还是要强调一下，单位社会最突出的特点就是"国家—单位—个人"这样一个纵向的结构体系，这是一种高度整合的体制，它把个体都整合到单位组织当中，国家不与个人直接接触。大家注意，国家与个人直接接触其实是很危险的。在单位体制下，典型的是"国家—单位—个人"，国家要通过单位来管理个体，个体通过单位向国家提出诉求。

　　而从制度视角看，单位制也是制度的集合体。我觉得围绕着单位而建立起来的制度，犹如天上的繁星一样，可能是数不清的。我记得有一次在华中科技大学开组织社会学的学术年会。当时参加的有周雪光教授、蔡禾教授、李路路教授、雷洪教授，还有我。大家认为单位制研究经过了一段发展之后，现在好像有些搁浅了。能不能再把它激活？激活的一个重要突破点应该是单位制。单位制到底包括哪些制度？大家在现场罗列了很多制度，如福利制度、工资制度、退休制度、生产制度、车间班组制度等数十种制度。到 2011 年，我做国家重大项目时，就选择了 30 多种制度加以系统梳理和研究。通过研究，我们发现单位组织、单位体制中的制度，就如同人的毛细血管一样，充斥着人的整个肌体，值得我们认真总结提炼。现在看，虽然我们今天的改革发生了重大变动，但我认为，中国大的框架其实还是没有改的。国企改革抓大放小，把小的都砍掉了，但是大的我们没动，单位制的这个骨架仍然在。

　　（二）单位社会何以终结？

　　通过以上讲述，我们发现单位社会是一种特殊的体制和组织架构，用历史主义的观点看，我们今天还是应该给予单位社会应有的历史地位。所以，在讲单位社会的终结之前，我必须强调的是单位社会还是拥有它的特殊历史地位的，比如它的整合功能和社会的高度组织化。中国在计划经济时期通过工业化的赶超模式，奠定了工业化的基础。此外，单位文化、单位伦理也作为一个带有东亚社会特色的文化形态长久地发挥着作用。因此我们认为，应该承认单位社会拥有其特殊的历史地位。但在现实中我们却看到了改革开放背景下单位社会走向终结的过程，自然要发出追问：单位社会何以会走向终结呢？

　　单位制之所以会走向终结，主要是因为它存在着一些严重的弊端。首先，从 20 世纪晚期中国社会转型的宏观背景看，单位体制的高度合一性使其不是一种带有持续性的高效体制——虽然它在一定时期内可以通过举国"一致"的模式创造高效的人间奇迹，但其所面临的最大挑战却在于不能将这种高效持久化。据此，很多学者认为单位社会是一种

"被制度锁定的社会""丧失活力的社会""平均主义的社会"。在这一意义上，走出"单位社会"是中国现代化的必然选择。其次，从理论上看，这里所使用的"单位社会终结"这一命题有自己特定的内涵：它并不是指具体的作为职场的"单位组织"的终结，而是说传统的单位组织所赖以存在的那个宏观社会管理体制发生了巨大的变化，已逐渐被一种新的社会管理体制替代，由此作为职场的单位组织自身的结构、功能也发生了许多重大变化。因为当整个"单位体制"发生剧烈变革后，局部的单位组织实际上已经基本上不再作为"体制"内的一部分而存在，其性质和功能不可避免地发生了剧烈变化。最后，作为社会体制的总体性变动，单位社会走向终结的过程，实际上是通过国家一系列复杂的改革政策而实现的。20 世纪八九十年代以来，伴随着中国走向市场化的改革步伐，一系列改革举措大大地推进了单位社会走向终结的进程，如住房商品化、医疗体制改革、社区建设勃兴等，推进了"单位人"向"社区人"的转变，对单位体制产生了巨大冲击。此外，进入 90 年代，政府陆续出台的改革举措，对单位人与单位存在的种种依附性规定进行了改革，如婚姻登记、考研等不再需要单位出具介绍信，单位所承载的革命的、政治性的整合控制功能开始消退。

2006 年，党的十六届六中全会召开，进一步对社会建设进行界定，提出必须创新社会管理体制，整合社会管理资源，提高社会管理水平，健全党委领导、政府负责、社会协同、公众参与的社会管理格局。很显然，这一新的社会管理格局已非昔日的"国家—单位—个人"的旧体系，而是一个强调在党委领导、政府负责的前提下，社会团体协同，公众"自下而上"积极参与的新格局。在这一意义上，党的十六届六中全会关于社会管理体制的新设计，实际上标志着中国社会宏观结构由"整合控制"向"协同参与"转变，堪称单位社会走向终结的重要标志。

最后值得特殊说明的是，20 世纪 90 年代以来发端的单位制研究基本上是批判性的研究。有一种观点将单位现象与东北现象结合在一起进行批评。这实际上存在着认识上的误区。在历史上，东北的确是率先进入单位制的，退出单位制也比较缓慢。但单位制不是一种地方现象，而是全国性的现象。其实单位制的另两个重要的典型是华北和华东。上海华东理工大学的徐永祥教授对上海国企比较了解，他跟我讲过，新中国成立后上海做了重要的改革，成为中国国有企业最密集的城市，计划经济时期我们用的牙膏、戴的手表、骑的自行车，几乎都是上海人做的。上海也是非常典型的单位制城市。但是东北相对来说确实进入得比较早，退出得也慢。

三、单位社会走向终结而引发的社会风险

刚才我们从长时段的视角，将单位社会作为中国历史上一个重要的发展阶段来看待，大家可以发现，单位制改革是一个根本性的、复杂的转型变迁过程。然而，复杂的转型过程，必定要面临一系列风险，主要表现在以下四个方面，下面我们逐一加以分析。

（一）社会联结的中断错乱

从宏观角度看，单位社会体制下的社会宏观联结是通过"国家—单位—个人"的纵向结构和跨单位的横向联结体系完成的。在社会总体结构复杂的转换过程中，因单位间横向联系的衰减和社会的原子化动向而出现了明显的社会联结中断错乱现象。长期以来，我国是通过"国家—单位—个人"这种社会体系联结，来实现社会的高度组织化的。改革开放后，通过改革和转换，我们建立了以"国家—单位、社区、社会组织—个人"为特征的新体系。在社区、社会组织不发达，单位又不再"办社会"的情况下，因为失去了社会调节的中间组织，个人与国家之间有可能直接接触，从而出现中断错乱。比如信访制度，大家知道，信访制度是一种具有中国特色的公民与国家沟通和向国家申诉的制度。在单位体制下，应该说信访制度的功能是特定的。一个人去上访申诉，需要到上一级信访部门去申诉。信访状子递上去后，信访办一般不用直接办理，它只是一个"二传手"，它的"二传"水平是比较精准的，来了

"好球"，它就一定把这个"球"传到应该传到的地方——基本上是打回单位或单位主管部门。如果这个问题具备可解决的条件，单位通常情况下可能就给你解决了，因为单位知道，一个人一旦走了上访的路就会继续，会给单位造成负面影响，家丑不可外扬，干脆解决吧。但在单位制度变动的背景下，现在信访制度却面临新挑战。因为很多人没有单位，单位的功能也开始下降了。在单位制变迁的背景下，信访制度开始面临非常严峻的挑战，如同一个蓄水池，原来有很多单位能作为分水管把水分流出去，现在这些分水管基本上已经不存在了，所有水都注进来之后，只有信访办一个细小水管，还不能直接处理，所以信访制度就会面临危机。因此，我们说社会联结出现了错乱现象。

中国传统时代的社会基础秩序，特别注意强调基层体系中行政力量与社会力量之间的协调，费老有一句概括性话语称之为"皇权止于郡县"，就是皇权到了县一级，就不往下走了，下面由士绅来自治。中国的城市也是一样，城市的基层政府是区政府，街道不是一级政府，而是政府派出机构，是办事处，基层治理就是街道办和社区居民自治组织相衔接处。大家可能会问：把街道变成一级政府行不行？历史上曾经有过类似的试验，证明存在很大问题，主要是国家行政权力过度下沉，便没有了基层的衔接点，用我的话说就是基层社会失去了"软连接"。大家坐飞机的时候会发现，飞机降落后，廊桥和飞机对接时，对接点一定是软的。硬的行不行？硬对接就会掉漆，会发生危险，所以接口必须是软的。社会治理中的"柔性"是什么？实际上就是一种变通、调节、转换、非正式。你想，一个民间的一般性纠纷，区委书记、区长直接出面，怎么调节？区委书记、区长还是有一定身份的，有些话不能直接说，所以没法调节。作为政府派出机构的街道办书记、主任和社区工作者，更便于出面调解。清官难断家务事，基层治理一定要有软调节，你完全来硬的肯定不行，来硬的会将政府置于无休止的纠纷当中。由此可知，原来我们是"国家—单位—个人"纵向调控体制，后来转换为以街居为主体的基层软连接和变通性的治理空间。应该说，在这个转换过程当中，如果处理不好的话，最容易犯的毛病就是基层治理的硬化。

各位同学不知道，在单位制时期，单位对它的员工的管理是全方位的，甚至包括员工的婚姻。假如一个单位人要离婚，必须经单位领导签字，所以离婚有难度，领导怎么也得劝两句：能不能不离？有的时候就给拦住了。前几年我有一个朋友，两口子吵架，没啥原则性问题，可以继续过，但是都年轻气盛，非离不可。这个小伙子跟媳妇到了民政局，小伙子想，民政局的人一定会说句"哎呀，别离了，好好过吧"。没想到他们去了之后，民政局问："你们干啥来了？""离婚。""领表去吧。"完了，这回没有退路了。其实，单位过度地介入个人的生活肯定存在问题，但是在社会转型过程当中，没有了干预之后，确实也出现了一些意外的后果。

（二）社会矛盾调解的挑战

当我们将目光投向单位组织的内部，便会发现，单位作为新中国成立后支撑起中国社会重组和推动社会主义工业化建设的总体性结构，其最为主要的功能便是把松散的国民整合、组织、动员起来，形成一种合力。在此过程中，单位通过"企业办社会""党政合一""干群一体化"等机制形塑了社会成员对其的依赖性。这里所说的依赖结构充满了温情，而不是捆绑式的强制依附。而且，这种全方位的、层层展开的依赖性，对于社会矛盾的化解往往具有奇效——很多矛盾都是通过单位组织内部化解的方式加以解决的，而不会外溢到社会上去，对社会秩序造成损害。

单位组织内矛盾调解功能的弱化，注定会引发严重的社会问题。大家注意，单位对社会矛盾的调解具有较强的典型性。因为单位组织自身存在一种很强的化解机制。中国社会科学院经济研究所青年学者林盼，在复旦大学张乐天教授的人民公社资料馆中发现了一份档案文件，上面记载的事情是 20 世纪 60 年代，上海某单位的员工，在城市大精简时被按政策精简到农村。此后他不断向单位提出一些包括生活补助、住房维修等在内的要求，在一般情况下，单位都会满足他的诉求。后来林盼据此写了一篇论文。我觉得这篇文章写得很有意思。大家想，那个时候中国的城市的供应能力急剧下降，国家被迫要把一些城市人下放到农村，每个单位组织都要完成一定指标。一个单位坐下来开会讨论此问题：能不能推出几个人下乡？这真是件天大的难事。但值得注意的是，那个时期单位组织居然能完成这种极为艰巨的任务——既缓解了城市社会的人口压力，同时对于奉命下乡的单位人又给予了一定的关照，避免了矛盾激化和冲突的发生。因为下乡的单位人终究替单位解决了问题。所以说，单位的调解、化解、疏导功能是极强的。但当单位制发生改革变迁后，单位组织的社会矛盾调解功能逐渐被淡化，从而增加了社会运行的风险。

（三）公共性构造的危机和转换

公共性研究是一个跨学科的研究课题。哲学界有学者做公共性研究，如中国人民大学哲学院的郭湛教授就出版过关于公共性的学术专著，影响很大。我关注公共性问题主要是受日文文献的启发。我认为，由单位组织承载的公共性主要包括：传导意义上的公共性（即负责将国家政策性的社会资源配给传递给每位个体的单位人）、单位所承担的社会公共义务、单位组织内部自生福利的分配。其中，前二者可称为"大公共性"，后者则为"小公共性"。在单位体制下，包括国有企业在内的单位组织承载的"大公共性"实际上是天然地内化于其体制之中的。但在转型过程中，伴随着国家控制权力的下放，出现了利益单位化倾向，加剧了单位组织走向封闭化，而昔日由单位组织承载的诸多社会责任开始转移到社区。在单位组织日益封闭化和社区成长缓慢的情况下，社会公共性构造发生了重大的变化。由单位组织所承载的若干封闭的"小公共性"，导致社会"公共世界"的严重萎缩。总结一下就是，我的一个带有新意的观点是把公共性分为"大公共性"和"小公共性"。单位制的变革使得原有的公共性结构发生了变动，而今天一种新的公共性的构建格局还没有形成，存在着一个危机和转换的问题。

（四）社会组织的登场及其困境

1992 年，以面向社会主义市场经济为背景，中国社会发生了剧烈的社会变迁。到 2000 年，中办国办发布了民政部起草的关于社区建设指导意见的文件，由此揭开了 21 世纪社区建设的序幕。中国在面向市场经济后，企业不再办社会，原来由单位承载的诸多社会事务开始被分解到社会。从那个时候开始到现在，中国的社区建设成为新时期世界上规模最大、变革最为深远的基层社会治理的体制性变革。一段时间以来，社区的硬件设施有了较大幅度的发展，当然我们的软件还需要进一步提升。

长期以来，中国社会的秩序是依托"国家—单位—个人"这样一个体制建立起来的。现在我们要告别单位体制，必定会引起剧烈变动。学界普遍承认，近年来单位对个人的控制可谓大幅度减弱，结婚、离婚、考研，都可以不告诉单位，单位在个人生活中的影响和作用逐渐褪色。将单位自身及其附带的功能去掉后，必须寻找新的承载者——应该是中间组织和社会团体。但中国社会却缺乏这样一个传统。古语云"君子不党"，就是不提倡在朝廷系统外建立组织或团体。而新中国成立以来，单位组织又基本上覆盖了社会。因此，可以说中国没有民间结社的传统。这点我们跟美国存在着差别。美国的非营利组织和民间组织较为发达。这并不是简单的民族的差异问题，而是历史积淀的产物。大家知道，美国的建国历史是很短的，当欧洲移民登上北美大陆时，那里没有国家、没有政府，有的是尚处于部落文明阶段的印第安人。北美的殖民者在印第安人的白骨之上建立了所谓的北美现代文明。这些欧洲移民到达北美后，没有强大的政府可依靠，只能充分发挥民间自己的力量。假设我们在座的诸位是同乘一条船登陆北美的，我们生活中的一切只能凭借我们自己的力量来安排。为了孩子的教育，其中一些人就要当老师。失火了怎么办？找几个人组成消防队。做礼拜怎么办？选几个人当牧师吧。所以美国的社会组织极为发达。前不久我去了美国罗格斯大学，对该大学所在的新布朗斯维克小镇做了初步的考察。我发现，美国政府虽然也介入社区管理，但是它的私人性色彩非常强。那个小镇治安特别好，为什么治安好？因为这个地方犹太人多，纳的税款多，可以拿出一部分钱来多聘警察和保安。纳税人的缴税与这个社区的治理直接相关联。所以那个地方的社区、养老中心、小镇图书馆非常完备、漂亮。进到图书馆后，我问一位担任图书管理员的老太太在这儿干了多少年了。那位老太太特别自豪，她说我 20 多岁就在这儿，马上要退休了。小镇出钱办了一个小镇图书馆，图书馆边上建有小学、初中、高中，图书馆和学校周围都是居民区别墅，由此可以断言，那个社区的自治能力很强。以此为参照系，我们应该推动社会组织的发展。党的十九大报告提出要打造共建共治共享的社会治理格局，其中一个重要的具有新意之处就是要发挥社会组织的作用，这是中国社会建设所需要加强的领域。

总之，在单位社会走向终结的过程中，后单位社会逐渐浮现在我们的眼前。迄今为止，很少有学者对"后单位社会"概念进行准确而深入的界定。在此前的一篇论文中，我曾经对后单位社会做过简要的界定和概括，认为后单位社会主要是指 20 世纪 90 年代全面市场化改革以来，中国社会表现出来的一种特殊的社会结构及其运行状态。主要表现为：首先，在后单位社会中，旧的社会运行机制逐渐终结，而新的社会运行机制尚未成型，因此，它不是对一个完整的社会结构形态的概括，而是对原有社会体制终结过程中那种"剪不断，理还乱"的复杂蜕变过程的描述及概括；其次，从静态角度看，单位制虽然开始走向终结，但作为社会治理的一个重要单元，单位组织并未退场，而是以一个新的角色和身份继续发挥作用。

从总体上看，后单位社会的基层治理实质上是一个由"公"向"共"的转变过程。"公"就是以政府为主导，"共"就是多元主体参与治理。从十八届三中全会开始，我国迅速地由社会管理转向社会治理，社会治理最突出的特点就是"公"和"共"的结合。前几年我到厦门去参与社区建设试验区的评估活动，发现时任厦门市委书记王蒙徽迷上"共"了，厦门的大街上全是这种标语——"美丽厦门，共同缔造"。其实厦门不打扮也很漂亮，但在王书记看来，美丽厦门共同缔造的核心在于"共"的机制的建立，其建设基础在社区，关键在激发群众参与、凝聚群众共识、塑造群众精神，根本在让群众满意、让群众幸福。后来这位领导被调任沈阳市委书记，继续强调城市建设中的"共"——我到沈阳又发现，沈阳街头的楼宇多刷有"幸福沈阳，共同缔造"。可见他的治理理念的一个绝活儿就是共同缔造。

后单位社会背景下的社会建设，一个最为重要的任务是社会的再组织化和社会联动机制的建立。包括政府要与单位组织、社会组织、非营利组织、社区自治组织等建立起密切的互动关系。在后单位社会中，中国社会的再组织化任务非常艰巨。现在社会各界都在讲联动，三社联动、四社联动、八社联动、九社联动，目前还没听说十社联动的。"三社"是社区、社会组织、社会工作者，这是民政部最早提出的。它抓到了一个关键词，就是"联动"。后单位社会一个最突出的特点就是多元主体联动，但是联动的背后还是党和政府在做指导和支撑，通过投入资源和购买服务，以推社会治理模式的转换和创新。

以上我从三个方面，用一个多小时的时间，讲述了单位社会形成、变迁及走向终结的过程，以及在此过程中衍生出来的诸多问题，希望引发大家的认真思考。就讲到这里，谢谢各位。

从引进吸收到融合创新 *

张文宏

非常感谢刘少杰教授的邀请，让我来到郑杭生社会学大讲堂。应该说，来到这个讲堂我有点诚惶诚恐，我看了前十八讲的讲座人，很多人是我的老师，像林南先生、边燕杰教授等等。我跟中国人民大学这些年有很深的渊源，我说一点你们都不知道的，我在其他场合也没讲过。当年我从香港中文大学毕业以后，差一点就来到中国人民大学，社会学系给了我教授的岗位，但是因为最后技术上出现了一点小的问题，我没有来报到。我跟中国人民大学的很多教授是很好的朋友，包括郑杭生先生。郑老师生前对我和上海大学社会学的发展一直都很支持、关照，他提携晚辈，提携我们青年学者。刘老师刚才讲我是"青年学者"，我在刘老师眼里是青年，但是跟田毅鹏老师一交流，我们也不"青年"了，都在慢慢迈向退休的年龄。

这些年来，社会资本、社会网络是我主要的研究领域，从已经发表

* 此文是 2019 年 5 月 22 日举办的郑杭生社会学大讲堂第十七讲的内容，讲座由王水雄教授主持。

演讲者简介：张文宏，南开大学社会学院院长，二级教授、博士生导师，兼任中国社会学会副会长，曾任上海大学社会学院院长。先后毕业于南开大学和香港中文大学，分别获哲学学士、法学硕士和社会学博士学位。主要研究领域为社会网络与社会资本、社会分层与社会流动。曾多次获教育部高等学校科学研究优秀成果奖（人文社会科学）及上海市、天津市哲学社会科学优秀成果奖。出版学术著作、译作 10 余部，发表学术论文百余篇。代表作为《中国城市的阶层结构与社会网络》《城市白领新移民研究》。

的成果来看，多数研究还集中在这个领域。这些年我也在做社会分层、社会流动研究。前两天社会资本研究的一个国际大腕普特南来北京大学做了一个演讲，他讲了在国际学界的社会资本研究 30 年。实际上，准确地讲，中国的社会资本研究差不多也是 30 年的时间，虽然我们社会学恢复重建已有 40 年，但是社会资本研究最早在中国开始做大概是在 1986 年，到现在 30 年多一点。

在中国社会学重建 30 年的时候我曾经写过一篇关于中国社会网络和社会资本研究 30 年的梳理的论文，今天和大家交流的内容在这个基础上有一些更新，有一些新的思考。我认为，中国社会学经过了 40 年的历程，社会资本研究经过了 30 年的历程。我们都知道，社会学的重建在前期主要是引进西方的东西、吸收西方的东西、介绍西方的东西，郑老师生前一直倡导我们做自己的、做中国学派的研究，郑老师本人也是身体力行，提出了现在的五大学派。我觉得，中国社会资本研究不能仅仅沿着西方的路子亦步亦趋，而应该有自己创新的地方。特别是目前在这个背景下，我们中国社会学有没有自己的话语体系，中国的话语体系能不能得到国际学界的认可，是所有当代中国社会科学学者所面临的一个挑战。

我今天的交流分为四个方面：一是社会资本研究的进展；二是中国学者 30 年的社会资本研究，它的特点是什么；三是以往的研究有什么问题；四是未来的研究大概有什么趋势。

一、社会资本研究的进展

首先在研究方法方面，主流的社会资本研究应该是量化研究。量化研究和质性研究在中国一直有交锋，如果同学们最近看《社会学研究》，就会看到有几篇正是讨论了这方面的争论。在社会资本研究当中，我今天所说的社会资本实际上涵盖了通常所说的社会网络和社会资本这两个部分。关于社会网络，包括它的概念、它的操作化界定，争议并不是很多，但是关于社会资本就有很多争议，我在后面关于社会资本研究存在的问题的部分还会提到。

在社会资本的研究方法当中，主要是以个体为中心的社会网络研究法，经典的方法是由美籍华人林南先生发明的。他在美国纽约州奥尔巴尼做研究时发明的定位法，主要是用传递包裹实验和小世界研究法进行研究。后来这种研究方法被边燕杰教授用到中国的研究中，也就是我们现在所熟悉的拜年网研究。这个研究最早是在中国的四个城市（天津、深圳、武汉、上海）进行，之后扩展到五个城市（上海、天津、长春、厦门、广州），后来他到西安交通大学任教以后，扩展到八个城市，在上面五个城市的基础上增加了西安、济南、兰州三个城市。

社会网络研究的一种方法是定位法。当年林南和杜敏就采取了定位法。在地位当中，通常选择职业，比如律师。你是否直接认识一个律师？你如果不认识，通过谁能找到一个律师？这是对交往渠道的追踪。问你跟这个人认识多长时间、跟这个人是什么关系、跟这个人关系的密切程度如何，这是对直接的关系人的追踪。对间接的关系人，如果有一个以上联系人，就询问帮你找到从事某个职业的人（比如律师）的最重要的那个人的基本情况。后来在中国的研究当中，在拜年网的研究中，边燕杰设计了 22 种职业，最初的研究仅仅问调查对象认识的人当中，是否有从事这些职业的人，后来的研究进一步区分，问调查对象的亲属、朋友、一般认识的人中有没有从事这些职业的人。除了职业，边燕杰还用了 10 种具有中国特色的单位类型，因为在中国，你在什么单位工作可能比你从事什么具体工作对你来说更重要。

社会网络研究的另外一种方法是提名法。1986 年，提名法首先被运用到天津的调查当中，学者们在天津连续进行了三次调查（1986 年、1993 年、1996 年调查）。1986 年的调查是由阮丹青教授、彼得·布劳教授、安德鲁·魏昂德教授共同主持的，主要研究重要问题讨论网，即询问"在过去半年中，您与谁讨论过对您来说重要的问题"。后来在 1993 年的调查中，我亲自参与了调查问卷的设计，我们把问题进一步区分为工具性支持问题、情感性支持问题以及混合问题。在提名法中，通常会问调查对象首先提到的前 5 个人的情况，可以包括他的性别、和调查对象的关系、他的职业、他的收入、他和调查对象认识的时间等等。

1993 年的调查是有关社会网络的专题调查，我想，如果我们今天再使用那些问题，也就是把当时调查的问题加进今天的 CGSS 问卷当中，那么可能没法执行。很多被访者可能会说，我就只认识一个人，或者我根本不认识什么人。被访者有可能是受到了访问员的引导，想尽快结束问卷访问；还可能是有很多隐私信息不愿意透露。现在面对面的入户访问越来越困难，我们也曾经尝试其他的办法，比如网上调查、电话调查。当然电话调查问卷不能很长，如果很长的话，你今天没问完，改天再约，一般就约不到了。网上调查有一个让社会学家最关心的身份问题无法解决，就像在互联网中流行的一句话：你不知道网络那头是一条狗还是一个人。社会学家最关心的就是身份的识别，因为身份的识别与其地位、声望等社会学家关心的社会地位指标是直接相关的。

关于工具性支持网，我们会问平时家务劳动请谁帮忙，能向谁借一大笔钱，能向谁借一些小东西，以及如何通过中间人建立关系。

关于情感性支持网，我们会问比如与谁谈论与配偶的严重问题，与谁谈论情感压抑的问题，等等。

关于社交网或朋友网，我们会问比如经常与谁一起外出，与谁有相互的家庭拜访。

我们还会问到你最好的朋友是谁，这很有意思。在西方的研究当中，当问到最好的朋友的时候，西方有超过 60% 的人会把他的配偶列为他最好的朋友；我们在天津进行调查的时候，还在访问员手册里加了一个括号提示包括配偶和家人，但是很遗憾，最后调研的结果显示，问及最好的朋友，被访者基本不选自己的父母、不选自己的孩子，也不选自己的配偶，这和西方人是不一样的，值得我们进一步研究。通常中国人会说：配偶就是配偶，怎么会是最好的朋友？这里面可能有观念的问题，特别是 1949 年以后的社会变迁是不是影响了宏观社会结构和微观社会结构的变迁。

还有互助网、婚宴网、餐饮网（饭局）、丧葬网。当然，互助网、婚宴网、餐饮网，这些都是当事人在场的。当我们参加一个葬礼，通过丧葬而联系起来的社会网络，可能其含义就不一样。中国人很忌讳这个，这是一个视角，我们曾经做过研究设计。

这是在量化方面。实际上，在中国社会网络社会资本研究当中，还有一部分是运用了质性的方法，收集了很多典型的案例。刘林平教授是我的同学，目前在南京大学任教。他对深圳"平江村"进行了调查。"平江村"的大多数居民来自湖南省平江县，这些人主要在深圳做跟货柜车运输有关的工作，他们组成了这样一个"村落"。中国社会科学院王春光研究员在北京和巴黎所做的关于"温州村"的研究，还有很多学者在浙江和福建所做的关于地下钱庄、民间借贷关系的研究，都运用了质性的方法，运用了社会网络、社会资本的概念。

应该说，社会资本的主要研究领域涉及社会学当中很主流的几个方面，比如关于地位获得的研究，关于找工作，关于社会流动——找到第一份工作之后你的职业流动以及你的阶层地位是怎么变动的，还有关于社会支持。除了从官方的，从你所在的单位、所在的社会组织获得的支持、帮助以外，你是怎么获得非正式的社会支持的？特别是在现在高度专业化的"压力山大的世界"中，人们怎么寻求支持和帮助？

从大学来讲，很多学校每年都会有一些因为抑郁症、因为其他各种原因自杀的情况，他们是不是缺少了一定的社会支持？是不是缺少了非正式的社会支持？

关于移民的研究，中国早期的研究主要集中在关于国内农民工的研究方面。我一直反对用"农民工"这样一个称谓。我觉得应该把农民工称为"新移民"。当然，我们以往谈到移民的时候，大多关注的是国际移民，实际上中国由于实行了六十几年的户籍政策，产生了国内移民。从所谓的以城市人为主体的视角，而把他们叫作外来人口、农民工等等，现在学界对此有很多争论。

还有关于社会资本和信任的关系的研究，社会资本和社会建设、社区参与的关系的研究。在社会学的主流研究领域当中，都有社会资本和社会网络研究学者在勤奋耕耘。主要的研究成果，由于时间关系我不再一一列举。以上是对于社会资本研究涉及的主要研究领域，我们这些年在量化研究方面运用了哪些方法，进行了哪些大的调查。

二、社会资本研究的特点

（一）社会资本研究成为跨学科的研究领域

同学们如果翻一下国内主要的出版物，就会发现在 20 世纪 90 年代中后期以后，社会网络、社会资本的概念充斥了多数期刊、杂志，社会资本研究成了一个很时髦的学术领域。从那时起，这个领域主要是把西方的大量作品译介到中国来，经过这样的译介，社会资本的概念、理论、测量方法、统计模型被广泛地应用到社会学、政治学、管理学、经济学、历史学等学科的实证研究当中。应该说，这个领域的研究采用了一种多学科的视角，这说明从发展脉络上来讲，发轫于社会结构视角的社会资本理论与方法的发展呈现出跨学科的特点。同学们大一学"社会学概论"的时候，就知道我们社会学最核心的一个概念是社会结构。实际上，关于社会结构研究，有两派观点。一派是以卡尔·马克思、马克斯·韦伯为代表的从阶级阶层视角来研究社会结构。另一派就是从社会资本的视角来研究社会结构。在这个意义上，可以说社会资本研究成为一个具有方法论特点的跨学科领域，它给我们带来了一些方法论方面的思考，给我们带来了一些研究范式方面的启发。

（二）中国的社会资本研究正在走向专业化、制度化和规范化

我们把社会资本称为一个二级学科可能不是很恰当，把它称为一个研究领域可能更准确。作为一个研究领域，它是否有专业化的标志、制度化的标志、规范化的标志？这个标志是说：国内主要大学是否开设了这方面的专业课程？是否培养了该专业的研究生，特别是博士研究生？是否定期召开学术会议？是否拥有专业化的学术团体？应该说，从 20 世纪 80 年代以来，现在能查到的在中国大陆首先出现社会网络、社会

资本的概念的，是林南教授 1985 年在北京大学的一次演讲。当然在这之前，林南老师作为南开大学的客座教授，在南开大学做过多次关于社会网络与社会资本的专题报告。我们知道，林南教授是美籍华人，又曾经担任美国社会学协会副会长，说他对中国社会学的重建做出了重要贡献，一点也不夸张。当年他在我的母校南开大学开设了一个中美社会学博士班，像边燕杰这些学者就是从这个班毕业后，又到了美国留学。南开大学的社会学硕士班和博士班也被称为中国社会学的黄埔军校。从那以后，国内一些主要大学的社会学系陆续开设了"社会网络分析""社会关系研究""社会资本研究"等本科生和研究生专业课程。我记得我第一次来中国人民大学是来参加王卫东的硕士论文答辩，他的硕士论文方向是社会网络研究。当时在国内找不到几个做社会网络、社会资本研究的人能够来参与答辩评审，所以我第一次来中国人民大学是在那个时候。当然，后来王卫东博士也做了很多社会资本、社会网络方面的研究，他现在的主要精力放在指导中国人民大学国家发展与战略研究院收集全国规模的问卷调查数据上。最近中国人民大学把赵延东教授挖过来了，他在社会资本、社会网络方面很有建树。虽然他之前长期在政府部门工作，但是这竟没有耽误他做社会学研究，还发表了那么多高质量的论文，也是厉害。社会学界还有一个类似的人，那就是南京大学的陈云松教授，他曾经是政府官员，担任南京某个区的副区长，在任副区长期间，在牛津大学拿了一个博士学位，当副区长也不耽误他发论文。无论是研究数量还是研究质量，两个人都蛮好的，当然这两个人也都做有关社会网络和社会资本的研究，所以我对他们比较熟悉。

在中国社会学会 2006 年学术年会期间，我们设立了社会网暨社会资本研究专业论坛，现在已经举办了十几次论坛活动。

我们成立了中国社会学会社会网暨社会资本研究专业委员会，这个委员会已先后召开了 19 届社会网与关系管理学术讨论会。为什么叫社会网与关系管理？因为这个委员会是社会学与管理学两个学科共同成立的。虽然管理学的社会网络、社会资本研究的专业化程度没有社会学高，但是它的队伍规模大，所以当时我们的设想是，借助管理学研究队伍的庞大规模，将社会网络和社会资本研究做大做强。社会学与其他社会科学学科相比，规模还是太小，当年郑先生在世的时候一直呼吁要把社会学学科做大，你首先要做大才能做强。

我们已经搞了 19 次方法培训班，因为对很多青年学者来讲，他们对社会网络特别是对社会网络的统计方法并不太熟悉。学术讨论会每年都开方法培训班，以培养后备人才。

过去几年，社会学的一些主要核心期刊——《社会学研究》《社会》《社会学评论》《学习与探索》《西安交通大学学报（社会科学版）》等都曾经开过社会网络和社会资本专题或专栏。

（三）以中国学者为主或是中外合作（主要是中美合作）组织了多项大规模的专题调查，积累了量化研究的数据和资料

国内第一个社会网络调查是 1986 年在天津进行的社会网络调查，由阮丹青、布劳和魏昂德教授共同主持。1988 年，林南在天津做了社会网络与职业流动调查。边燕杰教授的成名作《找回强关系》就是用这个调查的数据进行的分析。1993 年，阮丹青在天津做了社会网络调查。1996 年，我也做了天津城乡社会支持网调查。可能有很多同学会问，为什么社会网络调查都在天津进行。

之所以早期在天津做了这么多城市层面的随机抽样调查，有一个原因是当时社会学恢复重建以后，还是一个比较敏感的学科，而南开大学在那个年代被称为社会学的黄埔军校。因为做调查也是比较敏感的事，所以后来一些中外合作的项目，都来到天津，当然是想依靠南开大学的力量、依靠天津社会科学院的力量在天津进行调查。当时天津社会学学会的会长是王辉先生，他当时在天津市政府担任副秘书长，能把市里的行政资源调动起来。天津市政府当时每年都会做千户居民问卷调查，于是就把学术调查的问卷嵌入居民调查问卷里，作为居民调查问卷的 B 卷，由政府来推动。当然，关于政府主导的大规模问卷调查有没有信度方面的问题，有没有效度方面的问题，大家都有自己的观点，当年我也写了有关在中国怎么应用行政资源进行大规模问卷调查的文章，但在当年看，这是一种很好的推动调查的方式。因为在中国，完全用市场的方式很难开展调查，比如不能入户，现在有那么多商品房小区，特别是北京有那么多高档别墅小区，你连小区门都进不去，因为它们的保安是要对业主负责，而不是对调查员负责。后来，1999 年边燕杰主持了五城市调查。2000 年我的导师李沛良教授做了北京、香港社会网络调查，我的博士学位论文就使用了 2000 年北京社会网络调查的数据。再后来，李路路和边燕杰教授共同主持开创了 CGSS，CGSS 2003 和 CGSS 2006 都有专门的社会网络板块。西安交通大学李树茁教授做了城乡人口流动及其社会网络的影响调查。我到了上海以后，2007 年做了上海新移民调查，这也是当年国家社科基金的一个项目。后来边燕杰教授从 2009 年开始做八城市调查，还给调查起了个英文名叫作 JSNET。应该说，这些调查的数据在推动社会资本、社会网络研究的规范化、国际化方面做出了贡献。

（四）社会资本研究的专业教材、专著、论文集、译著、论文陆续出版

比如，《结构洞》《机会链》《找工作》《社会网络分析》等译著陆续出版。早期关于社会网络、社会资本的译文发表在《国外社会学》上，但后来它停刊了。当时还有上海社会科学院信息研究所主办的《国外社会科学文摘》、江苏省社会科学院世界经济研究所主办的《国外社会科学情况》，我当时有十几篇有关社会网络、社会资本的译文都发表在这两本期刊上。这些年，像罗家德、刘军的专著，以及边燕杰的关系社会学系列丛书都在陆续出版。我用中国知网查了一下，涉及社会网络的论文大概有 20 434 篇，涉及社会资本的论文大概有 26 066 篇；社会网络专著大概有 3 953 本，社会资本专著大概有 2 009 本。当然，这里应该做个筛选。因为我们知道，经济学界、政府说到"社会资本"的时候，指的是一种金融意义上的资产、一种民间资本，跟我们说的社会资本不是一回事。但不可否认，社会网络和社会资本在中国已成为一个很重要、范围很大的学科领域。

（五）量化研究和质性研究的成果交相辉映、相得益彰

虽然社会网络、社会资本研究的主流是量化研究，但如果你一看到模型、数字就头疼的话，那还是看质性研究成果更有意思，特别是很多以案例研究、田野调查和深入访谈为基础的质性研究，能够写出很好的、可读性很强的故事，把人类学的视角包含在里面。国内这方面的成果尤其欠缺，在某种程度上，做一个好的质性研究比做一个好的量化研究更难。为什么？我们都学过研究方法，量化研究被称为"洋八股"，每一步都有很严格的规范供人模仿。而虽然质性研究方法书上也讲过一些套路，但是不容易模仿。量化研究和质性研究方法的结合，在国内为推动社会网络、社会资本研究的繁荣做出了很大贡献，也从一定意义上反映出中国的研究者善于从日常生活的实践中搜集"关系"实践的资料。如果国外学者特别是西方学者给中国贴一个标签的话，那么很可能是"关系社会"。从这个意义上来讲，我们从日常生活的实践中能够搜集到大量内容丰富的、生动的关系社会案例资料。

三、中国社会资本研究的问题

我概括了以下几个问题：

（1）关于社会网络的概念学界没有多少争议，而关于社会资本的概念学界至今没有达成共识，所以导致了测量的混乱和对于同一结果的不同解释，从而在某种程度上阻碍了这一研究领域的发展。虽然我们说在20世纪90年代社会网络是一个很时髦的社会领域，但是作为一个社会领域，它流于时髦未必是一件好事。与此相关的是，一部分学者将社会资本的概念界定和操作化测量宽泛化和随意化，以致降低了社会资本理论的解释力。从而，在一种测量层次上得出的结论却被拿来与在其他分析层次上的研究发现进行比较和讨论。我们在讲一种研究方法的时候，你是在微观层次上进行测量还是在中观或宏观层次上进行测量？这个不搞清楚，就会犯区位谬误的错误。有一些学者将个案研究、田野调查结论推广到整个社会，导致陷入了区位谬误的泥淖。

概念界定不清楚，没有达成共识，导致了测量和操作化方面的混乱。我们在做一项研究的时候，概念界定清楚以后，第二步需要把概念操作化。我们不要以为仅仅在量化研究当中才有操作化，实际上做质性研究，只要你是做经验研究，就要有一个操作化的步骤。

（2）部分研究者在隐喻而不是实质意义上使用社会网络、关系、社会资本等概念，这种隐喻可以说是隐晦的、比喻的，不是实质界定的。在这个意义上，我们说社会网络、关系、社会资本差不多，是一回事，从而导致了社会资本流于学术时髦，不能成为一个严肃的知识和学术领域。

（3）测量方法。比如我们要测量一个中国人的社会资本，要测量一个中国人的社会网络——无论是用定位法还是提名法——我们测量的是他的哪个网络？美国学者发明了一个重要问题讨论网，就是调查对象和谁讨论对他来说重要的问题。它基本上在西方社会学界成了一个共识，西方学者都认为用它来测量西方人的社会网络是适合的。在国内，我前面介绍的大规模系列调查都使用了不同的测量方法，我们也用过讨论网、拜年网、餐饮网、求职网来测量中国人的社会网络和社会资本，虽然取得了一些成果，但是如果说我们就用一个问题——无论是定位法还是提名法——来测量中国人的社会网络，我认为到目前学界还没有达成共识。

（4）本土化与跨文化比较研究的张力还没有很好地解决。社会网络也好，社会资本也好，毕竟都是舶来品，这些舶来品怎么和中国本土的实践结合起来？比如我们经常说的"关系""人情""面子"这些概念，如果我们要做经验研究，那么怎么把它们操作化？在这方面，虽然金耀基先生、黄光国先生都做了大量研究，但他们主要是基于中国香港社会和中国台湾社会做的研究。南京大学的翟学伟在这方面有很不错的建树，但是他可能仅仅停留在抽象的理论层面。我们如果在现实中做经验研究，那么要怎么做？

在中国社会学界，多数学者还是做经验研究，比如刘少杰教授这么知名的学者，做了那么多理论研究，依然兼做经验研究。我觉得，理论研究者需要很高的素养和很高的悟性，就像我悟性不太高，就做点经验研究，玩点数字，弄点模型，就可以了。在座的同学们，特别是在没有选好研究方向、研究方法还搞不定的时候，你们要想想，要做理论研究，你们有没有那么高的水准、素养和悟性。

这些外来的概念和我们本土化的概念怎么结合？我觉得不仅仅是社会网络和社会资本研究，国内社会学界多数的研究还是在用西方的概念来套中国的现象。这在博士生毕业论文开题、答辩的时候表现得最明显。说到理论模型，中国学者拿西方的理性选择模型、社会资本模型一顿套，没有自己的模型。用西方的理论来解释中国的现实，很明显有不匹配的问题，因为一个理论的发展一定是和当时、当地的发展状况，当时所处的历史环境、制度环境、政策环境相关的。从这个意义上来讲，中国社会学的本土化远没有完成。很多学者在讨论本土化，当然有不同的观点、有争论，我觉得有争论是好事，但是从我的观点来看，中国社会学的本土化还在过程当中，还在路上，还有很长的路要走。不是说不用西方的概念，而是说对于很多西方的概念我们要重新改造。西方的概念在中国的意义是什么，要有重新的界定、重新的操作化、重新的测量。在这个意义上，本土化与跨文化比较研究的张力还没有很好地解决。

我们做量化研究，在从教科书上学"洋八股"、学研究规范的时候就明白，我们要想和西方学者进行比较，就要用原创的概念。就像我们在测量中、在问卷中，西方学者用了某些测量方法和问题，我们既要用他的，还要创新，要超过他，要加一个问题或变量。比如我们做多元线性回归，我们做出来的模型比西方学者的更复杂，因为模型中既有西方学者的原始变量，又增加了我们自己的变量。这样一来，岂不是我们的统计模型会越来越复杂，调查问卷会越来越长，原来 10 页的调查问卷，以后要搞成 20 页，因为既要包括西方学者的原始问题和变量，又要包括我们自己试图创新的内容。如果不包括西方学者的问题和变量，那么怎么跟他们的研究进行比较？如果没有我们自己增加的问题和变量，那么怎么在他们的基础上创新？我看了很多在《社会学研究》上发表的论文，好的模型统计结果一页纸放不下，现在最长的表格要占好几页纸，我觉得这违背了科学研究的原则。一个模型不是越复杂越好，做量化研究，做统计，应该用最简单的统计模型对问题做最深刻的解释，这才是最好的研究，而不是一个模型弄好几页，看都看晕了。回到这里，我认为，在社会网络、社会资本研究当中，还需要实实在在地本土化和中国化。

四、社会资本研究的未来趋势

中国社会资本研究的未来趋势是什么？

（1）在社会结构的研究范式上，我刚才提到有两种主要的社会结构研究范式，这两种研究范式的结合将形成一种新的范式。我所说的两种研究范式的结合，不是简单的 $1+1=2$，而应该发挥 $1+1>2$ 的效果，或者说是在更好的基础上的一种综合、一种融合。所以，阶级阶层分析视角和社会网络、社会资本分析视角将融合为一种新视角。作为两种不同的范式，它们的共性是研究社会成员在一个社会当中的结构性位置，只不过阶级阶层分析偏重分析社会成员在科层制组织中正式的位置，而社会网络、社会资本分析更关注社会成员在非正式组织和社会关系结构中的位置。我们在进行范式比较或者进行范式选择的时候经常会说，这两个研究范式哪个好哪个不好，哪个优哪个劣。我觉得简单地进行这样的比较没有意义，因为不存在两者孰优孰劣的问题，不存在谁可以替代谁的问题，这两者的关系，用哲学的视角讲，是相互补充、相互完善的关系。如果能够将阶级阶层分析和社会网络、社会资本分析的概念和技术融合，那么无论是对阶级阶层研究还是对社会资本的理论和研究方法的完善，都将做出非常大的贡献。我当年的博士毕业论文就试图把阶级阶层分析和社会网络、社会资本分析结合起来。

如果谈到这两种研究范式的结合，你可以一方面重点关注社会网络、社会资本对你的阶级阶层地位的影响，比如关于社会网络、社会资本与地位获得的关系的研究。若你拥有一个合理的或者丰富的社会网络，你的社会资本含量更高的话，它会帮助你提升社会地位。另一方面，阶级阶层结构既可以是金字塔形的，也可以是橄榄形的，但无论是什么形状，你在阶级阶层中的位置都会影响你的社会网络建立、社会资本获得及发挥作用。以往的研究表明，在阶级阶层中占据优势地位的人更容易建立自己的社会网络。换句话说，成功企业家的圈子，和我们普通人的是不一样的，当年林南先生在早期的研究中也关注到了这样一个问题。

（2）借用边燕杰教授的一句话：关系社会学有可能成为新的学科增长点。总体上，我是赞成这个观点的。边燕杰教授提出这个观点是在2009年于西安召开的中国社会学学术年会上，他在主题报告中提出，对中国社会"关系"现象的研究，即对关系现象的理论和实证分析是推动中国社会学发展的一个可能的突破口。他从关系的本质特征是伦理本位、关系导向出发，认为所谓的关系社会学在理论层面是一套关于伦理本位、关系导向的抽象的理论，在方法论层面，是一种探索和分析社会行为模式的思维方法论、研究方法论。关系社会学就是从关系主义理论立场出发，来研究中国社会与所有其他社会的关系。换句话说，虽然关系社会学主要研究的是中国社会，但我觉得也可以用这种视角来研究其他东亚社会，如研究日本、韩国。很多人说中国社会是一个关系社会，难道西方社会不是关系社会吗？特朗普执政以后，把他的好多亲戚朋友聘为内阁成员或顾问，遭到了很多质疑，但是它背后的理论基础是人对亲近的人有一种基本的信任，信任也是一种社会资本。

边燕杰认为，关系社会学可以成为把握中国社会现实及其变动的重要学术工具。无论是分析传统中国社会还是转型期中国社会，关系主义都是一个重要的机制。关系社会学的概念、理论、方法，对于研究中国社会、社会变迁，应该处于学术中心地位。

我总体上同意边燕杰教授这样一个预测和判断。边燕杰教授领导的西安交通大学实证社会学研究团队的一个主要研究方向就是社会资本、社会网络和关系社会学，他主编了一套关系社会学丛书，也出版了有关量化分析的专著和论文集，但目前在关系社会学的整个理论建树方面却没有取得本质性的、更大的突破，这应该是学界同人共同努力的一个方向。

（3）大数据时代的社会资本研究。

刘少杰教授一直在做网络社会学研究，主要是基于互联网、基于虚拟空间的社会现象研究，跟我们以往说到的社会网络主要指人际网络是不一样的。但是从理论渊源上讲，社会网络和互联网背后的理论基础是一致的。而且在今天看来，互联网与人际网（虚拟网和现实网）之间也是相互影响的。在某种意义上，我们说互联网是虚拟网络是不准确的，更准确地说，它既是虚拟的又是现实的，或者说主要是现实的。

根据中国互联网络信息中心在 2019 年 2 月份发布的第 43 次《中国互联网络发展状况统计报告》，2018 年年底我国的网民规模接近 8.3 亿，一年的时间新增网民 5 600 多万，互联网普及率为 59.6%。互联网普及率从 2007 年的 16% 增长到 2017 年的 55.8%、2018 年的 59.6%，这个增长速度是惊人的。当然，从绝对数字来讲，中国的网民数量世界第一，这是无可争议的。最近几年一个重要的变化就是手机网民的变化，随着智能手机成为我们生活当中须臾不可离开的工具也好，玩具也好，它原始的通信功能已不是主要的了。我经常说，要做一个有意思的实验，比如我们在大学断网 24 小时，观察一下学生、年轻老师状态怎么样，我们可以运用社会学和心理学的方法、测量技术来研究一下。

这两年有一个热点话题，无论是企业界还是学界、政府都很关注大数据。大数据有几个重要特征：一是数量大，它的起始计量单位至少是 PB、EB 或 ZB。二是类型繁多，包括网络日志、音频、视频、图片、地理位置信息等。三是价值密度低，对大数据的分析、对大数据当中的社会网络的分析需要做提纯的工作。四是速度快、时效高。

目前多数学者以及很多企业家在炒作大数据的概念，甚至很多学者预言大数据将带来社会科学的范式革命。这个预言也喊了几年，但是目前对于大数据的分析还没有产生革命性的成果，或者说能推翻传统的理论模型和经验发现的成果。当然我说这个不是担心我会不会失业，我觉得，从统计理论来讲，因为大数据不是抽样数据，所以我们不需要做那些复杂的模型了，最多做相关分析就可以，回归分析用不着，因为全部数据都在里面。但是，用相关分析得出的结论能够推翻那些传统的结论吗？我觉得可能为时尚早，也许是因为目前还没有找到分析大数据的各种革命性的统计方法，用原来的统计方法是不能解决大数据问题的。我最关注的是大数据当中的社会网络、大数据当中的社会资本。

　　未来应重点分析互联网和新媒体如何建立和分割社会资本，虚拟社会组织的形成和参与机制，虚拟社会成员的社会人口特征、网上互动和资源交换的模式，虚拟网络的规模、密度和异质性，网络社会资本与现实社会资本的同质性和差异性，等等。

　　（4）作为一种社会整合、协调与治理机制的社会资本研究。

　　我们现在都在谈社会治理、社会建设，从理论上来讲，社会网络、社会资本是在等级制的协调——等级制即层级制、科层制——和市场调节之外的第三种方式。用另外一种我们熟悉的话来说就是，一方是政府，一方是市场，中间是什么？我认为中间应该是社会网络、社会资本。我们知道，20世纪三四十年代的一批社会学家在搞乡村建设、乡土重建、社会建设，李景汉先生在定县（现定州市），梁漱溟先生在山东邹平。当年的乡村建设靠的是什么力量？靠的是社会的力量、社会资本的力量，比如把当时的乡绅动员起来，发挥这些人的社会资本的作用。在今天的社区建设和社会建设当中，我们没有很好地发挥一部分精英人士的社会资本的作用。

　　如果说这样一种判断成立的话，那么社会网络和社会资本作为一种社会整合与协调手段，在促进社会成员之间，社会组织之间，政府、市场与民间社会之间的关系和谐方面，是能发挥积极作用的。社会网络和社会资本也应该能成为一种新的社会治理模式。如果判断成立，那么发挥这种整合、协调功能的机制是什么？它是否会带来负面效应？社会资本研究对社会资本的负面功能一直是忽视的，相关研究很少，这方面有可能是一个新的研究方向。

（5）关于社会资本与政治资本、经济资本、文化资本转换的研究。

如果大家读过布迪厄的长篇论文《资本的形式》，就会知道他从理论上阐述了社会资本与其他类型的资本可以相互转化，在这方面我们可以做一些经验研究，无论是量化研究还是质性研究。

关于社会精英的网络联盟，C. 赖特·米尔斯的权力精英论认为在美国存在着经济精英、军事精英和政治精英三大联盟，中国的精英有没有这样的联盟？

从社会网络的视角研究官商关系也是一个研究方向。当然，现在关于新型的官商关系的研究也是一个热点话题。他们的社会网络是怎么建立的？他们之间是一种什么样的关系？这都值得我们进一步探讨。

（6）全球化和风险社会背景下社会资本结构与功能的变迁。

中国自加入世界贸易组织以来，逐渐成为世界经济、政治、社会和文化体系当中的一个举足轻重的成员。在全球化的背景下，大量国际金融资本、人力资本纷纷到中国“抢滩”，这种国际有形资本的加速流动必然会带来国际和国内社会资本的结构重塑和功能转型，因此，分析全球化和风险社会背景下社会资本结构与功能的变迁趋势将是一个热点。这个角度主要是一个宏观的角度，可以运用沃勒斯坦的世界体系论进行分析。世界体系论本质上是一种社会网络视角，把全球分为中心、半边缘、边缘三部分。实际上，从全球范围来看，除了正式的经济关系、贸易关系以外，对于背后的外交关系、友谊关系，都可以运用社会网络视角和世界体系论视角进行分析，我认为尤其可以用世界体系论视角来分析一下当前的中美贸易战，把社会资本因素放在里面。从微观、中观、宏观等层面，对不同类型的社会资本都可以进行分析。

（7）社会资本的国际比较研究。

目前这方面的研究成果不多，主要是边燕杰教授做的中国和英国的社会网络和社会资本比较分析。

（8）社会资本的不平等。

我们可以将阶级阶层视角同社会网络、社会资本视角结合起来进行研究。我们现在在谈社会不平等的时候，更多是谈收入不平等、教育不平等等。比如我们研究的收入不平等、财富不平等，这背后有没有社会资本原因？在我看来，一定有。林南在他的研究中曾经提到，社会资本不平等对社会不平等是有贡献的，是发挥了作用的。比如有社会资本赤字会导致不同群体生活机会的进一步不平等。我们通常只考虑社会资本的正向功能，实际上社会资本是有赤字的。赤字是怎么产生的？我们在实际的投资当中，投资不当会带来赤字。社会资本也有投资不当的时候，也会带来赤字。

在不同性别、种族（民族）、阶层、身份等的各群体中，哪些群体更容易产生社会资本赤字？不同的群体具有不同的获取社会资本的机会，是不是因为他们的结构位置或社会网络具有优势或劣势？一种现实的社会经济地位和一种相对的社会网络位置之间的互动是什么、关系是什么？这些问题都值得我们进一步研究。

人们在社会等级结构当中占据一定位置，一定会与同一群体的其他成员交往。物以类聚、人以群分，多数人是循着同质性原则与别人交往的，但同质性交往的原则势必会限制一个人的圈子，因为处于同质性圈子的社会成员在社会地位方面差不多。从工具性角度或者从理性选择角度来讲，依据同质性交往原则，你不可能跨越自己的圈子。要想跨越自己的圈子，不应该遵循同质性原则，而应该遵从异质性原则，也称为上攀效应，比如说中低阶层的人和上层阶层的人去交往。在这种情况下，同质性原则会带来社会资本赤字，而社会资本不平等也可以解释社会交往当中的结构性限制和规范的动力，同质性网络和劣势的结构位置导致了一些群体的社会资本劣势。

由于时间关系，我就跟大家交流这么多，谢谢大家。

社会资本的现状和未来 *

林　南

　　各位老师、各位同学、各位来宾，今天很高兴又来到中国人民大学。人大和我关系蛮深的，很早以前我就来过，与郑老师和其他老师一起切磋。我两年前还来过一次，也是郑杭生社会学大讲堂，这是第二次来讲了。

　　"社会资本的现状和未来"这个课题是我做了快 60 年的课题，大家听的时候，不要以为这个事情很简单，一下子就可以做出来。做任何学问都要慢慢搞慢慢磨，我也会告诉你们，我当初是怎么磨出来的。所以要靠长时间的累积。

　　但是我可以告诉大家，"社会资本"这个概念很简单。

　　我们过去讲，在家靠父母，在外靠朋友。现在还有没有这个话，我不知道，但过去是有的。这是什么意思呢？意思是不管在家也好，去社会闯荡也好，都一定要靠别人。为什么要靠别人呢？靠自己，自己有一套功夫，受教育之后学出来都很好，为什么还要靠别人呢？因为自己的能力是有范围的，是很小的、很有限的，一般人在人生过程中会遇到很

　　* 此文是 2019 年 8 月 27 日举办的郑杭生社会学大讲堂第十九讲的内容，讲座由王水雄教授主持，刘少杰教授做评议。

　　演讲者简介：林南是国际学界享有盛誉的著名社会学家。美国杜克大学社会学系教授，曾任杜克大学亚太研究所所长、美国社会学协会副会长。在 20 世纪 80 年代初为中国社会学的重建工作做出了重要贡献，在社会资本、社会关系与社会结构变迁等领域取得了丰硕成果。代表作有《社会资本：关于社会结构与行动的理论》等。2010 年获中国管理研究国际学会"杰出学术贡献奖"。

多事情——情感上的、事业上的、工作上的，仅仅靠自己的力量解决是很困难的，一般来讲都要靠别人。靠别人什么呢？靠别人的资源或者是资本。所以社会资本这个概念是很简单的：我通过和别人的关系，不管是亲属关系还是一般朋友关系，抑或是其他关系，可以运用得到的资源，这就叫作社会资本。这是很简单的。

一、初探：地位取得的社会动机

20世纪70年代的时候，我第一次想到这个问题。在美国有一个引起我注意的题目叫作地位取得。也就是在研究社会流动时，关注一个人怎么找到工作、找到好的工作、往上爬。这个过程中间，就有一个阶段叫作地位取得。我在20世纪70年代就发现地位取得有两个很重要的影响因素。在60年代以前，不管是在方法上还是在思路上，学界都在思索这件事情发生的重要因素是什么。这样讲像只有一个因素。到60年代的时候，社会学家和其他社会科学家发现，一个因素是讲不清楚的，要用多因素的解释方式。所以，地位取得，在那个时候是一个比较领先的领域。那个时候，通过看一个人怎样获取了比较好的地位、比较高的工资或者是比较大的权力，发现有两个基本要素：一是家庭背景，二是教育。家庭背景，一般我们进行衡量时，就是看他父亲和母亲的受教育程度、职业、社会地位等。而教育，就是他自己的受教育程度。当初那个时候很简单，衡量教育就是看他上学上到什么程度，是初中毕业还是高中毕业抑或是大学毕业。现在当然分析得越来越细。

很简单的模式代表了两个很不同的因素。有什么不同呢？家庭背景是我们被赋予的，不是我们自己选择的，我们生在什么样的家庭就有什么样的家庭背景，这是我们被赋予的资本。教育是需要我们自己争取的。这两个因素，一个是被赋予的，另一个是需要自己争取的。把它们两个做对比，就很有意思了。这两个因素当然都是很有影响的，但在它们之间，哪个比较重要呢？研究这个就很重要了。

如果说在一个社会里面，家庭背景比较重要的话，那就表示这个社会的阶级阶层结构活动性不大，资源由你的父亲传给你，你再传给你的孩子，一辈一辈传下去。实际上，很多社会仍旧是这样的，家庭背景对地位取得起决定性作用。

还有一种社会，地位取得是后天的，是靠自己的力量达致的成果。这个很重要的研究是在美国做的，美国人做完以后就发现，教育影响比家庭背景影响来得大。得到这个结果，美国人觉得很高兴，觉得所有美国人都是靠自己的力量在社会上取得发展的。还有呢，美国的研究也发现家庭背景不但和地位取得有关系，还影响到教育。家庭背景好的人，通常都得到了较好的教育，教育里面有一部分代表了家庭背景的影响。这个在分析上比较复杂，我今天讲得比较简单。复杂的是什么呢？要想衡量教育的效果，必须从教育里面将家庭背景因素去除，才算是"净"的教育，所以在分析的时候，还是会稍微复杂一点。但在把家庭背景因素从教育中去掉之后，美国人研究的结果还是那样的，教育的影响还是更大一些。就这一点，他们也用美国社会50年代、60年代甚至40年代的资料进行了验证，看到了美国人靠自己奋斗获得地位的这样一个社会流动轨迹。

我那时候刚刚从学校毕业，念完博士，有兴趣的题目是社会网络，看人与人之间的关系。我看了这个研究之后，就把社会网络和地位取得这两样东西放在一起。我就在想，社会网络在地位取得机制里面，有没有什么作用？怎样看它呢？这一点当初还没有其他人想到。

看东西的时候，不要急着创新，老师告诉你的、从书本上看到的，要先学。学到了以后，很重要的是什么呢？将看到的东西放到一起，需要自己的灵感。不是说任何两样东西放到一起都是有意义的，假如说抓得住灵感的话，就可能会有一个突破。我的意思就是说，念书不要求新立异。我做的这些东西都不是我自创的，地位取得这个模式是大家都知道的，社会网络研究也有一大群人在做。我在这两个领域里做研究，忽然发现这两个领域没有结合起来，就想：结合起来会有什么意义呢?

我这样考虑之后就想到,社会关系——因为我是研究社会网络的——对一个人的社会地位取得应该是有一定作用的。如果有意义的话,那么社会网络和家庭背景、教育的关系是什么呢? 社会网络和家庭背景有关系,一个人的亲戚朋友可能是一个类型的人,社会网络会受家庭背景的影响。社会网络当然和教育有关系,也就是互动的关系。但加起来之后就不是那么简单了,马上就把复杂性加了很多倍。从家庭背景到教育再到社会关系的环境,从社会关系到教育的关系再到家庭背景的关系,三者的关系,这个东西比较复杂。

若社会关系有影响的话,那么它的意义是什么呢? 在原来的模式里面,只是既有的因素和取得的因素,社会关系代表什么呢? 所以,理论上就更复杂了。在这个基础上,我从 70 年代初开始搜集资料,做的研究也是很简单的。那个时候不像现在,那个时候的调查很简单,只能问几个问题。"请问您当初找第一份工作的时候或者你找现在的工作的时候,有没有人帮你忙?"这个问题是不好问的,在一般社会里面,回答一般是"没有""我没有人帮忙""完全是我自己去考试、申请",中国社会是这样,美国社会也是这样。因为人们总觉得用社会关系找工作,好像有点难为情、不大正常。而我现在的看法是,这个东西(社会关系)太重要了。当然在调查里面问它是很有技巧的,这个技巧有时间我再讲。

问调查对象有没有人帮忙,并且谁帮了忙。为什么我要看什么人帮了他的忙呢? 这就牵扯到另外一个很重要的因素,这个因素我之后会讲到。这个关系是很复杂的。假如他有三个朋友,这三个是什么样的朋友,是不一样的。如果不把握他们是什么样的朋友,我就不知道他们有什么样的资源。说到找人帮忙,帮忙的意思是什么呢? 就是应用其他人的资源来帮我忙。而其他人的资源又是什么意思? 如果学过社会学就会知道,一个人在社会上有三种很重要的地位:一是权力,二是才能,三是社会声望。如果不问他是谁的话,这三个东西就了解不到。而这三个东西实际上是很重要的，资本主要是这三大类——当然还有其他的类。谁帮了你的忙？这个人是谁？他怎么帮你忙的？几个很简单的问题问下来之后，我们就有了一些资料，就可以把资料代入地位取得模式里面。最重要的是，在家庭背景和教育这两个因素之外，我们增加了一个因素——社会关系。通过这种设计，对地位取得就能有更进一步的了解，看看社会关系是不是增值的因素，也看看除此之外还有没有其他增值因素。

二、理论发展：社会关系、社会网络、社会资源、社会资本

我之后开始考虑怎样厘清社会关系，因为社会关系太笼统了。进一步把社会网络纳进来，社会网络里面的资源是什么东西呢？比方说我刚才提到一个人有三个朋友，这三个朋友的社会声望、才能、权力等等，就变成了资源。到最后我就用了社会资本这个词。

为什么用社会资本这个词呢？因为社会资本结合着其他不同的所谓资本理论，是一个大框架。有了这样的基础之后，今天我要讲的内容分了三块，那就是如何做理论推演，如何做计量、测量，然后如何做实证研究。一个理论的不同方面，都是不同人在做的。有的人专门搞理论研究，但是不搞实证研究；有的人计量技术很好，拿到理论，就想办法把理论给计量化；还有人专门做实证研究，我班里的学生很多是这样的，老师给他题目，他就去做，前面那两步，都是别人已经做好的。我是很幸运的，三个方面我都参加了，都有一些贡献。这是我要告诉大家的一个经验：我们做学问的，尤其是社会科学，不要分家。不要说我是搞理论研究的，我不搞实证研究，理论框架大得不得了，下面琐碎的事情由你们去做；不要说我只管计量；也不要说讲空话（理论研究）没用，我要做实证研究，我要收集大量的资料。我要告诉大家的是，真正的社会学者应该三个方面都能做到。这真不容易，我已经做了 60 年。

关于社会资本，很重要的研究点有两个。一是所谓的资本储量。它是什么意思呢？比如我有三个朋友，他们的资源情况是不一样的，他们

的资源加起来，对我来讲就是社会资本的总和，这是资本储量的问题。二是资本动员。它又是什么意思呢？比如我有一个行动，只能找一个或者两个朋友帮我忙，我该怎么选择呢？为什么会选这些人？他们的资源哪些能被我动员？为什么有人选得很好，有人选得不好？资本动员是很重要的。因为今天时间有限，我简单地解释一下。储量是结构方面的问题，每个网络里面资源都很多，把它们加起来，看一看可用的资源有多少，这是社会学所讲的结构性的问题，也就是怎样去找。动员是什么呢？动员是一个行动，也就是找人帮忙，这方面我们社会学是比较欠缺的。我们搞结构很有办法，但是搞行动不怎么有办法。有人因此批评我们社会学是一个结构性的学科，这完全是错的。其实在社会学里面，行动面是很大的，只不过我们过去比较少做而已。做个比喻，就好像一个缸，看它能装多少东西，装着什么东西，这是它的储量；当需要的时候，取用其中一部分，取用的过程就是动员。

每一个题目，在理论上都是有一些立意的。你们将来做研究也是这样的，不要急，假设说你比较全面地看，自然而然就会发现，三个方面都可以兼顾。

现在做社会资本研究，接触面太广了。社会资本的概念社会学家在用，政治学家在用，经济学家在用，商学家也在用，我也介绍一下。

三、定义与理论：什么叫社会资本

理论是什么呢？定义和理论又是两回事，是分开的。对一个东西我可以给它一个定义，但给一个定义并不代表我就有理论。理论隐含了因和果，因是什么，果是什么。对一个东西，除了定义之外，必须有一个可以解释的方式，它就叫理论。一般来讲的话，有时候混淆这两者，也是不好的。

先说说资本的定义。资本包括很多种，什么叫资本呢？资本是有价值的资源。价值是怎么认定的呢？谁来决定有没有价值呢？资源的价值是一种群体共识，是一种社会构建，是社会性的东西。大家认定某一种东西或者某一种象征有意义，那它就有意义。比如说，在有的社会里宗教很有意义，在有的社会里宗教没有意义；在有的社会里种族很有意义，在有的社会里种族没有意义。这是什么呢？是群体共识，是大家共同创造出来的东西。到一个社会里研究它的资本的时候，要找到当地共识里哪些资源有价值，不能把一个社会的共识直接套到另外一个社会上，这样会犯错。但是可以借鉴资本规律，如把资本划分为经济资本、政治资本、文化资本、人力资本等等。

资本的理论是什么呢？资本可以生产、再生产、累积，资本理论就是讲资本是怎样的。

社会资本也是这样的，社会资本的定义就是镶嵌在社会网络中的资源。比如我有几个朋友，有哪些有价值的资源，这些都算社会资本。假设很容易，实际情况很复杂。每个人的朋友都不一样多，平均一个人差不多有多少个朋友呢？你们猜猜看。所谓朋友，第一可以是互相认识的。第二可以是在某种程度上也有一些接触的，没有接触的不算。对一般人来讲，他有多少个朋友？英国有一个学者做过这方面的调查，他调查的结果是300～400个。后来我想一想这是对的，太多了好像没办法保持联系。当然有人朋友很少，但大多数人的朋友个数是300～400个。我不知道在中国有没有人做过这方面的研究，我还没有看到这方面的资料。

假设我和另外一个人是朋友关系，他的财富、政治力量、文化程度、爱好、各种社会活动，都是他的东西，但是我可以借用。在我借用这个人的这些东西的时候，这些东西就变成了我的社会资本。社会资本是我们借用的，不是我们自己的，人力资本是属于我们自己的。

但是我们搞社会资本研究，不是说不看自己，也看自己，不过是借用别人的东西来看。我现在问你，你用自己资本的机会多，还是用别人资本的机会多呢？你可能会想，我都是用我自己的资本。但是你仔细想想看，一整天有多少事情和别人有关系呢？比重是很大的，惊人的大。年纪越大，这种事情越多，因为圈子大了。年纪小的时候，基本上只有家这个小圈子，没什么好谈的。长大之后，离开家，走上社会，在你的思维中，他人的观念越来越重要了。事实上，这是社会学基本理论，就是考虑别人怎么想我、别人怎么看我，怎么在社会关系中发展自己，社会资本因此也是很重要的。

理论很简单。我在联系的关系中进行投资，而投资是什么呢？比如说我和一个朋友的来往，相当于一个投资。不来往的话，他为什么要理我呢？如果想到了有一天他会帮我忙的话，这就是预期回收——实际上他不见得一定会帮我忙。这基本上就是理论的基础。

投资有两个环节，一是投资关系，二是投资渠道。这个听起来很可怕，让人觉得这样形成的关系一定是利害关系了。其实不一定。我们今天举的很多例子——你帮我忙或者找工作，用到的资源很多在成分上不是工具性的资源，而是情感资源。有的朋友，当你碰到一些挫折的时候，可以对他们讲一些真心话。如果我遇到挫折，有一个人可以讲真心话就很好了；要是一个人都没有，就有问题了。为什么？这样我就孤立了。孤立的人，不管多有财富，精神上出问题的概率都太大了。我们讲社会资本，除了工具性回收以外，还有情感上的回收。

关于社会资本的功能，它的功能有很多。比如，它可以提供我不知道的信息。我要找工作，不知道怎样和那边的公司联络，朋友要是认识人的话，可以帮忙。社会信用也很重要，在判断一个人是不是可靠的时候，人家说，他是某某的朋友，如果被提到的那个某某很可靠的话，人们就会觉得这个人也很可靠，所以社会资本可以增加我们的信任。社会资本也能影响自我认知和自我认同，而且会影响到社会整合。娱乐也是很重要的，生活并不是只有一天到晚地工作，很多时候需要出去玩，有一个很好的伴侣，这也是很重要的，伴侣不好，出去玩心情也不愉快。还有一个很重要的功能就是交易，我帮他的忙，他也帮我的忙，这也是很重要的。

关于投资，一是社会连接的投资，二是借用资源的投资。实际上，投资我们一直都在做，只是我们可能注意不到。我举一个例子，收到微信——在美国的话就是邮件——之后，你要不要回，什么时候回？这是什么呢？这是应该选择的：对方对你来说很重要，那一定要回，马上就要回；稍微疏远一点，也许几天之后再说吧；再疏远的话，考虑一下，不回了。这是什么呢？这是做决定。做这个决定不是很轻易的，每一个决定都是经过价值思考的。

我们不要认为投资好像就是一种利害关系，不是的，因为我们精力有限。如果我们一天只能回 20 封信，那么四五十封信来了怎么办？我们只好选择，一定要选择。

四、计量：储量、动员

定义和理论讲完了，接下来讲计量。

关于储量，这个网络里面有多少资源，这是需要估计的。如何在朋友里面决定让哪个帮我做什么事情呢？这也是需要计量的。

就社会资本储量计量，我今天介绍两种方法，即定名法和定位法。

先让你列举三到五个最好的朋友，然后问他们是干什么的，他们和你是什么样的关系，这就是定名法，即先找三到五个人，然后再看他们的资源。这样问出来的都是关系很近的。社会学里面有一个很重要的原理：关系越近的，来往越多的，资源越相似。这是社会学第一大立论，也就是同质性。因为同质性，所以用定名法问的话，问出来的东西是差不多的，这是很自然的。实际上若网可以撒开的话，有很多人和他是不一样的，但是你怎样抓呢？所以，要另外想方法。而这种方法就是定位法。实际上这也是我很偶然的发现，文章发表在 1986 年，事实上资料搜集是在 1973 年——我被它纠缠了十多年，才差不多把它梳理出来。

定位法的问题很简单：请问在你认识的人中间，他们有没有做下面这些工作（从最好的工作，到一般的工作，比如说律师、大学教授、工厂老板、警察、老师、清洁工等）的呢？这些工作是怎样定的呢？

举一个例子来说，给各种不同类型的工作打分。打分的意思是，在社会里面职位的高低是可以打分的，很多国家都有，中国也有很多这样的表格。医生的最高分是 78 分，律师是 73 分，大公司的老板是 70 分，委员是 69 分，老师是 60 分，护士是 54 分，司机是 31 分，警卫是 26 分，清洁工是 22 分。我刚刚到中国来做调查的时候，情况基本上是可以吻合的。我在 20 世纪 80 年代的时候，有一个中国人得分很高，他是个司机。那个时候私家车很少，都是公家车，谁开车谁就变成了很重要的资源，因为你要去借车。如果你认识那个司机的话，对他打分就可能比较高。

　　这样排列之后，你认识还是不认识他，他的性别，他是怎样和你认识的，他和你是什么样的关系……把关系就搞出来了，这是代表关系。职位代表什么呢？代表资源。对这个，问得很简单、很粗的话，就问做这个事情找什么人帮忙，就是很粗的。我当时做调查的时候，并不是对结果很有把握，因为我觉得问得太粗了，但是我又没有想到太好的方式，结果做得还是很理想的。

　　定位法代表什么呢？我将一个社会当作一个假想性的金字塔。这是什么意思呢？第一，地位越高的人人数越少，地位低的人人数多。第二，地位高的人虽然人数少，但是资源特别多。这是一个假想的模式，一般的社会，大多不是标准的金字塔。上面小，中间大，下面稍小，中国就是这样的。中国现在农民越来越少，中层阶层的人越来越多，但是基本原则也是一样的：位置越高的时候，人数基本上越来越少，但是资源越来越多。

　　之后就开始计量。第一，我看调查对象选了多少个。选得多表示什么呢？表示他接触面广。一个人认识很多大工厂的老板，还是只用一个指数来代表，为什么？因为我要把它拉开，不是看位置，而是看接触到整个结构的上下幅度。第二，就是看调查对象认识的地位最高的人，地位高到什么样的程度。第三，就是看最低的地位。当初就是看这很简单的三点，看这三点就够了。再问这些人和调查对象是什么样的关系，就可以把社会资本储量很简单地计算出来。

　　如果大家对这个方法有兴趣的话，在 2008 年我编的一本书中可以找到。这本书对用定位法做的资本研究的结果做了比较，也是蛮有意思的，大家可以看一下。到现在，用定位法的人越来越多了，欧洲有一批人，在这方面做了很多的研究。

还有一个很重要的方向。中国人做研究，"关系"这个词是很特别的，和西方是不一样的，是特殊的关系。对这种关系，现在做了很多的研究，边燕杰是代表人物。他刚刚出了一本有关关系的书，很快就会翻译成英文。

这样一张表，去填不是很困难。困难的是什么呢？困难的是如何动员调查对象填好。你问工作上有没有找人帮忙，他说没有。大家都否认怎么办呢？动员有两种方式，一种是有形之手，另一种是无形之手。

用有形之手能问得出来。我后来怎么问呢？我还是问工作上有没有找人帮忙，他说没有。过一阵子，我再问当初帮忙的人是谁，他有时候前面说没有，后面就冒出来了。所以，要有一点"阴谋诡计"。

无形之手也是很有趣的。讲起来真是没有，但是还是有影响的。这是怎么回事呢？现在有一批学者专门研究这种所谓的无形之手。你问工作上有没有找人帮忙，他说没有，他真的是没有。但是你问他，最近和哪些人在一起，他说和哪些人在一起。再问他工作的事情有没有在闲聊中提起来。结果发现，闲聊机会越多的话，就越有可能找到好工作。用其他的也没办法解释，唯一的解释就是他在闲聊中听到了什么地方有一个工作，他当场也许没有想到，但过一阵子再给那个人打电话，问上次提到的那个工作是不是还有、有没有认识的人——又回去把这个资源挖掘出来，运用起来，所以这个结果也是很有意思的。无形之手也是很重要的。

这种你是想象不到的。我在做协调工作的时候，人家介绍我说林南认识某某人，对方对我的估值就不一样了。知道了我有什么样的社会网络、什么样的关系，他对我的估值就不一样了。

再说说社会资本因果模式。一般社会资本研究的大模式是这样的，社会资本研究看重两方面，一是储量，二是动员。哪些东西影响到它们两个？比如在结构里面的位置，职业是什么，我的社会网络是什么样子的，我个人的资源，包括我家里的资源有哪些。我找社会资本是出于什么原因呢？是情感上的原因，还是工具上的原因？这些都会影响到怎么看待社会网络。社会网络的储量当然在某种程度上对动员是有影响的，比如说朋友多的话，我可能就能找到人帮上忙，但是这也不一定。如果储量差不多，但有的人很会选，选中间比较好的，能帮上忙的可能性就比较大。女性比较不会选，选不到好的。男性女性可能储量差不多，但是女性稍微选得不合适一些，全世界都是一样的，我在美国做研究时是这样的，在中国做研究时也是这样的。这是因为什么呢？是选择上的问题还是其他什么问题呢？结果我发现这是一个大的研究题目。第一，她觉得地位太高的不会帮她忙，找个稍微差不多的就可以了。第二，帮忙的人出的力气也不一样。我的那个人，一看她是一个女孩子，就想帮着找一个离家近一点的工作。第三，工作单位在用人的考虑上也有歧视。好几个方面结合起来，女性就吃了大亏。但是，女性占便宜的地方是什么呢？朋友中情感上的支持力量比较大。男性就不行了，不容易有共鸣。

社会资本研究范例太多了，我随便举几个例子：

社会资本与组织这方面的例子太多了，都是商学院的东西。我举的例子是张闫龙，他在北大光华管理学院，是我的学生，在搞这方面的研究。社会资本与社会志愿组织的关系研究，我有两个学生在做这个。还有一个大的方向——社会资本与健康，很多人也在研究，比如我的学生宋丽君。然后，还有很多的比较研究。社会资本与经济是个大题目，研究的人很多。

有一点是我必须澄清的。社会资本和其他的东西是什么样的关系？社会资本和社会网络、信任、民间组织参与不是等同的。一是社会网络。社会网络本身并不代表社会资本，社会网络中可动员的那些资源储量，这才叫作资本。好多文献认为社会网络就代表社会资本，不尽然，也许中间有重叠，但是不完全等同。二是信任。很多人尤其是经济学家将信任当成社会资本。这是因为什么呢？在很多调查里面，会问一个很简单的问题：你认为其他人是不是可以被你信任？这个题目到处都是。但社会资本太复杂了，一个题目没办法代表。信任不见得是社会性的东西，有些人比较信任别人，有些人就是不信任。这不见得是社会资本的原因，也可能是社会心理的关系。信任和社会资本，这中间有重叠，但是不能互相取代。三是民间组织参与。用民间组织参与代表社会资本，这也是很多学者包括社会学者的做法。民间社会组织里面有不同的资源，如果不知道里面的资源是什么，只是问他有没有参加的话，结果是很不好的。因为很多民间社会组织里面的资源不见得很好，只问参不参加是不好的，需要更仔细一点。

2017 年有一个全世界的比较研究，一共有 40 到 50 个国家参加，包括中国，中国参加的是人大的李路路老师。资料已经全部公开了，上网搜 ISSP 2017，都是可以找到的，资料丰富得不得了，可以把数据下载下来。

将来的研究方向也很多，太多了。我就讲一个方向：给予与接受。

社会资本的应用一是给予，二是接受。但是过去研究的主要方向是什么呢？接受。研究的对象是受益者，是接受好的资源的人。但是问题来了，为什么要给予呢？接受当然是好的，有很多的好处，但是为什么要给予呢？奇怪了，我们过去很少注意到给予者，只注意到接受者。对给予的问题，有的时候有研究，但是研究得不是很仔细。我觉得这个方向很重要，可能有下面几种可切入的地方。

第一，自利。你给他，将来他还给你，这是一个互助的方式。交换是很简单的理论，我愿意帮你忙，希望下次你也可以帮我忙。帮忙这件事情，不一定需要地位相同。我举一个很简单的例子：一个银行家，他的办公室由一个清洁工负责清洁打扫。后来有一天这个清洁工就问银行家，她儿子刚刚从学校毕业，想到银行或者公司里面做一个普通的员工，他是否愿意帮忙。在这种情况下，只是以地位差距和交换基本原则来讲，银行家可以不必管，将来清洁工能给他什么呢？但是他可能还是会帮忙。为什么会帮忙呢？他交换的是什么呢？比如清洁工会把他的办公室打扫得更干净一点，也就是说还是会有回报的，原则上是可以的。

第二，声望提升。声望是什么呢？声望是社会地位。社会地位同经济地位有什么不同呢？经济地位很简单，通过银行有多少存款，开什么样的车，买不买得起飞机、船，是可以看得出来的。社会地位是怎样决定的呢？社会地位是大家的认识，比如某某是一个好人，某某很厉害。这个认识从哪里来呢？实际上是社会资本给予的结果。比如说人家来找我帮忙，我帮了忙，他也没有什么能回报的，但是有一点，他可以告诉他认识的人：某某是一个好人，帮了我这个或者那个忙。这个话在社会网络里面传开来，受益者是谁呢？就是给予的人。所以，人的社会声望在很大程度上，源于在社会网络里面传播他的给予。讲起来也许很空虚，实际上一点也不空虚。比如说我们给某个人颁了一个奥斯卡金像奖。奥斯卡金像奖奖金多少钱呢？一般是没钱的，只有一个奖杯。但是这代表什么呢？代表地位的取得。我们说一部电影，平常票房不好，一得奥斯卡，大家都去看，就把它的地位给提高了，这是一种很有趣的现象。声望实际上是社会性很强的，需要靠社会网络传递。

第三，团体利益。过去我们没有想到，可能还有团体利益因素。有的时候，给予不是说给予这一个人，而是给予整个团体。因为任何一个团体，都有不平等，那么如何缩小差距呢？可以用国家的力量或者是集体的力量增加底层的资源，这是一种方式。但是很多时候需要大家一起努力，资源比较多的人，照顾资源比较少的人，帮后者一把，也许前者没有想到帮一把实际上对减少不平等做出了一点贡献，也许到最后增加了团体利益。把这个题目抛出来，大家可以做研究了。

这个研究结果很有用。我们不能把社会资本当作个人的好处，因为给予和接受同样重要，所以它可能会影响到比较大的范围，有一种从自我到他人的概念。所以，我最近开始想，社会资本是怎样从个人推到社会的呢？

关于社区社会资本，文献已经有了，但是没有理论。如果把这个力量扩大的话，可能和整体就有关系了，理论就可以从个人推到整体。

当然，研究是很复杂的。不单单要看给予和接受、自利与他利重叠，因为我帮助人家，可能是出于互助或者声望，中间还有我们忽略的成分，就是团体利益，如果能把它从研究中找出来，这样就有意思了。鼓励对他利这种动机的研究。这样的话，我们就需要个人、社会网络、社区数据，这也是个很大的领域，需要慢慢挖掘。有人说社会资本研究都做遍了，没什么好做的了，我今天给你看一看，要做的太多了，我们知道得太少了，要慢慢搞。

《从个人走向社会：一个社会资本的视角》这篇研究文章我在西安开会的时候，已经整理出来了，准备在《社会科学战线》上发表，大家可以注意一下。

谢谢！

阶层位置、家庭居住安排与家庭暴力[*]

张　翼

　　很高兴有机会能到中国人民大学郑杭生社会学大讲堂来交流。人大在社会学界、在社会科学界都享有崇高的声誉。我所碰到的专家无论以何种形式表达，都对人大的各个学科给予了足够的重视。在整个社会科学领域中，人大处于领先地位，所以我很荣幸到这个地方来交流。大家在人大这样一所中国有名的大学学习，在中国社会学排名靠前的社会与人口学院成长，都是非常荣幸的事情。

　　中国的社会学仍需要努力把社会学的理论用于对中国社会的研究，让国外、让整个学界认识到我们社会学是能够认识、能够解释我们的社会，并且能够引领我们社会的发展的学科。我今天选择的课题也是力图把定量研究跟定性研究结合起来，能够把事情说清楚。但是需要解释的

---

　　* 此文是 2019 年 10 月 30 日举办的郑杭生社会学大讲堂第二十一讲的内容，讲座由刘少杰教授主持，赵延东教授做评议。

　　演讲者简介：张翼，中国社会科学院中国式现代化研究院院长、党委副书记，研究员，博士生导师。兼任中国社会学会会长、北京市社会学学会会长、中国社会科学院国家治理研究智库秘书长。曾任中国社会科学院社会发展战略研究院院长、社会变迁研究会会长。曾主持《中国人口科学》《中国人口年鉴》的编辑与出版工作，曾任《社会学研究》执行主编、《青年研究》主编、《社会发展研究》主编。入选"有突出贡献中青年专家"、"百千万人才工程国家级人选"、"四个一批"人才与"万人计划"哲学社会科学领军人才，享受国务院政府特殊津贴。多次主持国家社会科学基金重大项目，多次参与国家人口发展战略和社会发展战略的研究和修订工作，多次参与中共中央宣传部主持的重大理论问题和科学研究项目。主要研究方向为社会分层、人口社会学、家庭社会学、社会流动、社会融合、社会治理等。

是，我不是方法论的崇拜主义者，所以在研究中我会尽量地把故事讲清楚。

选择"阶层位置的变化"这个主题，是因为在中国乃至整个世界，阶层都是社会学用来解释社会的一个变量。在所有的变量里，不管是收入、就业还是教育，各个学科的人都能找到研究的根据，但唯有阶层这个变量，经济学家说不大清楚，政治学家很难严格说清楚，法学家在以阶层为主题的研究方面也存在困难。所以，阶层这个变量是最能够代表我们社会学学科的重大变量。

我们说，人们在社会上一定处于某一个阶层位置上。这个位置是我们出生时就确定了的，是一种继承自父母的、不可选择的属性。即使在后期，要想摆脱这个位置的影响也是相当困难的。在社会学的框架里，阶层把人"网"在某一个位置上，让人很难摆脱这个位置的结构性变量。你毕业的时候，如果你找到了好工作，就会以建构主义的方式来解释："我学得比较好，我发挥了主观能动性，用人单位能看得上我。"相反，如果你找不到工作，就会以结构主义的方式来解释："他的爸爸位置比较高，已经替他把就业门路摸清楚了。"所以，结构主义的建立是对立的，在选择的过程中，不同的人群以不同的方式来理解这种变化的过程。在这个社会上你想进步，能走多远呢？阶层位置的变化是解释我们能走多远的一个基础性变量，阶层位置是一个人相对剥夺感生成以及将来向前发展变化的一个支撑变量。

我讲"家庭居住安排"是关注到了当前我们对家庭的认知正在发生深刻变革的状况。在社会变化，尤其是中国从农业社会变为工业社会，又变为后工业社会的过程中，家庭是最小的一个变量。原来我们将家庭看作一个支撑的变量，但根据北欧和西欧一些国家的发展变化，将来的家庭跟我们传统上理解的以血缘、姻缘关系构建起来的家庭有很多地方是不一样的。比如在德国劳动就业人口中，有一半选择不结婚，而是找一个人同居，各自形成自己的经济支持体系和自己的交往安排，人与人住在一起形成的却不是家庭关系而是同居关系。过去我们可能对家庭解体没有太多的想象力，认为家庭并不会真的解体。但现在北欧、西欧的家庭解体逐渐成为现实，我们中国也逐渐发展出一种属于东方社会的理解人类生存最小单元的趋势。

原来说日本是儒家文化圈里比较恒定地坚守传统家庭观念的国家，可是现在来看，日本也不像原来深受儒家文化圈影响时那样热衷于组建一个我们所认识的、传统的家庭了。日本 30 岁以下的人当中有 70％的人实际上生活在单人家庭里，所以我们把现在的日本社会叫作个体化社会。但是在中国的转型过程中，家庭的居住安排逐渐从原来的主干家庭变为典型的核心家庭，又变为不典型的核心家庭。在这个变化过程中，我们怎么来理解夫妻之间的家庭暴力？

家庭暴力是家庭内部所有成员各自形成的暴力，比如虐待老人，家长打小孩或者小孩打家长，在网络上一搜，各种各样的家庭暴力案例层出不穷，但是我想专注讨论夫妻之间的家庭暴力。为什么说这个问题呢？因为在中国的大环境中，是否存在家庭暴力是人们幸不幸福的关键影响变量。我们的社会要从获得感、幸福感、安全感方面来衡量你的美好生活需要，而家庭幸福与否的关键就在于你的亲密关系成员是不是让你幸福。在让人不幸福的因素中，家庭暴力可能是最让人不幸福的一个，是影响社会心态、安定发展的关键变量。

社会学界研究家庭暴力的人不多，反倒是法学界研究的人比较多。立法咨询会的参加主体往往是法学家和妇联。妇联每隔 10 年做一次全国性的大样本调查，在调查过程中发现，家庭暴力的发生率，尤其是丈夫对妻子的家庭暴力的发生率能达到 34％。当时我就提出了很多看法，我认为没这么高。法学家所拿到的案例是非常极端的，案例会产生很大的隙缝感，使人觉得丈夫对妻子施暴真的会影响到社会的安全，因此要出台反家庭暴力法。这样一些调查数据实际支撑了立法的整个过程，我国在 2015 年 12 月公布了《中华人民共和国反家庭暴力法》，从 2016 年 3 月 1 日开始实施。然而，在法律实施的过程中才发现也存在很多男性被家暴的案例。这时，我们就希望通过自己的调查回答到底有多少男性或女性在两性关系中为家庭暴力所困扰的问题。

妇联的一个调查问题是："请你说一下你在一生当中是否被家暴过？"如果抽取的样本里老年人比较多，特别是老太太占的比重非常大的话，回答被家暴的概率就大；样本中年轻人比较多的话，总样本里被家暴的比例就会大幅度降低。就是说，在抽样的样本结构里，年龄结构、文化程度结构、阶层结构都会影响调查反映出的家庭暴力普遍程度。

我们都知道，农民对于大家去调查通常是欢迎的，但是由于年轻农民几乎都会出去打工，所以在农村调查碰见老太太的概率大于碰见年轻儿媳妇的概率。此外，穷人接受访谈的概率远远大于富人接受访谈的概率，这是所有做问卷调查的人都知道的基本现象。书里讲的标准化的、理论化的、能够完全符合书中所要求的科学性的抽样指南在现实当中是行不通的，没有一个人能用这个东西百分之百做完调查，而总是受各种客观因素的影响，使样本结构发生偏差。一旦发生偏差，补充调查怎么做呢？我们可以用人口普查的数据结构来确定样本该有的状况，比如女性有多少、男性有多少、年龄层次等等，然后要么从样本里"抽水"，要么往样本里"灌水"，最后使你的家庭样本大体上等于你的结构性判断。

所以社会学会看你是结构性判断还是因果性判断。如果是结构性判断，那首先要求样本量足够大，尤其是对人口结构进行判断时一定要样本量足够大。其次要求抽样的代表性足够强。你的样本量那么大，是不是在均匀地抽出具有代表性的样本之后再去推断样本结构的？如果有人说我到一个村子里发现这个村子一年出生了三个女孩、两个男孩，可见中国人的价值观念已经发生了变化，对女孩比较重视。这样做事是不行的，因为这个村子一年就出生了这么几个小孩。所以，对性别比、文化程度这种大的结构进行判断必须要求抽样的样本量足够大、代表性足够强。社会学里的结构性判断是最难的，而因果性判断只要大体上符合大数定律，基本上就可以确定发生的概率有多大，或者会不会在哪个群体中比在别的群体中更能显著地观察到某种现象的发生。

在这里，我对妇联做的调查的结论提出异议。它的调查里高龄的人比较多，文化程度低的人比重比较大，因此，我认为34％的家庭暴力发生率是夸张的结论，使得立法机构更认为这是个严重的问题。但其实中国的男女平等情况应该说在全世界是比较好的。当然中国跟北欧不能比，因为北欧的群体规模太小，一个国家就几百万人，比如挪威只有500多万人，我发布一个社会政策，能够精准地匹配到这500多万人，不用大数据也知道这些人的分布、当地的社会政策所支撑社会建设的框架，所以能够做得相对比较好。但是在大的样本群体里，比如在一亿以上人口的国家里，比中国男女平等情况更好的国家并不多。到现在为止，日本的女性还是觉得中国的女性比她们地位要高。日本女性见了男性总是要鞠躬好几次，我们中国的女性根本不存在这个现象，我们基本是平等的。在学生里面，人大的女学生比男学生要多10％，女性已经领先男性成为就学的主体了。在整体47％的就业人口中，女性就占80％多，在全世界也算高的。当然，女权主义者会说，就业率不能作为女性地位上升的一个指标。为什么？因为女性在家里待着可能更幸福。在不同的时代、不同的语境、不同的背景中，建构主义是很难提供一个恒定的标准的，因为它倾向于从主观的感受出发去判断。他们会说高就业率反倒对女性来说是不利的，比如工作时间长让女性感觉累。新女权主义和老女权主义的理论背景发生了非常大的变化。

在中国，女性在家庭中的地位上升得比较快，沈崇麟老师主持的调查表明，中国女性在就业率和由此带来的收入水平的提高等方面超过了韩国、日本甚至美国女性，她们对家庭本身的支持和劳动要比男性多很多。一般中国女性会说"男主外、我主内"，现在在城市里大多数家庭是丈母娘过来帮着带小孩，很少看到哪位男同志把自己的爸爸接过来帮忙。我们在上海、天津、北京做调查时都是这样。从家庭联系的紧密程度上来看，妻子这一方的联系纽带或许在很多地方强于丈夫这一方的联系纽带。有一个针对企业家的研究显示，丈夫跟小舅子一起做生意的概率比跟自己的弟弟一起做生意的概率要高一点。尽管对于这些情况需要通过大量的调查才能做出结构性判断，但不管是经过国际比较还是中国国内纵向比较，女性在家庭决策中地位的提高都是一个可信的判断。

近年来，男女教育的平等程度有了显著提升，这一点从最近几年的统计年鉴中可以得到证实。尤其在当前的情况下，女性在后工业化过程中的就业能力要比男性强，所以你会看到在北京的年轻样本里面，从 18 岁到 25 岁，女性样本比男性样本大 50 多万。为什么？因为男性在某些职业领域——比如家庭保姆、幼儿园教师——的参与度比较低。那男性能干什么呢？特别脏乱差、危险的行当，都是老年男性在干，年轻男性也不干。我们去调查农民工的时候，一个农民工跟我说："你的头发白没事儿，能就业，我要把头发染黑了他才会雇我，我头发白了他就会歧视我，认为我的劳动能力比较差。"实际上，在整个男性就业结构中，年轻的进工厂，而老年农民工只能从事类似打扫卫生的工作。女性相对来说就业环境更好，因此在后工业化过程中，很难说女性的收入比男性低。在整个社会科学领域里面，虽然中国的社会学家中男性比较多，但在西欧和北欧，通常是女性占 2/3，男性占 1/3。在政治领域，女性总统数量、女性基层官员数量也在大幅增长。在后工业化过程中，女性平均预期寿命的增长比男性快很多。因此，在这个变化过程中，我们得用变化的眼光，结合当前的社会结构状况来理解家庭暴力这个事情。

在这个变化过程中，不同学科的专家对社会问题有着不同的视角。法学家看这个社会是一视同仁的，社会学家看这个社会则会去考虑如何通过社会政策干预来解决家庭暴力问题，或者什么样的社会工作、社会政策能够使得家庭暴力的救助、扶持体系有精准性、瞄准性。我认为，解决这一问题的关键在于理解阶层位置。比如，房价能够自然地把人按照阶层分开，因为房价决定了自然的阶层在这个城市里的分布。所以说，阶层位置与城市的空间结构分布位置是高度重叠的，可以作为我们配置政策的依据。因此，我的研究就是想在社会结构和家庭结构的变化中看待家庭暴力的发生。

研究过程中要有明确的定义才行，因为有的东西是能直接调查的，有的东西是不能直接调查的。比如，对于精神疾病、抑郁症等，你就不能直接去问，不恰当。在残疾人家庭中，家庭暴力很可能会被隐瞒，因为实际上很多残疾人遭受过家庭暴力，只不过外界不知道。在老年人的照料问题上，也有类似的问题。比如很多老年人都被歧视过，如果老年人是痴呆症患者的话，情况甚至更严重。据老年人照料机构的工作人员说，所有的老年人都被严加管理，好让他们秩序化。比如有些老年人不吃东西，如果强制让他吃东西，他可能会吐出来，不加强管理力度的话，他会更不吃东西。德国、日本的老年日托所也罢、养老院也罢，都讲过这种事情。在实践中怎么界定什么是暴力、什么是管理呢？它实际上是非常复杂的。在这里，我暂时不讨论性侵害行为，因为对这个，法学家更了解。

在法律上对家庭暴力的定义是这样的：家庭暴力，是指家庭成员之间以殴打、捆绑、残害、限制人身自由以及经常性谩骂、恐吓等方式实施的身体、精神等侵害行为。这些都是非常严重的家庭暴力行为，但有些家庭暴力行为会使用"软折磨"的办法给人造成精神伤害，比如否定你、贬低你。

我把家庭暴力分成以下几种：第一种就是不说话，见了你就回避，不跟你接触，让你感觉难受，这也是软暴力。第二种就是骂，不管是程度严重的骂还是程度不严重的骂，只要动口不动手的都归为这一类，有些人可能骂得非常伤人。第三种情况就是做出一种行为，比如使用肢体语言（挥舞拳头等）造成威胁，让你感觉到很害怕、很恐惧。有女性说，如果他光是骂，我不怕他，但是他挥舞着拳头过来，虽然没打到我身上，但是这种肢体语言产生的威胁也是让人非常害怕的。第四种就是施加了具有破坏性的影响力，比如砸电视、砸锅。在我们调查的过程中，有女性受访者说她丈夫一发火就把自己家的锅砸了，她不理解他为什么要把锅砸了，难道他不吃饭了吗？我想可能是因为那个锅便宜，电视要几千块钱，锅才几十块钱，所以把锅砸了，虽然声音大，但是损失比较小。最近有一个企业家就是如此，人家采访他，他恨不得把一个茶杯摔到地上，把当时采访的人吓了一大跳。所以，不管是摔东西还是砸东西，都会给人带来压迫感和恐惧感。第五种就是动手，不管是拿东西动手还是不拿东西动手，只要是给人造成伤害或者造成比较大的恐惧的就算。一般法学家看的是动手的过程，对前四种家庭暴力的关注是需要社会学家来做的。

我们要重点看阶层位置，这次的调查样本总共 4 000 多人，但是有些阶层比如富人总是很少接触得到，因为上层阶层的人你是很难找到或者获得他们的回答的。即使找到了他们，你的样本量也比较小，只占百分之零点几或者 1%、2%。因此，我简单地把调查对象划分为白领、蓝领、农民。如果雇主雇佣的人数超过了两人，那么我也将他划归白领，虽然其中有些的确是蓝领雇主。比如，一个洗车房的老板管着七八个洗车的人，我就把他划归白领，因为他的能力很强，有管理能力。有管理人的能力的人跟受人管理的人在说话的语气、行为方式上是很不同的。社会学家认为，具有管理能力和有钱一样厉害，所以我把这些人放到白领里。

对阶层相对位置变化的研究，我是按照社会经济指数从 0 到 100 排序。差距不超过 5 的，我就认为处在同一个位置。比如，我去年调查他是 65，今年调查他是 64，我就认为没变化。如果下降超过 5、上升超过 5，我就认为有变化。因此，我把社会经济指数分为没有变化、变高、变低三种。对于有些职业，比如大学老师，要加上对管理位置变化的考察，如果不加管理位置，光是老师，可能就很长时间没有变化。在阶层变化方面，有些人在前期调查的时候可能是雇员，在后期调查的时候已经变成了雇主。还有一些人前期职业地位比较低，后期相对高一点，对这些我都作为变量来处理。

还有就是收入变量。我是在 2016 年做的调查，但早在 2004 年就建立了基础数据，每次调查的时候补充一些，因为总有 10%～20% 的人访问不到。我们在某一地域里调查，那些人流动后就增加了调查的成本，因此我就狠心地把这些样本舍弃掉，在当地再补充一些样本。收入变化调查做了好几次，包括 2006 年调查、2008 年调查、2013 年调查。2013 年的时候，在全国比较中，我们假定每个地方的通货膨胀率是一样的，就没做通货膨胀处理，用被访者自己报告的当年绝对年收入减去 2006 年他自己报告的绝对年收入；在国际比较中，我们会消除不同地方的通货膨胀的影响。在这种情况下，我们看看家户结构的区别，简单区分为夫妻二人同住的一代家庭（如果夫妻不在一起住，我就不调查这个问题），夫妻二人跟父母同住的二代家庭，还有典型的夫妻跟父母同住的主干家庭（只要跟父母一方同住的就符合条件）。

我们的假设是，不同阶层夫妻之间的家庭暴力的表现形式是不一样的。因为我们假定，只要你在一个阶层位置上习惯了，你的消费、你的行动、你的语言、你做事的态度就会有这种阶层的特质，所以阶层位置独立于其他变量而具有显著解释力。个人阶层位置的变化会打破原有阶层内部夫妻之间的既有关系，因为在现代社会里夫妻不在一起工作，因此夫妻不是同进步、共退步的，有些人进步得快，有些人进步得慢一点。我曾经写过一篇文章，讲了阶层内婚制。我发现所有时代里的人都是在自己的阶层内部选择自己配偶的概率更大，百分之九十几的人都在本阶层选择了自己的配偶。当然在不同的时代里，也有一些地主家庭出身、资本家家庭出身的人选择了穷配偶的情况。看起来是爱情使他们打破了阶层的限制，但是后来李银河告诉我，爱情这个东西最说不清楚，因为爱情是建构的结果。爱情是很不稳定的，一辈子爱一个人很难，但是你一辈子跟一个人在一起过家庭生活比较容易。你可以不爱他，但是跟他建立牢固的家庭生活，形成这种共同体是相对比较容易的。李银河自己研究了爱情一辈子，她说爱情这个东西是我们追求的目标，但是人很难一辈子都享受某一个人的爱。她说一个人同时爱两个人也是可以的，爱情不是唯一的。所以说人很复杂，因为人学了不同的知识，也会合理化自己的行动。每个人都会合理化自己的行动，站在自己的立场上解释自己的行动是正确的。所以，我假定在原有的夫妻阶层均衡的基础上，他们相互认识到了他们之间的阶层位置，并且相互了解、相互接受，然后缔结婚姻。在婚姻维持的过程中，如果一个人地位提高了，另一个人还没提高，或者是一个人地位下降了，这时候就会出现家庭的各种变化。不管是谁，当你的地位发生变化的时候，那个曾说会爱你一辈子的人都可能会跟你说"我们离婚吧"。

家庭结构的变化也会影响家庭暴力的表现方式。有其他人在和没有其他人在会不一样——我假定变化的方向是不一样的。在这种情况下，我用这些数据来做分析，分析结果是这样的。我们是在上海、浙江、福建做的调查。在表达方面，女性愿意把自己遭受的痛苦说给别人听，男性不愿意把自己遭受的痛苦说给别人听。男性通常把痛苦藏在自己的心里，没有地方吐露。男性在生活的过程中，朋友圈会越来越小，那些年轻时互相推崇的人、一起喝酒的人、朋友，到老了以后突然之间联系就断了。女性的亲密圈比男性的亲密圈要大很多，女性在表达过程中把她的痛苦和快乐分享出去的圈子比男性要多。所以在一般情况下，当你问痛苦的男人的时候，他不太爱说自己的痛苦，他会装作很幸福的样子。但是如果你问女性，她就真的和你说了："那个家伙真的对我不好。"尤其是农村的女性可能会说："我这一辈子光是吃苦，和他在一起就没见过什么是幸福。"其实这都是表达过程中的一些语言。

现在，20%的老人是处在同居状态的。我们问，你结婚了吗？他说我结婚了。我们问，你是结婚了还是两个人住在一起？他说是两个人住在一起。因为他们老人不办喜事，只跟别人说我们搬到一起住了。农村老人的同居率比城市老人高，农村老人的同居率有百分之二十几，城市老人的同居率有百分之十七八，也少不了多少。老人的子女经常反对老人结婚，一结婚就会导致财产的分配复杂化。所以子女一般会说，你俩住在一起我同意，但是你俩领结婚证，那得咱们家庭开会商量。为了避免家庭矛盾，一般两个老人悄悄住在一起比较方便。我支持老人住在一起，可以相互照顾。而且老年男性没有老年女性多，在人口结构里，一到70岁以后男性就越来越少。长寿的人只是个例，但平均而言，城市里的人真的比农村里的人活得长。有人说巴马那个地方的水一喝就长寿，这是讲故事，是商业，我不跟你辩论。要是真的辩论，我要问，你愿意到巴马去变得长寿吗？你到那儿肯定不长寿。但社会上都知道，知识分子的寿命比工人长，工人的寿命比农民长，没有人怀疑这个。有科学家去世了，记者在报纸上写了篇文章，说去世的科学家才 67 岁，领导问这怎么回事呢，才 60 多岁就死掉，是不是我们的知识分子政策没落实好，去调查一下。最后调查显示，从平均预期寿命来说，科学家的确活得比工人长，阶层位置在很大程度上决定了预期寿命的长短。

我在调查的过程中不问历史，不然这个结构会变化，我只问受访者在过去一年当中和配偶发生冲突的时候双方有什么做法。我们来看看男性是怎么回答的：

在回答"不与对方说话"的人中，48.7％的男性说他不主动说话。当我们问他的配偶会怎么做时，有 51％的男性说她也不跟他说话。48.7％跟 51％差不多，虽然有统计学上的显著性，但是结构上没有太大的变化。一个人不说话，另外一个人只好也不说话，是不是这个道理？问女性时，我们把她叫到另外一个房间，让她说说她丈夫会怎么做。50％的女性说她丈夫会不跟她说话。问她自己的做法时，她说她也不主动跟他说话。看来冷战的发生率，女性比男性要高一点点。统计学讲我们做这个模型时是假定这个人具有独立的、不受外界影响的行动效果，但实际上不可能。你在做家庭调查的时候，调查对象是社会上的人，必然被外面的人影响。

在回答"骂对方"的人中，34％的男性说他会骂她，33％的女性说她也会骂他。一个人骂，另一个人绝对不会悄悄地听，他要么大声骂，要么小声骂。你骂他，让他悄悄地听，在这个社会上很难成立，因为互动就是这样的，你骂他，他也骂你，无非是区分谁先骂、骂得是对还是错，但是家庭里没有对错，一直骂下去也是没有结果的。在调查中，问女性，她的丈夫骂不骂她，33％的女性说会骂。问女性，她骂不骂自己的丈夫，34％的女性说也会骂。可以看出来大家都一样，没有什么大的区别。

在回答"发怒、用肢体语言表达威胁"的人中，42.6％的男性说自己会用肢体语言表达愤怒，39％的女性也说自己会这样。40％的女性说自己的丈夫有发怒、用肢体语言表达威胁的情况。有些人为了在调查过程中表示自己是主动的，表示自己不是那么好欺负的，就会多说一些自己的情况。

回答"摔东西"的人其实很少，全世界的人都面临摔坏了东西总是要买新的这一问题。3.8％的男性说自己会摔东西，3.1％的男性说他的妻子会摔东西，4.4％的女性说她的丈夫会摔东西，而只有2.7％的女性说自己会摔东西。这说明女性在这方面还是节约，怕摔坏了就不能用了。

在回答"发生肢体冲突（冲撞、拿东西打和动手打）"的人里面，丈夫回答过去一年中曾经打过妻子的有2.5％，妻子回答丈夫主动打她的有1.5％。从这些数据我们知道，中国没那么多的家庭暴力，虽然不能说一点家庭暴力也没有，但是在社会大家庭中我们相处还是比较和谐的，打人的情况还是比较少的。

有些人质疑：你是做定量研究的，这个研究靠谱吗？我的回答是比较靠谱。只要你的抽样、你的样本量足够大，你认真做，即使做的过程中有一些误差，也不影响最后的结果。

大体上，从丈夫和妻子两个方面回答的结果来看，变化的趋势和我们预想的是一致的，我还是坚信定量研究具有很好的解释力。

我们再看地区之间的变化差距有多大，对上海、浙江、福建的变化进行比较。

先看男性的回答。说自己会"不与对方说话"的，在上海是53.8％，在浙江是50％，但福建比较厉害，多达54％。

说自己会"骂对方"的，在上海是35％，在浙江是27％，在福建是41％。之前听说上海男性是比较温文尔雅的，爱做饭，对女性很尊重。我们在调查过程中，问他"你做过这事吗"，他说"填选项就得了"——他只管填选择项。福建可能是农民比较多，因此骂对方的多。

"发怒、用肢体语言表达威胁"就比较严重了，表现出外在的威胁性隐患。上海男性这样做的明显少，浙江有40％，福建有49％。

回答自己会"摔东西"的，上海男性多一点，有5.3％——中产阶层爱摔东西，反正他能买得起，捡便宜的茶杯摔摔还是行的。浙江有2.5％，福建有4.6％。

在"发生肢体冲突（冲撞、拿东西打和动手打）"上，没想到上海男性说自己会这样做的比例比别的地方还高一点——上海是3.5％，浙江是2.4％，福建是2.2％。我想不出来为什么上海男性打自己配偶的概率居然比别的地方高，我解释不了。这里我们调查的是本地人，没有选移民。

再看女性的回答。上海女性选"不与对方说话"的有35％，浙江是27％，福建是38％。看来男性的语言能力还是要比女性差一些，因为一旦发生冲突，这三个地方的男性都有50％以上会选择不与对方说话。我觉得在一般情况下女性爱发声一点，不知道是不是因为语言能力比较强，保持沉默的发生率就低。

选择"骂对方"的女性，上海有35％。有意思的是，上海男性选择这样做的也是35％。

选择"发怒、用肢体语言表达威胁"的上海女性比上海男性要多一些，浙江、福建在这方面的男女差别不是很显著。

选择"摔东西"的，上海是5.9％，浙江是1.5％，福建是3.6％。

选择"发生肢体冲突（冲撞、拿东西打和动手打）"的，上海是2.7％，浙江是0.9％，福建是1.7％。看起来妻子动手打人的比丈夫少一点。

除此之外，在"骂对方"上，妻子回答的自己丈夫会骂她的概率低一点。在"发怒、用肢体语言表达威胁"上，妻子回答的自己丈夫会这样做的概率也低一些。"摔东西"方面，妻子说自己丈夫会摔东西的，福建高一点。在"发生肢体冲突（冲撞、拿东西打和动手打）"上，妻子说自己动手打人的概率比较低，说丈夫动手打人的概率高一些。不同的人在回答过程中有不同的表现。

我们做了关于最近一次冲突中的表现的模型，把这几个变量放在一起看一下会出现什么结果。我们看到，男性不说话的概率比女性要高一些。在指责跟骂人方面，男性比女性低一些。在摔东西方面，男性比女性低一些，相对女性，男性还不太爱摔东西。但在肢体冲突方面，说自己主动动手打人的，男性比女性多一些。

在户口组中，农村户口的人不说话的概率比较大。但是指责跟骂人，农村户口的人发生得比较少，他们可能不骂，直接就动手了。所以，农村里发生激烈家庭暴力的现象非常常见。

在教育组中，看起来教育会帮助人变化，受教育多的人愿意用不说话的方式来避免冲突。在"发怒、用肢体语言表达威胁"方面，越是受教育程度高的人越会控制自己的行为，而受教育程度低的人容易发怒、用肢体语言表达威胁。

在阶层方面，蓝领跟白领更愿意用不说话的方式来缓解冲突、回避矛盾，不愿意把事情激化。在指责跟骂人方面，蓝领跟白领的发生率都很低。在"发怒、用肢体语言表达威胁"方面也是。阶层位置越低的人，越倾向于使用暴力，阶层位置越高的人越不太用暴力。所以，实际上家庭暴力的发生率在社会发展的过程中必然会降低，这也是一个社会纵向进步的过程，不是横向的。有人说治理家庭暴力需要法律的介入、妇联的介入，但是我们社会学得出一个结论：要发展经济、发展社会，社会进步得快，可能会是家庭暴力减少的一个动因。

在收入变化组中，收入变低或变高都会提高不说话发生的概率。阶层的相对位置一旦变化，就会造成家庭矛盾的发生，这是很奇怪的现象。当然，这用阶层的方式很容易解释，阶层位置的变化会使你的家庭权力、家庭位置关系发生变化，你需要在家庭中重塑自己的话语权、重塑自己的能力。在指责跟骂人方面，与 2006 年相比，收入变高的人的表现比较一致——指责和骂人行为增多，你的阶层位置变高了以后必然会多做出这样的行为。所以我告诉女性，你别老是支持自己的丈夫进步快，进步快了以后，可能对你来说不是一个很好的家庭结构。丈夫也是，不要老是支持自己的妻子进步快。同时进步，保持一致的步伐是家庭矛盾得以控制的一个基本的社会学建议。你不能说我牺牲自己好让对方进步快，因为你牺牲自己的结果是以后更多地牺牲自己，所以我建议大家千万别牺牲自己的进步去支持另外一方的进步，你们两位共进退会更好。收入变化的影响是很显著的。在纵向变化上，2013 年的收入减去2004 年的收入以后，差值越大，发生家庭暴力的概率越大。在横向变化上，2013 年夫妻收入的差值变化越大，发生家庭暴力的概率越大。所以我觉得，收入的变化、阶层位置的变化都会导致家庭内部的矛盾，它是家庭矛盾再生产的一个机制。

当然还有一种情况，我在研究过程中注意到：是不是光考虑阶层位置就够了？因为收入也会体现出阶层性，你的文化程度也与阶层有很大关系，这些是否也会产生变量之间的问题？后来我想了想，因为阶层是根据职业来建构的，是职业位置，它的确对收入有很大影响，职业位置高的人收入高，职业位置低的人收入低。但是我观察的结果是，收入的变化不一定会带来阶层位置的变化。比如农民工，农民工的身份没变化，但是因为做了某一种活儿，收入变化了。像我外甥，他是个农民工，原来做的是兑水泥的活儿，后来我跟他建议："你光弄水泥不行，你得学电焊，我掏 5 000 块钱送你去学校里学电焊，将来你的工作会特别好。"他说："你真掏？"我说："我真掏。"结果他学了电焊以后，身份还是农民工，但是收入提高了。另外，有时候收入也取决于机会，比如到这个城市打工挣得多，到那个城市打工挣得少，也会产生一些这样的变化。

现在在整个社会学界开始有一种思路：把职业分层、教育分层、收入分层这三个方面并到一起来看，同时满足这三个层次的人才是真正的中产，如果只满足两个，就不算是中产。为什么中国人的阶层认同非常分散呢？就是因为一个人可能认同自己是教育中产，但是不认同自己是收入中产，也不认同自己是职业中产。社会学家说现在有20％的人是中产阶层，但是一旦发表这种研究结果，就有不少人说自己"被中产"了，不是真中产，这就是因为他不认同这种中产身份，自己的预期收入跟实际收入之间的差距越大就越不认同。比如我是大学毕业生，我预期一个月收入8 000块钱，但是实际才拿到5 000块钱，所以我就恨让我"成为"中产的人，因为我认为达到8 000块钱才是中产，而实际上我的收入才5 000块钱。

再看家庭。夫妻二人同住的一代家庭与夫妻二人跟父母同住的二代家庭相比，跟父母同住的二代家庭发生发怒、摔东西和肢体冲突的概率都会降低。家里有父母在，夫妻就会说咱们出去吵，不在家里吵。不管是男方父母在还是女方父母在，只要有父母在，就能降低激烈家庭暴力发生的概率。但是有父母在会增加不说话的概率，因为有父母在的时候吵架感觉也挺为难，所以只好不与对方说话。所以我觉得，家庭居住安排在一定程度上影响了家庭暴力的类型。

说到年龄组，原来我们假定年轻人家庭暴力发生的概率低，老年人家庭暴力发生的概率高一些。可是在控制了迭代的情况下，年龄的影响就不显著了。在阶层位置、收入、教育程度这些变量被控制以后，不同的阶层位置使得年龄差距会造成的家庭暴力发生率的差距相对缩小了一些。但是，实际上是不是这样呢？我还不太清楚，在文章里也不敢这么说。到现在为止，这个文章我也没写成，怕写完以后大家不接受这个结果。

地区比较也是这样的。原来我们假定跟福建相比，上海男性自己表示发生肢体冲突的多，但是在控制了别的变量的情况下差异并不显著，我也不清楚为什么它不显著。

我们最后的结论是，阶层位置的变化会引发家庭内部夫妻之间原有关系结构的失衡，引起矛盾的发生。被访者与配偶的阶层位置变化的差距越大，家庭暴力向烈性发展的可能性也越大；收入增幅差距越大，家庭暴力发生的可能性越大；收入差距越大，家庭暴力发生的可能性越大：尽管发生概率很低，但还是显著的。

不同阶层的家庭暴力的表现形式不同，越是白领，越是上层阶层，越可能使用软性的、柔性的暴力手段，而下层阶层采取打骂方式的就比较多一些。

家庭暴力的持续和离婚问题是我未来研究的一个方向，我想回答这样的问题：为什么有些人一辈子忍受配偶的家庭暴力却没有离婚？这可能涉及家庭暴力的顺从和服从、家庭决策跟家庭暴力惯习的养成。有些人说，一旦丈夫打你一次就会打你一辈子，一旦妻子拧你的耳朵一次，她就会经常拧你的耳朵。法学家认为事情只有 0 跟 1 的区别，没有干一次以后再也不干的事情，但我跟法学家的意见不太一样，我始终觉得在有些情绪之下产生的家庭暴力不会持续。如果将来继续做这个课题的话，能不能让"习惯性家庭暴力"在社会学里成为一个专有名词呢？这需要我们做出努力。

此外，性别平权会不会降低家庭暴力的发生率？经济上行会不会刺激家庭暴力的发生？经济下行会不会刺激家庭暴力的发生？这些都是很好的选题。一旦有机会，研究这几个选题能够深化这个方面的研究。

这是我今天跟大家交流的题目，不对的地方请大家批评指正。谢谢！

多元文化结构与文化认同*

邴　正

大家好！很高兴受中国人民大学的邀请，来和大家一起交流学习。

当前中国和人类都进入了一个全球化的时代，全球化的时代带来了一个突出的问题，那就是多元文化的交流和碰撞问题，这个问题在很多方面都有令人深思的体现。所以，我今天要谈的就是"多元文化结构与文化认同"问题。

一、文化的一元性与多样性

从刚才的问题引出一个问题：文化是一元的还是多元的？不同文化之间的认同和不认同都反映了这个问题。你的是文化，别人的是不是文化？你的文化是好的，别人的文化是好的还是坏的？这里就涉及怎么看文化。

---

　　* 此文是 2019 年 10 月 30 日举办的郑杭生社会学大讲堂第二十二讲的内容，讲座由刘少杰教授主持，陆益龙教授做评议。

　　演讲者简介：邴正，吉林大学哲学社会学院教授、博士生导师。曾任吉林大学党委副书记、校务委员会副主任，吉林省社会科学院院长，吉林省社会科学界联合会党组书记、专职副主席，吉林日报社社长、党组书记，吉林大学常务副校长，吉林省委委员、省政协常委。兼任东亚社会学会会长（中方），中国社会学会学术委员会副主任，中国辩证唯物主义研究会常务理事，吉林省社会学会会长。为国家社会科学基金学科评审组专家，教育部跨世纪优秀人才，吉林省委、省政府决策咨询专家，吉林省高级专家。主要研究方向为文化哲学、发展社会学与文化社会学。

（一）文化的一元性

英国文化人类学家泰勒在《原始文化》中提出了文化的定义："文化是一个复杂的总体，包括知识、信仰、艺术、道德、法律、风俗以及个人在后天习得的一切能力与习惯。"他所说的文化主要指人类精神活动的成果，即精神文化。文化是个太大的概念，我们讲的主要是精神文化。

精神文化的三大要素是：符号、规则、观念。

精神文化的第一个要素是符号。人们的精神活动何以能形成？首先要有符号化的行为，即语言文字。没有语言文字，交流就无法发生。所以符号的标准化就变成了交流、传播的基础，任何一个文化，要想能够长期保存、传播，必须有比较标准化的文化方法——符号，你有自己的语言文字，这样文化就可以保存、传承。

精神文化的第二个要素是规则。规则经系统化才能形成稳定的社会制度。如果没有一个稳定的、社会化的规则系统，制度就无法持续发挥作用。比如我们的学校。学校就是由一系列制度组成的，针对学生、针对老师、针对学校的服务机构、针对学校的决策，都要有一系列的规则，这些规则结合起来就变成了我们所说的教育制度，也就是我们的社会制度。规则需要系统化。

精神文化的第三个要素是观念。观念是人们认识活动的成果。观念经系统化、体系化，最后形成确定的知识与价值观。认识发展到观念的系统化、体系化，一个文化的核心内容就形成了。为什么？因为你的规则就是系统化的观念。比如我们说偷盗犯法。我们在楼里开会，我们的车停在外面，现在闲置，没用，有人开走了。他问：你也是闲着，我用用为什么不行？就是不行。这后面是一系列系统化的观念。我们认为财富是人生存的必要条件，因此要保护个人财产，你不保护它，你的生存条件就会发生危机。若车可以开走，那食物可不可以拿走？水源可不可以夺走？这样就威胁到了人的生存。所以，为了保证人的生存，我们必须把这个观念系统化，系统化就形成了我们的法律规则——保护财产，偷盗犯法，未经别人同意拿走别人的东西，严重的可以认为是偷盗——这样才能变成我们所说的规则和制度。而符号是干什么用的呢？符号是用来表达观念的。

最后，我们可以得出一个结论：文化的结构化最后必然形成文化的一元化，因为它要依据一定的观念，这是它的核心。这些观念运用一定的符号形成规则，最后一个文化体系就形成了、诞生了。从这个文化要素的构成看，文化当然是倾向于一元化的。如果一元化文化形不成，大家的观念混杂，互相不认同、冲突，最后规则就建立不起来，一个文化体系就不可能获得稳定的形式。

19世纪末20世纪初，文化社会学形成了三大流派，即我们所熟悉的文化进化论、文化传播论、文化相对论。文化进化论的代表是英国的爱德华·泰勒，他的代表作是《原始文化》。文化进化论认为，文化现象与自然现象一样，是在进化中形成和发展的，文化进化是由简单到复杂、由低级到高级的发展过程。

文化传播论的代表人物有很多，比如英国的史密斯、德国的拉策尔等。文化传播论认为，人类文化之所以有共性，原因不在于心理的一致性，而在于文化传播。文化传播过程遵循由先进向落后传播、由中心向边缘传播的规律。它认为，地中海文明就是传播的结果。古巴比伦文明、古埃及文明和古印度文明这三大文明之间交互传播，最后形成了地中海文明。地中海文明的延续者就是古希腊罗马文明，发展扩张为西方文化的基础。这些交流证明了一点：文化是可以传播的，相近的文化经过传播，会产生文化趋同的现象。所以你看西方文化，它和中国文化有相当大的文化差距的原因就是，在古代它们之间的交流、传播比较少，互相影响的程度比较小。相反，相近的文化，像古巴比伦文明、古埃及文明、古印度文明，由于它们互相交流、传播，就产生了很多相似性、相近性，最后发展到近代，形成了比较统一的西方文化。西方文化内部虽然有差别，但在基本价值观上是接近的，因为经过文艺复兴，西方文化形成了三大价值观——人道主义、理性主义、个人主义。这三大价值观就成了整个西方文化的文化标准。

文化进化论和文化传播论最终都走向了文化一元论、文化线性发展论和西方文化中心论。它们认为，落后的文化最终会被先进的文化取代，文化发展的结果是千流归海，由于西方文化率先进入工业文明，因此社会现代化进程最终是西方文化大普及。

（二）文化的多样性

从外在条件看，文化的构成要素不仅仅是符号、规则、观念，还需要一系列其他的条件。人群、环境、工具、历史传承、交流传播都可以影响文化的构成，不同的人群会有不同的传承，不同的封闭久了的人群传承不一样。人群是受环境影响的，比如草原民族和农耕民族就有很大区别。你注意姓氏问题，中国西部的草原民族很多没有姓，很多时候用父名子名连缀就构成了他们的姓名系统。

而在农耕民族，人们不但要知道自己的姓氏，还要知道自己的籍贯。草原民族不用知道自己的籍贯，因为他们是逐水草而居的。你问一个蒙古人出生在哪儿，他说草原。哪块草原？呼伦贝尔草原。呼伦贝尔草原大着呢，到底在哪儿？他就说额尔古纳左旗（即现在的根河市）的。额尔古纳左旗在哪儿？额尔古纳河边。为什么？没有地标。汉语可以有地标。北京有五棵松，它得名就是因为最初有五棵松树，农民到那里住后就叫它五棵松。东北是移民地区，它的地名很有意思：一间堡、两家子、三棵树、四马架、六道沟。农民文化水平不高，他们闯关东后，走到哪儿算哪儿，聚集在一个地方，然后建立村庄，村庄的名字和风俗有关，有的就用最早到这儿的人的姓氏。

我在兴城海边突然从地图上发现一个村叫邴家村，我姓邴，就兴致勃勃地沿着海滨走了六七里地，终于找到了这个村庄。一个老大娘坐在村口，我问她这是邴家村吗，她说是。我问这个村里有很多姓邴的人吗，她说没有。我问她是什么时候来到这个村的，她说她就生在这个村，她出生的时候就没有姓邴的。我当时就问她：这里为什么叫邴家村？她说听老人讲以前有一两户姓邴的人家在这儿住，于是叫邴家村，后来他们搬走了，村名留下了。

草原的环境与农耕的环境不一样，它们催生的文化也不一样。中原实行的是什么制度？过去在魏晋叫门阀制度。中国人崇拜祖先，姓氏很重要，可是姓氏繁衍多了，天下各地都是。张王李赵刘这五大姓在中国占汉族人口的 1/3，你随便拿一个超过 100 人的花名册，你数数，张王李赵刘这五大姓基本占 30％上下。但是又有不一样。什么地方？那就是文化传承了，比如清河崔氏、河东裴氏、琅琊王氏，这全是大姓。琅琊王氏到东晋就是王导，王导的侄子是王羲之，这是门阀制度。同时，家族又是一个人的社会抵押品。你要是犯了法，皇帝知道到哪儿找你株连九族，知道你的九族在哪里。像一个张姓的人，中国人姓张的太多了，但皇帝可以按照他的籍贯找到他的亲族，最后开刀问斩。于是人们做事就小心翼翼的，这是中原文化。

在草原就做不到了。草原为什么有敖包？就是因为没有地标。年轻人要谈恋爱去哪儿？你从你家帐篷出来，我从我家蒙古包出来，到哪儿去约会？最后发现大草原上有个包，有一堆石头，那叫敖包。于是两个人骑着马就去了，去了一看，全是年轻男女围着圈坐着谈恋爱，这就叫敖包相会。所以环境不同，文化也不一样。

马克思说过，手推磨产生的是封建主的社会，蒸汽磨产生的是工业资本家的社会。人们使用的工具不一样，构成的社会不一样，历史传承的方式不一样，形成的文化也不一样。举个例子，古代中国的遗产继承采取嫡长继承和兄弟平均继承，是分开的，西方则是绝对的嫡长继承。在中国古代，嫡长继承的是族权。祭祀祖先，长子是主祭的人，各家都是。在葬礼上，长子站在第一位。一般女性不参加自己丈夫的葬礼，怎么办？长子站在第一位，去接待前来吊唁的亲朋好友，这叫族权继承。但是家庭财产平均分配，这和中国的小农经济有关。中国的传统农业经济以家庭为生产单位，家长为了不断增加劳动力，普遍追求多生子女。所谓"多子多孙多福"的传统观念，实际上反映了增加劳动力、扩大和提高生产能力的需要。为了鼓励子女持续参加家庭生产活动，中国古代采取了兄弟平均继承家庭财产的制度。

这样就形成了中国的一个特色：由于中国社会的财产多次被平均分配，因此中国社会发展有很强的循环性。一个大地主拥有 1 000 亩良田，如果他有 5 个儿子，那么他死了以后，每个儿子可以分配到 200 亩，变成小地主。每个儿子给他生 5 个孙子，每个孙子能继承 40 亩，变成一群富农。以此类推，传到一大群曾孙，每人 8 亩，顶多算中农。传到玄孙，每人 1.6 亩，大多数变成贫农。再传下去，后代大多数变成失去土地的雇农和流民，社会危机就容易出现了。

看中国历史年表就知道，秦统一中国以后，基本上分短波王朝和长波王朝，短波王朝一般持续 20～50 年，长波王朝一般持续 200～300 年。秦朝统一中国，存在了 15 年，西汉存在了 231 年，东汉存在了 195 年，三国存在了 45 年，两晋存在了 155 年，南北朝存在了 169 年，隋朝存在了 37 年，唐朝存在了 289 年，五代十国存在了 53 年，北宋存在了 167 年，南宋存在了 152 年，元朝存在了 162 年，明朝存在了 276 年，清朝存在了 295 年，中华民国存在了 37 年。

中国传统社会发展呈现的这一短长交织的朝代更迭，与土地制度有直接关系。而西方不是，它是庄园制、领主制，实行绝对的嫡长继承制，老大继承了庄园以后，老二、老三、老四可以分点浮财，但是土地不归他们，这些人就出去当十字军，或者出去做生意，所以西方的封建制崩溃得比我们快，因为历史传承是不同的。你周边邻近什么文化就受什么文化影响，所以文化本身是多样的。

美国的文化相对主义创始人博厄斯系统地批判了西方文化中心论和西方文化优越论。按照西方流传的文化进化论和文化传播论，最终的结论都是西方文化中心论。从文化传播论来看，文化都是由中心向边缘辐射的，弱势文化传播能力弱，所以一方面它无法扩散到其他文化当中，另一方面由于它不断接受外来的文化，最后它本身的文化会被替代，这是文化传播论的观点。在近代，到 19 世纪末 20 世纪初，西方文化是最强的文化，因此很多学者推论西方文化是世界文化的中心，于是产生了西方文化优越论。

博厄斯不同。博厄斯强调不同文化之间的差异，注重文化多样性的发展，坚决反对将世界文化多样性纳入文化进化论简单的、单一的进化模式中。文化进化论强调文化都是由低级向高级、由简单向复杂，遵守进化论的规则在发展。越是原始文化，就越简单；越是现代文化，就越复杂。比如我们的教育，原始文化的教育很简单，就是言传身教；现代文化的教育就很复杂了，小学、初中、高中、中专、大专、大学、研究生，复杂性很强。

博厄斯认为，世界文明的各种经济大多相似，以至于我们不依附于建立在个体化和历史之上的文化，就有可能陷入一种文化需求和水平一致性的境地。这会使我们丧失从不同文化形式的互动中得到的有价值的促进因素。他认为按照西方文化中心论，最终全球文化将趋同，趋同以后，文化就单一了，失去了多样性，文化的发展就不可能实现。他进一步认为，甚至在我们自己的文化中，要获得相同的环境都是极其困难的，每一户人家、每一条街道、每一个家族、每一个集团、每一所学校都有自己的特性，是不易估计其价值的。因此博厄斯认为，每一种文化都有其存在的价值，每一个民族都有其值得尊重的价值观，不同的文化背景有着不同的价值和功能。

博厄斯强调了三个观点：第一，文化都是独源的，都是在自己特有的环境中单独发生、发展的，都是独创的。第二，文化的价值是不可比较的，你不能把不同文化的价值放在一起进行比较。为什么？因为每一种文化都有根据自己特殊的文化构成要素形成的特质，这些特质是不能比较的。大家可以看荣格的《现代灵魂的自我拯救》，讲了一个案例。书里说，一个美国政府官员去劝印第安人改变生活方式，加入西方主流社会。他举了个例子。他说：你看，我们的祖先到了美洲，你们的祖先住帐篷，我们的祖先也住帐篷；后来我们的祖先盖起了小木屋，你们的祖先还住帐篷；后来我们的祖先盖起了楼房，你们的祖先还住帐篷；现在我们盖起了摩天大厦，你们还住帐篷。你们能不能搬出来？酋长说：

我就不理解你们白人，白人总是愿意到处跑来跑去，不停地折腾。我就问你一个问题，摩天大厦、楼房、小木屋、帐篷，都是干什么用的？官员回答晚上睡觉用的。酋长说：这不就完了吗？睡在一个帐篷里多简单，你们为什么要把事情搞这么复杂呢？这也反映了博厄斯的理论基础：文化的好坏不在于它简单或复杂，简单的未必不好，复杂的未必都好。因此，他认为不同文化的价值主要取决于适应性，一种文化承载的成员感到这种文化对他来说适应就是好的，不适应就是不好的。城市的文化不意味着就一定比乡村、牧区的文化优越，只不过它复杂一些而已。第三，文化都是等值的。因为它各有特色，因此它是等值的，不能简单地说文化是好的还是坏的，只能说它对成员来说是适应的还是不适应的。

当然他的观点也遭受到学界的很多批评：要这么讲，文化就没有进步和落后之分了？就没有发展的问题了？这也是博厄斯面临的问题。他认为，文化之所以是多样的，是由历史的特殊性决定的，每一种生活方式都是许多历史因素作用的产物，每个民族都有他们自己的历史，每一种生活方式都是独特的。所以他认为，对于任何文化特质或元素，都必须首先依据它在某一独特的文化结构中所处的地位以及它所属的文化价值系统等加以判断和解释。这就是博厄斯的观点。于是就出现了一个对立：按照文化传播论，文化应该是一元的；按照文化相对论，文化应该是多元的。

（三）文化霸权与全球化时代的文化矛盾

进入现代，怎么看一元文化与多元文化的矛盾呢？普列汉诺夫和列宁最早提出了文化领导权的问题，认为无产阶级和资产阶级斗争，不断争夺经济领导权、政治领导权和文化领导权。葛兰西曾经担任意大利共产党总书记，被墨索里尼关进监狱，最后死在监狱里。他最早提出了文化霸权理论，认为文化霸权即通过大众同意进行统治的方式。韦伯有类似的思想，他对权力和权威做了划分。他说，一个人不顾别人的反对强制推行自己意志的能力就是权力（power）。一个人不需要用自己强迫的意志，使大众自愿接受他的权力，这就变成了魅力，就叫权威。文化本来应该是一个魅力权威的问题，但是文化同样也是个权力问题，一样可以不顾他人反对，强行地贯彻自己的意志。

葛兰西认为，一个社会集团能够也必须在赢得政权之前开始行使领导权，这是赢得政权的首要条件。当它掌握政权的时候，就最终成了统治者，但即使牢牢掌握了政权，也必须继续以往的领导。这方面的典型案例就是清和元两者的区别。元统一了中国，其统治阶层以蒙古人为主，它一共统治了 162 年，就崩溃了。清的统治阶层同样是北方游牧民族，同样统治了中国，清延续了 295 年。它俩的差距在哪里？蒙古人取得了经济和政治的领导权，但是没有取得文化的领导权，没建立起文化霸权。清的汉化程度很深，为什么？它要掌握文化领导权。

葛兰西指出，西方资本主义社会，尤其是先进的、具有较高民主程度的资本主义社会，其统治方式已不再是通过暴力，而是通过宣传，通过其在道德和精神方面的领导地位，让广大的人民接受它们的一系列法律制度或世界观来达到其统治的目的，这就是葛兰西所说的文化霸权。显然，现在西方社会掌握了文化霸权。

亨廷顿在《文明的冲突与世界秩序的重建》一书中提出了文明冲突论的观点。他认为，进入 21 世纪，国际冲突的根源将主要是文化而不是意识形态的冲突。他把文化和意识形态做了区分：意识形态是政治问题，而文化包括意识形态，它的范围要宽于意识形态，因为它是全部的精神文化。他认为，全球政治的主要冲突将在有着不同文明的国家和集团之间发生，文明的冲突将主宰全球政治，西方文明与伊斯兰文明、中国文明之间的冲突可能共同对西方文明造成威胁或提出挑战。这个观点一提出就引起了激烈的辩论，多数人批评他，认为这不是文明冲突问题，而是政治冲突、经济冲突问题，他把问题本末倒置了。

但不管怎么评判亨廷顿的这个观点，进入 21 世纪，当前全球矛盾发展多样化，其中文化矛盾确实是上升了，或者做前导，或者是背后的原因。你看西方，亨廷顿说准了。西方进入 21 世纪后就跟伊斯兰社会发生了尖锐的冲突，从海湾战争、阿富汗战争、利比亚战争到叙利亚战争，战争一直没断。这些冲突遮蔽了中美矛盾，中国利用这近20年的时间，经济迅速发展，现在变成世界第二大经济实体。我们提出了"一带一路"战略，后来改成"一带一路"倡议，因为"战略"太具挑战性。然后我们又提出了要构建人类文明共同体，这就是一个文化战略，也叫文化倡议。对于构建人类文明共同体，西方人认为这个共同体已经有了，不就是他们自己吗？你要重新构建而不是修改，什么意思？争夺文化领导权，他们是这样认为的，于是我开头说的一些问题越来越频繁地出现。

另一位美国学者萨义德提出了东方主义问题，他认为东方主义是西方人藐视东方文化并任意虚构东方文化的一种带有偏见性的思维方式或者体系，是西方人在文化上对东方人进行控制的一种方式。"东方"在西方语言里往往和专制、落后、野蛮是同义语。这个分野从古希腊时就开始了。古希腊把世界分成近东、中东、远东。比如，古希腊人瞧不起波斯人，认为波斯是专制的大帝国。

萨义德讲的不是军事上的对抗，他讲的是文化对抗。由于西方文化发达，东方的学者要到西方去留学，于是他们学会的都是西方的话语，他们回国以后传播西方的知识，用西方的话语、西方的思想、西方的价值观来解剖本民族的发展和存在的问题。这里面就蕴含着文化殖民主义问题了，萨义德把文化殖民主义称为话语霸权。

亨廷顿和萨义德有共同的认识，他们都认为殖民主义在当代发生了重大的转变。20世纪以前的殖民主义都是领土殖民主义，主要就是占领土，于是先有了第一次世界大战，又有了第二次世界大战，就是帝国主义大国瓜分世界、争夺领土。第二次世界大战以后发生了变化，跨国公司崛起了，这叫经济殖民主义，可以一枪不放，通过投资、技术转让，控制一国的经济，于是就有了大家都熟悉的沃勒斯坦提出的世界体系论，有了依附理论。

亨廷顿和萨义德进一步分析，面向21世纪的发展，随着全球化、信息化社会来临，传播方式和手段发生划时代变革。谁掌握信息技术及信息传播的主导权，谁就掌握了文化霸权。文化殖民主义崛起，发生了什么变化呢？那就是经济退到次要地位，文化变成先锋，只要掌握文化霸权，掌握话语权，就可以解构、弱化一个国家自身的文化，慢慢实现文化趋同。从主观上，落后国家就会接受学习、模仿西方国家的价值观，自然就成了西方的市场。福山的《历史的终结》讲的就是这样一种观点。

二、中国文化的多元复合性

我们通过对中国文化的分析会发现，文化既是一元的也是多元的，一元与多元的结合会形成一种现象——文化的多元复合性。文化的多元复合性是指任何一种现代文化都是在传播的过程中融合而生成的，是多元文化要素层层叠加、不断累积的结果。原有的文化作为痕迹都会在这个文化中存在，不会被完全擦掉。当外来文化占了支配地位的时候，本土文化就以隐性文化的方式存在，而强势的外来文化就以显性文化的方式存在。在现代文化中，这种多元复合的现象是普遍存在的，在中国文化当中，这个特点尤为突出。

（一）中国文化形成的多元复合性

这方面研究的代表是考古学者苏秉琦，他提出了"满天星斗说"。原来我们强调黄河流域是中华文明的摇篮，苏秉琦在总结中国的考古发现后提出了"满天星斗说"。他把我国数以千计的新时期遗址分为六大板块，即：（1）黄河文化区（仰韶文化和彩陶）；（2）鲁苏豫文化区（大汶口文化、红陶、黑陶）；（3）鄂川文化区（楚文化、巴蜀文化）；（4）长江下游文化区（河姆渡文化）；（5）赣粤文化区；（6）北方文化区（红山文化、大地湾文化）。他大体划分了六个大板块，每个大板块又有很多独特的小板块，这些文化后来形成了我们的中华文明。很多学者根据这些考古发现认为，仰韶文化主要是黄帝文化，大汶口文化是炎帝文化，鄂川文化区是三苗九黎文化、巴蜀文化，河姆渡文化主要是百越文化。河姆渡文化有两个东西：一个是稻谷，考古人员发现了成吨的稻谷，证明中国是水稻的原生地；第二个就是杆栏式建筑，因为河姆渡文化很可能毁于海啸，从挖掘出的现场来看，它的房屋基础就跟现在东南亚的杆栏式建筑一样，用密集的木桩打底，然后修两层建筑，下层养牲畜，人住在上层，现在在中国南方还有这种痕迹——百越文化的痕迹。北方文化区就是红山文化，是东夷文化，包括整个东北的通古斯族群，它的文化和红山文化有一定联系。这些文化共同形成了中华民族多元一体的文化。

（二）中国文化发展的多元一体性

这方面倡导的学者是历史学家张博泉。张博泉是吉林大学著名的历史学教授，他提出了"中华一体论"。他把中华文明发展分成四个阶段，即前天下一体、天下一体、前中华一体、中华一体。前天下一体就是春秋战国时期。

参考他们的观点，我认为中国文化发展可以划分成三个阶段：第一个阶段是炎黄，就是炎帝、黄帝两个部落的融合。第二个阶段是华夏，炎黄加东夷，加戎、羌、巴蜀、苗黎、百越等等。第三个阶段就是天下。天下阶段就是秦汉时代，华夏加东夷、南蛮、西胡、北狄这四个少数民族集团，最后形成天下。元以后形成中华概念，天下加内外藩属，构成了大中华体系，是这样一个演变过程。这样一个演变过程证明了一点：中国文化一开始就不是一元的，它是多元不断复合形成的。大体是这么一个过程：以炎黄文化为核心扩大成华夏文化，扩大的部分都是原来和中原文化渊源分属不同的文化，华夏文化再扩大成整个中原文化（我们说的中原不是指河南，而是指长城以南、青藏高原以东的广大地区），最后扩大成今天的中华文明，是这样一个发展过程。

它的第一个阶段"前天下一体"就是炎黄融合，第二个阶段就是以炎黄部落为核心。炎黄部落主要是在陕西中部、山西南部和河南西部这一带。然后，通过商周时代的征战，炎黄逐渐融合东夷、戎、羌、巴蜀、苗黎、百越等众多的东西南北的民族集团，特别是东夷，对中华民族的发展助益很大，它的主体部分几乎都变成了华夏。到了秦汉时代，中原变成了华夏，而周边的少数民族就是狄、夷、蛮、胡这样一些民族集团。最后到了元代及以后的明清时代，中原加北方的蒙古、东部的满洲、西域的回部和西藏等等，共同构成了大中华的概念。

从中我们可以看到，中华文明的发展一开始就不是单一的，而是不断扩张融合的过程。这就产生了一个问题：这个过程对我们后来形成的中华文明产生了什么影响呢？大家都知道，留到今天的以从炎黄到华夏的文化为主，这是主脉，其他的部分到哪儿去了呢？完全消失了吗？

（三）中国文化多元复合性的特征

中国文化多元复合性表现为两个社会结构特征：

第一，农耕和游牧对立依存的二元结构。

有些人认为游牧文化基本上败给了农耕文化，对中国的文化没有多大影响，这是不对的。它有什么影响呢？两种文化在经济上有着相互依存的关系。中原的农耕文化需要发达的生产工具，就是马和牛——马解决交通问题，牛解决耕作问题。而中国的农耕文化发展得比较成熟，原因是我们有源源不断的大牲畜来支撑我们的农耕。东南亚的农业始终是原耕水平，印度也是，印第安人始终没有大牲畜，连车轮都没有，所以他们的文化发展着发展着就中断了。西欧是游牧和农耕相结合，但是游牧因素多，农耕因素少，所以西欧的封建社会持续时间很短。

草原则需要来自中原的盐、茶、奢侈品：草原贵族要过奢侈生活，奢侈品来自中原，还有日常生活用的盐和茶。长城原来也是一个贸易通道——它的确有军事防御作用，可是查一下，在漫长的历史中，长城周边爆发大规模战争的时间是短暂的，多数时间是相对和平的。和平时期长城起什么作用呢？控制贸易。如果没有这道墙挡住，边民和牧民就可以直接进行贸易，国家得不到任何好处。在修起长城以后，长城就发挥了经济作用：开放一些关口，边民和牧民定期互市、互相交换，拿中原的盐和茶换草原的马和羊，国家就可以收到税了。如果没有长城，那么都是民间贸易。所以，不要以为长城只是军事工程，它还有经济功能。

这样就保证了游牧民族有稳定的生活必需品来源，农耕民族有稳定的生产工具来源。否则的话，汉也好、唐也好、明也好，多次打到大漠深处，甚至接近贝加尔湖，游牧民族主体为什么不走呢？就有因为有经济上的依存关系。

第二，政治上的互补关系。

这个二元对立给中国政治留下了一个大的特征：中央集权大一统。我们中国人为什么长期中央集权？道理很简单。游牧民族容易统一，草原没有天然的地理边界，所以蒙古草原不断崛起强大的游牧民族，匈奴、鲜卑、契丹、女真、蒙古、满族，都是在北方草原和山林地带崛起的。它们一旦崛起，就全民皆兵，于是带来一个结果：中原的农耕社会必须大一统。如果战国七雄继续存在，那么北方临近边界的燕、赵、秦会变成游牧民族的附庸，然后以这个为基地再去征服中原，就不会有现在的统一中国。因为一个小国就相当于现在的一个省，一个省能有多少常备军呢？二三十万撑死了，它拿什么抵御游牧民族？匈奴有兵 30 万人，最多的时候有 50 万人。胡人三岁能骑马，草原上的儿童几岁就能参加战斗，草原妇女也可以参加战斗。骑兵不需要后勤部队，他们是马背民族，生牛肉切一切放到马鞍下，背着装上水的皮囊，就可以连续作战。蒙古骑兵的战斗能力为什么比较强？一人双马，昼夜不停，所以他们的行动速度非常快，超出农耕民族的想象。中原的远征军能打到大漠深处，但多数时候是失败的。什么原因呢？游牧民族不打你的主力部队，专门打你的后勤部队，把你的粮草一烧，三天以后，你不战自退，你没有粮，士兵就崩溃了。草原没有界线，游牧民族可以纵横驰骋，所以可以形成大的政治集团、军事集团。在这种情况下，中原就必须做两件事：一是统一起来，二是超级军备。经历史学家统计，中国从秦汉一直到明清，统一时的常备军在 100 万人左右，中原只有达到 100 万人的兵力，才能抵御几十万的草原骑兵，保住中原的这种大一统的格局，然后才能抵御住游牧民族的冲击。还有多次中原没有抵御住游牧民族的冲击，最后中原被游牧民族占领，这都是发生过的。所以，中国在历史上分久必合、合久必分，出现了秦、汉、隋、唐、元、明、清这样的超级大帝国。

三、中国文化多元复合性的精神文化特征

这种社会结构的多元复合在文化精神上产生了什么结果呢？

（一）华夷互变的文化复合论

中国传统文化和西方文化不一样，西方文化始终是种族优越论占主导的。civilization 这个词来自拉丁文，civil 是"城市""市民"的词根，civilization 为什么就变成文明了呢？罗马人瞧不起农耕民族和游牧民族，罗马人住在城市里，奴隶才种地、放马，罗马人是不干活的，罗马人就负责两件事——打仗和管理国家。所以，civilization 是一种歧视性的概念：罗马人认为其他人是野蛮人，只有自己才是文明人。

中国与西方不同。韩愈讲："孔子之作《春秋》也，诸侯用夷礼则夷之，夷而进于中国则中国之。"儒家思想的集大成者是孔子，他的出现标志着中华民族民族意识的自我觉醒——至少是汉民族民族意识的自我觉醒。孔子编《春秋》，删《诗》《书》，目的是别华夏、夷狄，定规矩。遵守周朝制度的就是华夏，不遵守周朝制度的就是夷狄。华夏、夷狄的互变与出身、种族没关系。"夷狄而华夏者，则华夏之"，你是夷狄，但你接受了中原礼仪，你就是华夏；"华夏而夷狄者，则夷狄之"，你是华夏，但你跟着夷狄跑了，你就是夷狄。汉朝的时候，汉使陆贾到了岭南，见到南越王赵佗，就当面指责赵佗，说你本是中原人，"今足下弃反天性，捐冠带，欲以区区之越与天子抗衡为敌国，祸且及身矣"。

赵佗是河北真定（就是今天的正定县）人，和赵云是同乡，应该是赵云祖辈，他俩同籍贯、同姓。赵佗是秦军的副将，应该叫秦朝的广州军区副司令兼岭南首府龙川县令。司令员任嚣临死的时候告诉他，现在中央乱了，你把大庾岭道路切断，不要跟中央来往，能保岭南的平安。结果他照做了，自封南越王。陆贾说：你看看你现在什么样子，穿着蛮夷的衣服，梳着蛮夷的发型，还说着蛮夷的语言，你哪里像个汉人？所

以，他把赵佗算成了蛮夷。《史记》《汉书》没有为赵佗专门立本纪，不认为他是帝王。

同样，春秋的时候，楚国君主熊通突然发兵攻打姬姓小国随国（随国考古挖出了曾侯乙编钟，所以也叫曾国）。随国国君问熊通：我无罪，因何伐我？熊通说什么呢？"我蛮夷也。"意思就是你们不是说我是蛮夷吗？我是蛮夷我怕谁？"吾先鬻熊，文王之师也"，因何楚封子？春秋贵族分了五个等级——公侯伯子男，封楚为第四等。当年楚军参加了周武王灭商的联盟，是盟军之一，怎么就只封了子呢？所以楚国不服。春秋的时候，湖北、湖南地区的人被视为蛮夷，但是现在称"惟楚有材，于斯为盛""无湘不成军"，近代中国要是没有湖北、湖南地区的人，发展成什么样真不一定。武昌起义就在湖北。所以，孔子的观点非常有预见性，中国能发展到今天这么大，一定程度上是因为他给定的规矩比较好，华夷互变、文化融合，所以叫"夷而进于中国则中国之"。

（二）儒道佛三教一体论

除了中国，全世界其他地方都没有这样的信仰。基督教分裂成天主教、东正教、新教，它们彼此之间是互不承认、互不联系的。伊斯兰教内部教派林立，中东现在的战乱，一部分是由于外敌入侵，另一部分是由于内部教派太多。在中国，儒道原来是一家，都是中国上古的文化。儒的基础是昆仑神话，也就是黄帝神话，是求神的。道的基础是海岱神话，也就是东南沿海一带的神话，是求仙的。神和仙的区别在于：神与生俱来，与人不一样，人是神创造的；而仙是人修炼飞升而成的。人不能成神，只能敬神；神可以变成人，但终究还是神。儒道精神有区别，一个是入世，另一个是隐世。儒家入世，强调修身、齐家、治国、平天下，杀身成仁，舍生取义，是英雄主义。道家隐世，强调顺其自然、清静无为、齐物忘我、与世无争，是自然主义。后来传入了佛教，强调生活是幻相，肉体是陷阱，涅槃方成佛，是出世的。佛教的优点是什么？儒道两家都是知识分子精神、贵族精神、精英精神，佛教不是，佛要普渡众生，即"是法平等，无有高下"，佛教是普罗大众的信仰，于是中国文化就变成了儒道佛这种三角结构。看《红楼梦》,《红楼梦》是把儒道佛精神揉在一起了,一开始是两个道人,最后贾宝玉出家当和尚了。儒道佛三位一体,为社会各主要阶层提供了精神支撑:社会的权势贵族和精神贵族达则兼济天下,穷则独善其身;普通群众则安心认命,在对来世的期盼中寻找精神寄托。

(三)理想主义与功利主义并存的伦理二元论

孔子把人分成三类,加上孟子所称的大丈夫,实际上儒家把人分成了四个层次。第四层次是小人。小人喻于利,只知道追求名利的是小人。第三层次是君子。君子喻于义,追求道义的是君子,君子洁身自好,不干预别人,至少自己保持道德修养。第二层次是大丈夫。大丈夫要顶天立地,要富贵不能淫,贫贱不能移,威武不能屈,要干预社会,不但要自己洁身自好,还要用强力去推行自己的理念。第一层次也就是最高的境界是圣贤,是道德完善的人。要成为圣贤,必须非礼勿视、非礼勿听、非礼勿言、非礼勿动,视听言动都必须"发乎情,止乎礼"。而在现实生活中,没有人能做到道德上的绝对完善,这是不可能的,这是浪漫主义、理想主义!

但是绝大多数人为什么能接受这样的浪漫主义、理想主义呢?中国文化有很强的复合性,中国道德缺乏一贯性,到处都是变通。我们讲《易经》,"易"是什么?易就是变。儒家又持伦理功利主义。我们整个中国文化是比较现实的,儒家讲"男女授受不亲",但又讲"食色,性也"。"子见南子,子路不说。夫子矢之曰:'予所否者,天厌之!天厌之!'"这是《论语》里记载的故事。南子是卫灵公的妻子,名声不好。孔子到了卫国,南子慕名,要求见孔子,弟子们劝孔子不要去,孔子说一定要去,要想推行大业,就得让南子吹吹枕边风,影响影响卫灵公。后来是弟子子路陪着孔子去的,但是南子不见子路,让其等在门外,只让孔子一人进屋。孔子进屋以后,子路隔着门,就听到里面环佩之声不绝于耳。不知道南子怎么见的孔子,但一定不是老老实实地坐在席上,而是满地乱蹦。孔子出来之后,子路就拉个大长脸,孔子一看子路不高兴了，马上就辩解，说我要是干了什么缺德事，老天都罚我！老天都罚我！连着发誓两遍。孔子也有压力，因为他要做圣人。

如果认真读《论语》，可以发现孔子是个非常可爱的人，我们普通人身上有的各种优点、缺点，孔子身上都有。孔子说："自行束脩以上，吾未尝无诲焉。"孔子是收"学费"的，束脩就是十条干肉。在实践中，孔子也是理想主义与现实主义的结合。

但是话又说回来，一个理想不绝对化，怎么能变成信仰呢？如果你是政治家，人家就不拿道德要求你，人家问你干了什么事，你啥也没干、不作为，没有人会买你的账，也就是说圣人是难做的。在现实中怎么办？中国改朝换代怎么办？皇帝一死，难道所有大臣全部上吊自杀？这样中国文化不就中断了吗？总得有人留下来传承文化，于是我们的伦理变通就产生了。

有一个关于和尚桥的故事。和尚桥位于长葛市区东南部的清溢河上，它的名气，并非因为桥本身有什么特殊之处，皆因附会到它身上的故事。这故事被人们概括为简练的一句联语：修浮桥为母行孝，杀和尚替父报仇。说某人之母与隔河而居的和尚有私情，和尚寒冬腊月涉水过河，触动此人孝心，他修桥为母行孝。其母去世后，他杀了和尚为父报仇。

其实这个矛盾是哈姆雷特式的。"To be, or not to be, that is the question."活和死确实都是个大问题。西方文化就没有这种变通，因为它有宗教，你不用变，在宗教那儿解决就行了。我们中国没这种宗教，怎么办？我们都是靠伦理，伦理要是不给老百姓留出空间，在绝对的伦理之下，老百姓的日常生活过不了。士大夫阶层可以，因为绝大多数士大夫是贵族，贵族不愁钱的问题。贵族有钱可以不低头，普通人不低头能活下去吗？

（四）天下一家的文化依存论

我们把世界翻译成"天下"。儒家的境界就是修身、齐家、治国、平天下，从自身出发，先治好家，治好家后扩大为治国，国治好后扩大为治天下。中国人的世界观是什么？四海之内皆兄弟，国就是家的放大，国缩小后就是家，家国一体。所以，在中国是"没有天哪有地，没有地哪有家，没有家哪有你，没有你哪有我"。个人和个人、个人和家庭、小家和大家、家家和天下互相依赖、互相依存。

（五）和而不同的文化包容论

怎么处理文化的统一性与多样性的关系呢？中国文化的处理路径是"周而不比""和而不同"，说"君子和而不同，小人同而不和"，这是我们中国文化的特点，是一种文化复合论、文化包容论。因为崇高的文化理想要面对现实，只能通过变通来包容、协调、融合。

四、网络时代的文化矛盾与文化认同

当前中国已经进入网络时代，我们面临着网络时代的文化矛盾。

（一）网络时代的文化矛盾

到 2018 年年底，中国有 8.29 亿网民。通过对网上活跃群体的言论分析，我们可以发现当代中国进入了多元文化时代，存在着一元文化与多元文化、主流文化与亚文化之间的矛盾。各网络群体的文化归属不一样，我们当前进入了一个多元文化时代。

（二）当代文化的四大板块

概括起来，多元文化主要包括四大板块——传统文化、革命文化、西方文化和改革开放文化。传统文化的核心是儒家思想，主要影响我们的日常生活和道德伦理。革命文化的核心是毛泽东思想，主要影响政治领域和道德伦理。西方文化的主要影响是全方位地渗透到当代的中国文化中。改革开放文化的核心是务实精神，其影响也是全方位的。

虽然对文化的多样化选择是合理的，但我们现在的问题是文化认同问题。以美国文化为例，美国就是个多元文化国家，但你以为美国文化就没有统一性吗？错！如果美国文化没有统一性，美国怎么能熬过两次世界大战？怎么能在战后成为天下霸主？研究美国文化，你可以去研究美国的好莱坞影片，你会发现美国的文化价值观高度一致，好莱坞打造了一个理想美国。这个理想美国是由三种精神构成的：一是个人主义。好莱坞影片的主人公都是小人物，没有太大的人物，只有个别人物传记影片的主人公是大人物。二是救世精神。这些小人物干了什么呢？拯救世界。这是好莱坞影片的政治正确性、魅力所在。这种精神就是韦伯所说的新教伦理精神。新教徒被天主教徒迫害，从欧洲跑到美洲，想用创造更多财富来证明新教徒是对的，而旧大陆是错的。从 1918 年第一次世界大战结束到现在，关于美国人的理想是什么，好莱坞影片描画了一个清晰的发展轨迹。三是英雄主义。社会有难，小人物挺身而出；国家有难，小人物挺身而出；世界有难，小人物、大人物一起挺身而出。美国人就扮演这个角色——救世主。好莱坞影片打造了美国人是英雄、美国强大的神话。

那么，从 1918 年到现在美国干了些什么呢？好莱坞影片告诉你美国一直在拯救世界，从不同敌人的威胁下拯救世界。你概括一下好莱坞影片中美国的敌人就会发现：虽然美国的敌人不断变换，但是它们有个共同特点，即威胁人类——美国是在替全人类拯救世界。第二次世界大战时，好莱坞影片的主题是从法西斯国家的威胁下拯救人类。第二次世界大战结束以后，冷战开始，好莱坞影片的主题变成从克格勃的威胁下拯救人类。冷战结束，苏联解体，好莱坞影片的主题又变了，地球上已经没有敌人了，要从外星人、异形的威胁下拯救人类，于是我们看到了超人、变形金刚、钢铁侠、蜘蛛侠等超级英雄。"9·11"事件爆发，美国纽约世贸中心被炸了，好莱坞影片的主题又变了，变成从形形色色的恐怖分子的威胁下拯救人类。之后，它还要从谁的威胁下拯救人类呢？从美国建立开始，这种救世主情结一直延续到今天，谁说美国的文化始终是多元的呢？美国群众在这一点上是高度认同的，不认同的话美国怎么能有战斗力呢？远的不说，苏联解体后，美国军队在世界上作战，死伤过万，美国普通群众为什么不集体上街抗议，像抗议越南战争一样让政府结束战争呢？说明他们在价值观上基本还是认同的。

我们现在遇到的问题是什么呢？我们这四个文化板块还没整合好，

这就是我们面临的现实。

（三）文化认同、文化自觉与文化自信

文化认同是由美国著名精神分析学家埃里克森提出来的，主要是指一个群体中的成员在民族共同体中长期共同生活所形成的对本民族最有意义的事物的肯定性提炼。文化认同就是对人的精神存在做出价值肯定，主要通过民族本身的特性、习俗及生活方式，以集体无意识的形式流传至今，融合人们的各种认同，从而阻止了不同认同之间因部分认同的背离或异质性而可能发生的文化冲突。

形成社会共识和认同是文化的重要社会功能。亨廷顿认为，不同民族的人们经常以对他们来说最有意义的事物来回答"自己是谁"，也就是用祖先、宗教、历史、价值观、习俗和体制来定义自己。文化认同对大多数人来说就是认同最有意义的东西。列宁认为，民族主义就是一个民族自我肯定的情感。吉登斯认为，民族是想象的共同体。

民族是文化认同的结果，你是谁的后代并不重要，你接受了共同的文化认同，自我肯定了，你就归属这个群体，而不在于你到底是谁的后代。所以，民族主义是感性的而不是理性的，如果它是理性的，那么应该是人类主义，而不应该是民族主义。社会认同的基础是社会成员之间形成基本一致的文化价值观，这种文化价值观是能把诸多人凝聚成一个民族共同体的精神纽带。所以，文化认同是民族认同、国家认同的重要心理和精神基础，而且是最深层的基础。在当今我们处于全球化、信息化、网络化时代的背景下，基于文化的社会认同日益成为综合国力竞争中最重要的软实力。

（四）费孝通论文化自觉

费孝通很早就提出了文化自觉论。他认为，文化转型是当代人的共同问题，在1997年他就提出了文化自觉问题。他说："我们大家在搞什么？心头冒出四个字——文化自觉。这四个字正表达了当前思想界对经济全球化的反映，是世界各地多种文化接触中引起人类心态的迫切要求，要求我们知道：我们为什么这样生活？生活有什么意义？它给我们

带来什么结果？它要把人类带到哪里去？等等。这些冒出来的问题，不就是要求文化自觉吗？"

费孝通认为，文化自觉只是指生活在一定文化中的人对其文化有自知之明，明白它的来历、形成过程、所具特色和发展方向，不带任何文化回归的意思，不是要复旧，同时他也不主张全盘西化或全盘他化。有自知之明是为了加强对文化转型的自主能力，取得适应新环境、新时代的文化选择的自主地位。

费孝通描述了文化自觉的过程，那就是"各美其美，美人之美，美美与共，天下大同"，也就是要求多元文化互相包容、互相交流、互相学习，最后人类才能形成一个具有多样性的统一体。习近平总书记将其概括为文化自信。

当前我们要做的就是提高对主流文化的认同。我们的主流文化是两种精神，即以爱国主义为核心的民族精神和以改革创新为核心的时代精神，这是我们的核心。同时，我们要包容、引导亚文化的发展，这样我们才能够从容地应对全球化、信息化带来的文化认同挑战，才能随着中国经济的崛起，促进中国社会提高认同、持续稳定发展以及走向世界，与世界已有的文化交流、融合，为人类的文明发展做出我们应有的贡献。

以上就是我的思考，欢迎大家批评。

从地缘多元主义走向话语多元主义 *

谢立中

首先感谢刘少杰老师邀请我到这里做讲座，也感谢刘少杰老师刚才给我那么多溢美之词。能够有机会到这里跟大家分享自己的一些研究心得，我觉得是一件很快乐的事情。

我今天跟大家分享的题目是"从地缘多元主义走向话语多元主义"。这个题目看上去是一个理论性很强的题目，实质上主要是理论探讨方面的一个题目，但它实际上跟我们国家这些年热烈讨论的一个话题，也就是社会学本土化/去西方化这个话题密切相关。

我以前对社会学本土化/去西方化这个话题并不是太感兴趣，因为我觉得这个话题适合做，不适合说，不用去讨论，因为讨论不出结果来，一定是各说各的，要讨论出共识很难，所以对我们来说真正重要的是去做，管它这个理论是西方的还是非西方的，我们用它去观察、分析

　　* 此文是 2019 年 11 月 6 日举办的郑杭生社会学大讲堂第二十三讲的内容，讲座由刘少杰教授主持，郭星华教授做评议。

　　演讲者简介：谢立中，北京大学社会学系教授、博士生导师、教育部"长江学者"特聘教授，兼任国家社会科学基金学科评审组专家、北京市社会科学界联合会委员，曾任北京大学社会学系主任、北京大学学术委员会主席、北京大学社会理论研究中心主任、全国社会工作专业学位研究生教育指导委员会秘书长、东亚社会学会副会长、中国社会学会学术委员会委员。主要研究方向为社会学理论、社会发展与现代化、社会政策等。出版学术著作近 30 部，发表学术论文百余篇，多次获得教育部高等学校科学研究优秀成果奖（人文社会科学）及北京市哲学社会科学优秀成果奖。

和研究中国的现实问题就可以了。如果发现它不合适就把它修改了、抛弃了，如果发现合适就继续用。所以我在进入社会学领域后的 20 多年里一直没有关注这个话题。但是，近些年这个话题在中国社会学界甚至整个中国哲学社会科学界都成了一个非常热门的话题，大家讨论得非常多。我由于跟一些国外学者合作做一些相关课题，不可避免地要对这个话题做一些讨论，在这个过程当中就有了一些思考。我之前在刘少杰老师主编的《社会学评论》上发表过一篇文章，讨论的就是社会学的后西方化问题——在那里我用了"后西方化"这个词来表达我对本土化/去西方化这个话题的一些理解。我感觉里面还有些遗留问题没有说清楚，所以后来又做了一些思考，写了一篇新的文章。

一、问题的提出

我所要讨论的问题就是在社会学本土化/去西方化的进程中出现的两种不同的理论观点，对于这两种不同的理论观点，我称它们为强本土派和弱本土派。最开始的时候我称它们为极端本土派和温和本土派，后来感觉"极端"在汉语里不是太好听的一个词，似乎带有点贬义，但我这里其实并不存在批评的意含——虽然我不一定同意这个观点——所以后来就称它们为强本土派和弱本土派。这是仿照了国外社会建构论的做法，因为社会建构论也是有不同的观点的。它们也把自己分为强建构论和弱建构论。我觉得这样表示比较中性，在语气上比较温和，所以就这样区分在社会学本土化/去西方化的进程中产生的两种不同观点。

什么叫强本土派？我用强本土派这个词去概述以下这种主张：被我称为强本土派的学者认为西方社会学主要是以西方社会的经验为基础构建起来的，因此属于西方社会的地方性知识，只适用于西方社会，不适用于非西方社会，当然也包括不适用于东方社会，因为西方社会有自己的特殊性。因此应该建构一种以非西方社会的经验为基础、完全不同于西方社会学的非西方社会学，比如中国社会学或中国本土社会学。我把这种认为西方社会学是从西方诞生的、是以西方经验为基础的，因此只适用于西方社会而不适用于西方社会本土以外的社会的观点叫作强本土派。它认为对于西方以外的社会，如果要有一套能更好地描述自己的社会学知识体系，就必须完全抛弃西方的东西，以自己本土的经验为基础构建一套适合自己本土的社会学知识。这是一种立场很强的本土派观点。

关于这种观点内涵的基本逻辑，我做了这样一个归纳：第一，认为理论是对现实的再现，理论就是反映现实的。第二，认为在不同时空情境下的现实只有特殊性、没有共同性，或者虽然可能也有共同性，但这个共同性对于我们认识特殊时空情境下的那个现实没有实质意义。所以，在不同时空情境下形成的、作为对不同时空情境之现实的反映的理论，也就只有特殊性而无共通的适合性。也就是说，理论是对现实的反映，而不同时空情境下的现实之间只有特殊性，没有共同性，即使有共同性，这个共同性也只是一种抽象，本身对我们理解这个特殊的社会没有实质意义。作为特定社会现实之反映的理论，当然主要是作为特定时空情境下那个社会现实之反映的成果，它就当然只适用于这个特定的社会现实。如果搬到另外一个社会现实上去，它可能就不适用。

弱本土派则是这样一种主张，它认为西方社会学确实主要是以西方社会的经验为基础构建起来的，确实带有强烈的地方性色彩，其中有不适用于非西方社会的内容，需要根据中国社会中的一些非西方社会的经验对它进行补充、修正，但这并不意味着西方社会学的所有内容都不具有普遍性。本土化的实质是不断根据不同时空情境下新的实践经验来对既有的理论进行补充、修正，使理论日益贴近更广泛的现实。西方社会学一开始是在西方的环境里生长的，可能带有很强的地方性色彩，其中很多内容确确实实只适用于描述和解释西方社会，但这并不是说在西方社会产生的所有社会学知识都不适用于非西方社会。有一些可能是不适用的，但也有一些可能是适用的，所以我们本土化的实质就是把这些不适用于非西方社会的东西剔除掉或者加以修正，然后根据非西方社会的生活经验对它进行补充、扩展，使得这个在西方社会中产生的社会学知识体系能够贴近更加广泛的、不限于西方社会的时空情境，更加具有普遍性。这种立场也是中国共产党自建党以来对马克思主义这样一种产生于西方的理论所采用的态度，因为我们经常讲将马克思主义这样一种普遍真理与中国革命的实践经验相结合。因为马克思主义是产生于西方的，有时候我们羞羞答答地不肯说得很明确，我们今天的知识体系老说"中西马"，好像"西"不包含着"马"，但其实我们对西方社会学所有的批评都可以用在马克思主义身上。按照强本土派所说的，如果西方产生的东西不适用于非西方社会，马克思主义毫无疑问是西方产生的东西，那么它毫无疑问不应该用来描述和解释非西方社会。在马克思主义刚刚传入中国的时候就有很多人认为马克思主义怎么能适用于中国呢，我们中国有中国的本土特色，你把马克思主义拿到中国来就是让中国全盘西化，就是没用的。我们党的立场则是认为尽管马克思主义是在西方产生的，它里面确实有很多不适用于中国社会的东西，有很多只适用于西方社会的东西，但这并不意味着它里面没有任何普遍性的含义，我们应该做的是把马克思主义这种西方知识体系里普遍的真理、具有普遍性意义的那部分东西拿过来，跟我们中国革命的实践经验相结合，以此来丰富和发展马克思主义，使它更加具有普遍性，能够超越西方社会的局限，而不是完全否定马克思主义在中国的适用性。这种态度就是我们讲的弱本土派的态度，对西方知识既不照搬也不全盘否定。

这种主张内含的基本逻辑，我归纳为如下内容：它同意理论是对现实的反映和再现，但是认为各国的现实既具有特殊性也具有共同性。前面的主张是弱本土派和强本土派共同具有的理论预设，但是后面这一主张就使得弱本土派与强本土派之间有了区别。因为强本土派认为各国的社会现实只有特殊性没有共同性，即使有共同性也是抽象的、虚的，不是实实在在的，对于我们理解这个特殊社会没有意义。弱本土派则认为各个社会既有特殊性也有共同性，因此作为对社会现实之反映的理论，既需要反映各国社会现实中的特殊性，也需要反映各国社会现实中的普遍性。这样我们就可以建构起一种跨越各国不同时空情境、普遍适用于各国不同社会情境的社会学知识系统。我们把那些产生于不同国家的、具有普遍意含的、具有普遍适用性的内容汇总起来，就有可能得到一种普遍适用于不同社会情境的普遍性社会学知识系统，这是弱本土派的观点。

二、社会学本土化/去西方化的核心议题：不同时空情境下的社会现实是否具有共同性

强本土派与弱本土派之间的分歧在于一个理论预设：不同时空情境下的社会现实到底是不是有共同性？或者说这个共同性对我们认识不同时空情境下的社会现实到底是不是有实际意义？强本土派与弱本土派的观点分歧就在于，强本土派认为不同时空情境下的社会现实只有特殊性没有共同性，或者说共同性对于我们认识特定社会现实没有价值。弱本土派则认为不同时空情境下的社会现实既有特殊性也有共同性，这两者对于我们认识特定社会现实都是有价值的。这两种观点到底谁是谁非呢？我们如果要在强本土派和弱本土派这两种立场之间做一个选择，就要对造成两者之间分歧的核心议题做一个判断：到底谁对谁错？我个人认为，强本土派的观点在逻辑上是很难成立的，就是认为不同时空情境下的社会现实只有特殊性没有共同性，或者说即使有共同性，也只是一种理论上的抽象，没有实际意义，这个观点从逻辑上看很难成立。为什么呢？我有以下几点分析。

第一，如果不同时空情境下的现实（包括社会现实、自然现实）只有特殊性没有共同性，由于现实都是无限可分的，我们就无法形成任何概念以及由概念构成的命题/理论知识，而只能有相互之间毫无关联的、碎片化的经验。因为任何概念性的知识都是对许多具有丰富特殊性的经验知识的抽象概括。任何一个概念都是这样的，哪怕我们说这里有一支笔，笔就是对各种各样的、各具特色的笔的概括。这儿有一个人，这儿有一个教授，这儿有一间教室，教室里有很多学生：这里都使用了大量概念，要是共同性不存在的话，所有概念就都不能用了，因为它们都是

代表共同性的，都是对不同特殊性的总结。如果否定各种特定时空情境下的现实，也就是我们对它的经验只有特殊性没有共同性，或者共同性没有价值，问题就很大。

我们可以说得更具体一点，比如人类社会被分成不同的社会，至少有西方社会、非西方社会两大类，如果认为在西方社会中形成的社会学知识只是对西方社会的反映，不适用于描述和解释非西方社会，那我们就可以按照这个逻辑继续往下推。非西方社会呢？非西方社会也分成了很多具体的国家，比如中国。中国也不是铁板一块的，中国还分成很多地方，至少按行政区划来分有三十几个省区市。北京的这些大学——北大、人大、清华、社会科学院等里的研究人员做的研究，比如他们在北京或者其他某省做的研究而形成的理论，就说由于是在那个地方形成的，只适用于那个地方，在别的地方就不适用了，那麻烦就很大了。我们就得重新建构各个地方的社会学，比如北京社会学、上海社会学、四川社会学、湖北社会学、广东社会学。但是还不够，因为北京、上海、四川、湖北、广东还可以分。在北京地区做了研究以后，人家会问：你在哪里做的调查？你在海淀做的调查，没在昌平做调查，所以不适用于昌平。在昌平做了调查以后，人家说昌平这么大，还可以进一步细分，你在昌平做的调查不具有普遍性，你还没研究回龙观呢，回龙观还有几十个小区呢，每个小区也有特殊性，每个小区里的每户人家也有特殊性，你虽然对我这个小区做了研究，但那不具有普遍性，能适用于每一户人家吗？肯定不适用，每家每户都有自己的特殊性。每户人家还有不同的成员，每个成员都一样吗？爸爸、妈妈、孩子的特殊性都一样吗？你能用反映这个家庭的共同性知识去解释每一个人吗？也不能够，还要对每个人做研究，那就问题大了。每个人就一样了？你们每个个体和我这个个体每天都一样吗？没有变化吗？你昨天对我做了访谈，研究了我的过去，总结出了我有什么样的个性，可是我今天跟昨天不一样了，我昨天晚上听了《新闻联播》，学习了党的十九大报告，思想焕然一新，进入一个新时代了，你怎么能用我的过去解释我的今天和未来呢？你得重新研究我的今天，还要重新研究我的明天，你得跟着我，一直跟下去。还不能用天算，因为我每时每刻都在变化。如果这样来推的话，就没有任何话语可以谈了。所以说，不同时空情境下的社会现实只有特殊性没有共同性、共同性没有价值这个逻辑会带来很大的麻烦。

第二，如果我们接受不同时空情境下的现实只有特殊性没有共同性，或者共同性没有实质意义的观点，那么我们还要面对以下这些难题。首先，如果没有任何超越特殊经验的概念知识，任何个体的经验都没有共同性，或者共同性对于理解个体的言行没有意义，那么个体之间如何产生相互理解？我的经验、你的经验没有共同性，我们怎么相互理解？人们之间的交流如何可能？既然任何个人经验都对其他个体没有意义，因为没有任何共同性，我不用听你的，你不用听我的，个体之间还有什么必要去相互沟通、理解？完全没有必要，我们各自过各自的就可以了。其次，如果不同时空情境下的经验都只有特殊性没有共同性，我们就无法对这些碎片化的记忆进行有效整合。如果每个个体从出生到现在所经历的所有不同时空情境下的经验都只有特殊性没有共同性，或者共同性没有价值、没有意义，那么意识活动怎么去整合它们？我活到60多岁，有多少经验在里面，我怎么去记忆？这个意识活动将会极其低效率。我们甚至可以质疑说，我们将这么多生活经验储存下来有必要吗？我昨天的经验对于我今天的生活没有意义，我根本不用记它，我每时每刻所获得的经验全部可以忘却，因为它们对于我后面的生活没有价值。把强本土派的逻辑推到底就得到这么一个结论。

对这个议题——不同时空情境下的社会现实到底有没有共同性、共同性到底有没有价值，可以做这样一个逻辑判断：如果理论是对现实的再现，我们必须承认不同时空情境下的社会现实既有特殊性也有共同性，而且这些共同性对于我们认识这些社会现实都有实质意义。这样一来，我们就可以得出这个结论：假如理论是对现实的再现，又由于不同时空情境下的社会现实既有特殊性又有共同性，对这些不同时空情境下的社会现实加以再现的理论知识也就必然既包含着特殊的内容又包含着普遍性的内容。这就有可能形成超越具体时空情境的理论知识，也让我们在强本土派和弱本土派两种理论中更靠近弱本土派，让我们觉得弱本土派的道理更合适一点。我检索了社会学界讨论本土化话题的文献，绝大多数社会学者基本上属于弱本土派，没有完全把中国社会学和西方社会学对立起来。就社会学而言，无论是西方社会学还是非西方社会学，都既包含只适用于自己社会的内容，也包含普遍适用于其他社会的内容，对那些具有普遍性的内容加以整合，就可以形成超越具体时空情境的社会学理论知识。

所谓的本土化/去西方化，要做的应该是将西方社会学知识系统中只适用于西方社会、不适用于其他社会的内容去除掉，同时将适用于中国社会的内容补充进去。中国社会学要通过对中国本土社会的研究，把西方社会学知识里不适用于中国社会的东西去掉，把在对中国本土社会现实进行研究的过程中形成的概念、命题补充到由于某种机缘首先在西方形成的这套知识系统里去，从而使人们对社会的认识（包括特殊性知识和普遍性知识两个方面）不断得以扩展。

但是这样一来又会产生一个新的问题：这个结论是不是意味着我们最终将会形成一个帕森斯等人曾经梦寐以求的、具有唯一性或霸权性的社会学知识系统？从本土的立场来讲，本土化的任务主要是通过对西方以外的非西方社会生活的研究，把诞生在西方的社会学知识系统里不适用于非西方社会的内容去掉，然后将非西方社会里以社会经验为基础形成的一些新的概念（当然是具有普遍性的概念和命题）补充到已有的、源自西方社会的知识系统里去，以形成一个更具普遍性的理论体系。如果不同社会里的社会学家都这样做的话，那么在西方诞生的社会学知识系统通过不断扩充、不断补充，是不是最后就会成为一个所有人都可以使用的，在所有的社会情境下都适用的，所有人、所有时代、所有社会都共同认可的，具有唯一性即霸权性的知识系统呢？是不是就不会有第二个社会学知识系统了呢？是不是最终会形成这样一个东西呢？如果是的话，我们不就变成了跟当今多元主义思潮格格不入的一元主义者了吗？而我们今天强调社会学的本土化/去西方化，强调地方性知识，强调中国特色，其实都是在主张一种多元化的知识和社会实践。并且，我认为这个多元化的知识和社会实践主张还是有它的道理的。

但是如果我们按照刚才的弱本土派的推理，那么我们最终可能得到的不是多元化的东西，而是一套一元化的东西。这个问题怎么解决？我们是最终认可这种一元化的结局，还是可以有别的选择呢？我的回答是我们可以有别的选择，我们最终不是非得形成唯一的普遍性的社会学知识系统不可。

三、传统实在论与话语建构论之争：理论是不是对现实的直接再现

为了把我的答案解释清楚，我们要讨论一个新的问题，这个问题涉及强本土派和弱本土派共享的第一个理论预设。我们前面提到，无论是强本土派还是弱本土派，都认为任何一种理论都是对特定现实的反映或再现，涂尔干、孔德、马克思都认同这一点。现在我们要讨论的就是这个问题：理论是对现实的直接再现吗？理论和现实的关系到底是一种什么样的关系？

对于这个问题，当然不同的学者会有不同的看法。梳理国内外相关文献，我们可以看到，针对这个问题至少有两种不同的观点。一种观点我称它为传统实在论。它主要指以下观点的集合：我们的认知对象是一种完全外在于我们、独立于我们的认知过程和认知结果的纯粹的自然而然的实在。作为我们认知对象的那个东西是完全不依赖我们、外在于我们、独立于我们对它的认知过程和认知结果的。在我们对它进行认知之前它就存在，我们对它的认知过程也不会对它产生什么影响，在我们认知以后，它依然按照自己的规则存在、变化着，它是独立于我们、外在于我们的东西，一种纯粹的自然而然的东西，一种不受人的认知过程影响的东西。这是传统实在论的第一个观点。

与此相应，传统实在论还认为，我们对这一种实在、对我们的认知

对象这样一种纯自然的客观存在展开认知活动就是为了准确、客观地反映、再现这样一种客观实在，因为这样一种客观实在独立于我们，独立地运动。就像马克思讲的一样，人类发展有其历史规律，资本主义的发展也有其历史规律，虽然我们可以通过研究去把握这个规律，但是我们即使把握住了人类社会发展的规律，也不可能缩短或者跳过这个历史规律所决定的人类社会发展的必经阶段。我们认知的目的就是准确地再现它，准确、客观地反映这个客观实在，因为我们是这个实在的一部分，我们只有顺从这个实在存在和变化的规律，才能够很好地生存下去。而只有经过准确、客观地再现的这一实在的认知结果才是可以被接受的那个结果，这样的结果只有一个。研究可能会产生不同的研究结果，但其中必有一个是相对而言最准确、最客观地反映外部实在的。只有这个相对而言最准确、最客观地反映了外部实在的东西才是我们应当接受的认知结果，这个结果我们叫它真理。这就是传统实在论的一些基本的、最核心的主张。

另一种观点我称它为话语建构论。话语建构论的核心观点如下：我们的认知对象不是一种外在于、独立于我们认知过程和认知结果的，纯自然的实在，而是一种由作为认知主体的人类在某一种话语系统（网络）的引导和约束下建构出来的"话语性"实在。我们不否认我们的研究对象是一种实在，它不能依个体的主观意志随意转移、随意改变，但从整个人类来讲，它不是一种纯自然的实在，它是由我们人类或者人类中的某一些群体在特殊的时空条件下，在某一种话语系统或者话语网络的引导、约束下建构出来的，带有话语性的一个实在，不是纯自然的东西。我们对这样一种实在的认知也并不是对它的直接再现，而是在特定的话语系统引导或者约束下进行的一种话语建构。

怎么理解呢？我们以茶杯为例。大多数家庭里都会有茶杯，但是茶杯不是对这种器皿唯一的称呼。大家知道，很多农村人或者小城镇人不一定叫它茶杯。茶杯是一个文绉绉的称呼，"给我拿一个茶杯过来"是一句文绉绉的话。生活中更多人会称它为"茶缸"："给我拿个茶缸过来。"这是两种称呼，一种是"杯"，属于"杯类"，另一种是"缸"，属于"缸类"。假如我作为一个老师，现在给一个学生布置一个任务，让他对这个世界上所有的"杯子"做一个研究，研究这个世界上有多少种不同的杯子、它们之间有什么共性、有些什么命题可以把这些共性总结出来。这个学生就要去做调查，去收集，去观察这个世界上有多少被大家称为"杯子"的东西，发现有茶杯、烧杯、酒杯、保温杯等等，按照制造材料，还有纸杯、金属杯、陶瓷杯、竹杯等等。杯子的类型有很多，他要把每一种类型的杯子找一些样本拿来，放在这里对它们进行观察，对它们进行归类，然后总结出杯子有什么类型、每一种类型有什么特点、它们合起来有什么特点，最后写成一个研究报告。这是一个课题。然后我跟这个学生说，事情还没完，你现在给我做第二个课题，给我研究一下"缸"，看看这个世界上到底有多少缸，这些缸之间有什么差异、有什么共性，看看可以总结出什么样的命题来。他就又按照前面的程序，按照科学研究包括社会学研究的方法、程序去做调查，这次他要收集的样本不是各种"杯"了，而是被大家归到"缸"里的东西。他发现他的面前就有一个"茶缸"，在他研究杯子的时候曾经用过一次，因为它也属于"杯"，现在发现它既属于杯又属于缸，这是一个样本。然后他又收集别的缸，发现农村里有一个灶房，灶房里有那么大一个水缸。他又想起故宫的广场上有几个很大的铜缸，消防用的。他发现有各种各样的缸，古代还有一个叫司马光的人砸过一口缸，那也是缸。他把不同的缸收集过来，对它们进行观察、进行分类，然后进行概括——每一类有什么特点，它们又有什么共同点，然后写出一个研究报告交给我。你们觉得这两个研究报告的内容和结论会完全一样吗？肯定不一样，差别会很大。这个学生在两次研究中收集的样本里有一些是重叠的，比如茶杯，它既叫茶杯也叫茶缸，所以它在两个集合中都存在，但是又有很多是不同的，因为有些缸就叫缸，不叫杯，没有人会把农民灶房里的大水缸叫作大水杯，也很少有人把烧杯叫作烧缸。我们看到的这两个概念——一个杯，一个缸，实际上属于两个不同的话语世界，仅这两个概念，就建构了两个不同的话语世界。虽然我们说这是话语世界，但实际上在日常生活中，对老百姓来讲，它就是我们的不同世界，生活在这两个不同话语世界里的人实际上就生活在两个不同的客观世界里。因为对那个农民来讲，他灶房里的缸就只能叫缸，不能不叫缸。如果哪天他在兴头上，不把它叫"缸"，而把它叫"碗"，然后叫自己的儿子把水挑到灶房里的大碗里去，他的儿子肯定不明白。所以那个缸作为一种客观实在，是客观的，是不以那个农民的个人意志为转移的。虽然它是一个客观的东西，但它又不是纯自然的，是我们通过"缸"这个特定概念建构起的一种实在，是一种话语性的实在。它虽然是实在的，但是不是纯自然形成的东西，是我们用特定的话语把它归到了某个类里。我们用不同的概念对这个世界进行归类，就会建构起不同的世界。

这样一来我们就看到，对于"同一种"认知对象，处于不同话语世界里的人的认知是会不一样的，尽管人们在视网膜上从它那里得到的印象可能是统一的。对从视网膜上看来相同的认知对象，处于不同话语系统或者网络引导和约束下的认知者，对它完全可以做出不同的建构。而对于不同话语建构结果谁对谁错，我们无法做出终极判断：你说那个杯子到底该叫"杯"还是"缸"？叫哪个对？有对错吗？没有对错。因此，认知的结果必然是多元的而不是一元的，这些多元的认知结果只能够共存于世，我们没有办法通过判断谁对谁错去进行排除。对上述这两个话语世界来讲，无论人们把被指称的物品叫"杯"还是"缸"，我们通过对这一物品进行研究，总结出的认知都是对的。

在传统实在论和话语建构论这两种观点里，如果我们接受传统实在论的立场，就势必接受前面提到的一元主义的结局，因为理论被认为是对现实的直接反映，不同社会现实之间又确实有共性，我们把这个共性反映出来，就能得到唯一的社会学知识系统了。但如果我们接受话语建构论的立场，我们就可以得出下面的结论：对任意时空情境下的社会现实而言，必然存在着多种不同的话语系统，从而都可以从不同的社会学话语系统或者理论视角出发对它加以描述和理解，因此对任一现实的描述和理解就必然是多元的而非一元的。对这样一个推论，我们社会学的学生应该是最能理解的，因为社会学自诞生以来就存在着多元的理论范式，这些理论范式属于不同的话语体系。马克思主义、涂尔干的实证主义等，都属于不同的话语体系，都对资本主义社会和人类社会的发展做出了不同的描述，它们到底谁是谁非呢？我们今天没办法判断。我们只能说作为后来者，我们把它们当作我们的前辈，对它们提出的东西尽量多了解一些、多学一点，然后可以选择其中某一个去用一下，如果发现哪个有问题我们就修改它。我们没有站到任何人的立场上去说只有这个是对的、那些都是错的，至少目前我们不敢这样说。

四、从地缘多元主义走向话语多元主义

这样一来，就可以引出下面一个结论，即我们应该从地缘多元主义走向话语多元主义。在今天，世界各国（包括中国）在很大程度上都倡导、呼吁多元主义。我们倡导中国特色，西方的东西不一定是我们必须接受的东西。但接受了弱本土派立场以后，是不是必然走向一元论的社会学立场？可不可以既认可不同时空情境下的社会现实有普遍性，因此我们可以获得具有普遍性的社会学知识系统，同时又不放弃我们的多元主义立场，保持我们多元主义的本色呢？

可以说，反对西方的知识产权、倡导社会知识的多元化是社会学"去西方化"思潮的主要诉求，这一诉求具有毋庸置疑的合理性与正当性。但是对这一诉求之合理性和正当性的理解，却至少可以有两种非常不同的方式，我称之为地缘多元主义和话语多元主义。

所谓的地缘多元主义，就是从强本土派的两个理论立场出发得到的结论。这两个理论立场就是，一方面认为社会学知识是对特定社会现实的直接反映，另一方面又认为不同地域范围内的社会现实之间只有差异性没有共同性，或者认为这种共同性没有实质性意义。如果以这两大理论立场为前提，那么必然会得出多元主义的理论立场，认为知识必然是多元的。因为理论是对现实的反映，而不同时空情境下的现实只有特殊

性没有共同性，所以在特定的时空情境下，作为对特定时空现实之反映的那个理论当然就只适用于这个现实而不适用于其他时空情境下的现实。这样一来，无论是自然科学理论还是社会科学理论，都必然是多元的，不可能只有一元，因为对不同地域里的现实必须用不同的理论去反映。这种多元主义理论的可接受性完全取决于它的两个理论立场的可接受性，只要其中一个被质疑了，它的可接受性就会成为问题。而实际上通过前面做的分析，我们把这两个理论立场都否定了：一方面，我们认为不同地域里的社会现实既有特殊性又有共同性，而这些共同性对于我们认识这些社会都有实质性意义。另一方面，我们也否认了知识是对现实的直接的、简单的反映这种看法。

另外一种多元主义立场则是从话语建构论引申出来的，我把它叫作话语多元主义。按照话语建构论，包括社会学知识话语在内的任何话语都不是对某种现实的直接反映，而是人们在特定话语体系的引导和约束下所完成的话语建构；对包括社会现实在内的任一现实而言，都必然存在多种不同的话语系统可以对它加以描述和再现；因此对任一现实来说，我们对它所做的描述和理解，都可以是也必然是多元的而非一元的。不同话语体系之间不是你死我活的关系。

这样我们就得到了一个和地缘多元主义不同的多元主义，在不同的时空情境下可以有不同的知识体系使用，但是它们的理论基础不是地缘的多样性，而是话语的多样性。地缘多元主义和话语多元主义都反对一元主义、主张多元主义，在这一点上它们是相同的。但是话语多元主义不仅在主张多元主义的理由方面与地缘多元主义大相径庭，它的理论结果也与地缘多元主义大相径庭。根据地缘多元主义，知识话语是对现实的直接反映，知识话语的多元性也正是不同的地域范围里现实多元性的直接反映。为什么理论是多元的？为什么知识是多元的？因为不同时空情境下的现实就是有差别的，就是多元的，没有共同性或者共同性没有意义，所以对不同地域范围里的社会现实进行反映的知识当然一定是多元的了。如果有人像弱本土派的学者一样承认不同地域范围里的现实除了有特殊性还有共同性，他就会遭遇一个困境。因为这个人势必在了解各地的特殊性之外还会试图进一步寻求对地域之间共同性的认识，而这一对地域之间共同性的认识最终必然使他建构起某种具有普遍性的知识话语。这样他就会遭遇我们前面讲的困境：这个普遍性的知识话语是不是所有人都必须接受的、唯一的知识话语呢？对普遍性知识的追求最终将把他引向某种一元主义的立场：如果他坚持说理论是对现实的反映，一种现实只能有一种相对正确的理论去反映它，那到最后我们就只能有一种放之四海而皆准的普遍性的社会学理论，不可能有两种。如果有两种，我们就需要做比较。其中有一种更接近、更靠谱，能更好、更准确地反映现实，我们就必须接受它；另一种可能要差一点，我们就要排除它。也就是说，他不得不认为对任一时空范围内的特定社会现实来说，只可能存在唯一一种普遍性的知识系统（尽管在特殊性知识层次上可以存在多元化的知识格局）。因此，他就可能成为一个不彻底的多元主义者：一方面坚持在地方特殊性知识层次上是多元的，另一方面在普遍性这个知识层次上则不得不放弃多元主义而走向一元主义，从而最终不得不在普遍性知识层次上重新陷入霸权之争。

而话语多元主义则认为知识话语的多元性主要不是来源于它所反映的那个现实的多元性，虽然那个现实本身的多元性会造成知识话语的多元性，但是它不是知识话语的多元性的唯一来源，知识话语的多元性可能更多地来源于人们在描述和理解对象的时候受其引导和约束的话语体系的多元性。就像社会学里有那么多话语体系，我们今天能在它们之间分出绝对正误来吗？社会学如此，经济学也一样。表面上看，经济学好像很统一、整合性很强，其实不是的，它也有不同的观点。因此，无论是在地方特殊性知识层次上还是在普遍性知识层次上，知识系统都将是甚至必然是多元的，而非一元的。换句话说，话语多元主义者不仅是多元特殊主义者，即认可地方特殊性知识的多元性，也是多元普遍主义者。他认可普遍性知识存在，但认为普遍性知识也可以是多元的而不是一元的，不是说不同时空情境下的社会现实之间的共同性只能用一套理论去描述、去解释，而完全可以用不同的理论去解释。多元特殊主义立场使得话语多元主义和地缘多元主义相一致，因为地缘多元主义也是多元特殊主义。多元普遍主义立场则使话语多元主义既跟地缘多元主义相区别，又与传统的一元主义知识观相区别，而这种传统的一元主义知识观正是迄今为止我们看到的各种知识霸权理论的基石，那些每个人都试图宣称在相互竞争的知识体系里唯我独尊、"只有我是正确的，别人都是错误的"的立场就来源于传统的一元主义知识观。如果我们接受话语多元主义的知识观，我们就完全可以既承认普遍性知识存在，又同时承认普遍性知识也可以并且必然是多元的，不是只能有一元。

地缘多元主义面临的两难困境是，要么彻底否定普遍性知识存在，就像强本土派那样，要么在普遍性知识层次上无法摆脱霸权之争，就像弱本土派那样。这种两难困境在话语多元主义这里彻底得到了消解，它没有这个困境，它可以既承认普遍性知识存在，又承认普遍性知识是多元的而不是一元的，不是只有唯一的普遍性知识体系。对话语多元主义者来讲，他既不必否定普遍性知识的存在，同时也无须担心对普遍性知识的认可会使他重新陷入霸权之争，不必在相互竞争的不同普遍性知识体系之间分出一个是非对错来。所以我个人觉得，话语多元主义而非地缘多元主义是我们在当今这个时代所需要的一种理论立场。无论是在国际上还是在国内，面对任何一个问题，我们都会听到多元的声音，看到很多不同的理论立场。这些理论立场当然并不都是不同话语之间的竞争——有一些是，有一些不是。有一些属于对事实的观察、分析的差别，是在同一个话语体系里产生的事实之争，但是有很多的确属于不同话语之间的竞争。对于后一种竞争，我们是没有办法对它们的是非对错加以判断的。我们除了同时认可它们的合理性之外，别无选择。这是我的个人观点。

以上就是我今天要和大家分享的一些想法，谢谢各位。

从不平衡发展到平衡发展：
发展中的"消费悖论"及其超越 *

王 宁

非常感谢刘少杰教授的邀请，也感谢王水雄教授百忙之中到这里来。我今天跟大家汇报一些很不成熟的想法。

首先从扩大消费讲起。在 1998 年的时候，由于 1997 年亚洲金融风暴，我们的出口急剧下降，这对中国的经济增长速度造成了影响，于是国务院想办法通过扩大消费来拉动中国经济的增长，因此出台了一系列文件，这些文件说要扩大内需，既包括扩大居民消费，也包括通过积极的财政措施来扩大生产性内需。

国务院这一轮扩大内需的政策的确对扩大居民消费是有作用的，但是作用并不够，为什么？到了 2008 年的时候，美国次贷危机爆发了，又导致我们的出口出现问题，经济增长又受到拖累，于是在 2008 年国务院又出台了一系列文件，以扩大内需，拉动经济增长。这一轮过后，我们的消费情况的确有改善，但是它并没到位。于是在 2018 年，国务

* 此文是 2019 年 11 月 6 日举办的郑杭生社会学大讲堂第二十四讲的内容，讲座由刘少杰教授主持，王水雄教授做评议。

演讲者简介：王宁，中山大学社会学与人类学学院教授。任国际学术刊物 *Annals of Tourism Research* 国际编委（resource editor），曾任中国社会学会副会长、广东社会学学会常务副会长、国际社会学协会"国际旅游"研究分会（RC50）第一副会长（2003—2006 年）。主要研究方向为消费社会学、旅游社会学、发展社会学。著作《从苦行者社会到消费者社会》获陆学艺社会学发展基金会第二届"社会学优秀成果奖"。

院又出台了一系列文件，甚至包括夜市经济、体验消费、旅游消费等方面。

为什么每隔 10 年，国务院就要出台一系列文件来促进居民消费呢？原因就在于我们的出口受到了影响，或者说投资受到了影响，要靠消费来弥补。但是，一旦出口还可以、投资还可以的时候，我们对扩大消费的需求就不那么迫切了。

这样一个现象就引起了我们的思考，因为国务院这三次密集出台文件，说明了一个问题，那就是中国在改革开放过程中消费不足。而这样一个消费不足的问题事实上就涉及消费和发展的关系，因为改革开放是一个发展的过程。这种消费不足应该怎么看待？有没有一种理论视角可以用来对它加以审视？有。这个视角就是不平衡发展的视角。不平衡发展的视角源自经济学家赫希曼提出的"不平衡增长"概念。不平衡增长指的是经济系统内部各个领域之间的不平衡，而我讲的不平衡发展不但包括经济系统内部各个领域之间的不平衡，也包括经济、政治、文化、社会系统之间的不平衡。因此，我们今天将集中讨论消费和生产的不平衡发展。也就是说，我们过去的发展是优先发展生产部门，而居民消费则在一定程度上被约束。为什么会这样呢？我从头讲起。

就后发展国家来讲，我们在追求现代化目标的过程中会遇到一个常见的问题，那就是资源不足、手段不足。我们有一个宏大的目标，但是没有实现该目标的足够的手段。在这种情况下，我们必须把其他领域的资源集中起来，用于优先实现想要实现的那个目标。对与实现那个目标构成资源竞争的那些部门要加以抑制，而消费被看作对生产构成资源竞争的部门，因此要加以抑制。这样一来，它就会导致一个悖论：在早期发展阶段我们采取的有助于工业化发展的、抑制消费的不平衡发展战略留下了对后来发展阶段的经济增长不利的后遗症。我们早期没有足够的资源，而工业化是非常需要资源投入的。为了发展工业化，我们需要抑制消费，而这样的抑制消费的政策在早期阶段的确促进了工业化的发展，但是这种做法恰恰为后来的经济发展留下了不利的后遗症，这就是我今天要讲的"消费悖论"。

并不是所有的发展中国家都采用了不平衡发展战略，许多发展中国家（比如非洲）采取的是低水平的平衡发展战略，因此这种"消费悖论"并不是所有国家都面临的，只有一部分国家面临。我们要问的就是：为什么不同国家会有这种差异？是出于经济原因，还是有社会和文化原因？我今天将从社会学角度来分析不平衡发展政策的形成过程、后果以及我们该如何超越。

我将会讲三个方面的内容：一是讲这种不平衡发展的文化嵌入性。二是讲从不平衡发展转型到平衡发展的滞后问题。三是讲我们如何能够实现从不平衡发展到平衡发展，以及现在出现了哪些有利于这种转型的结构因素。

一、不平衡发展政策的形成：文化嵌入性

要讲不平衡发展，我们要先讲到经济学中的平衡发展理论。从发展经济学的角度来讲，发展经济学是经济学在 20 世纪五六十年代形成和发展的一个学科，因为当时的经济学家非常关心发展中国家怎样变成一个发达国家，所以提出了很多理论。他们在研究中发现了一个恶性循环：我造出来的东西没有市场。为什么没有市场？因为居民收入低下。为什么居民收入低下？因为没有工业化……要使这个落后的国家能够进入发展轨道，就必须打破这个恶性循环，但是打破恶性循环只从一个局部的领域去做是不够的，而是要同步推进。这个同步推进，用经济学的语言说叫"大推动"，各个部门要同步发展，收入要增长，工业化也要同时发展，这样才能把这个恶性循环打破。这种观点在 20 世纪五六十年代是非常流行的。

但是，后来有一个经济学家叫赫希曼，他不同意这种观点。他认为这种观点忽略了一个重要的因素，那就是发展中国家面临资源缺乏问题，资源缺乏就没有办法把有限的资源同步分配到各个不同的部门中去，如果把有限的资源同步分配到各个部门中去，就意味着各个部门都

得不到发展，怎么办？你只能把有限的资源集中投入某个部门。而投入哪个部门呢？就投入关联效应也就是引致投资效应比较大的部门，比如重工业、基础设施。只要把重工业和基础设施搞好了，就会吸引轻工业进来，吸引其他相关的消费品产业进来。因为重工业是基础产业，把资源投入重工业相当于为轻工业进行前期投入，这叫引致投资效应。而关联效应既包括向后的关联，也包括向前的关联。与其把资源像撒胡椒面似的同时分散到各个部门，不如集中地把它投入关联效应比较大的部门，等这个部门发展起来以后，再吸引其他部门跟进，也就是投资会跟进，然后经济就会慢慢地发展起来。这种发展战略就叫不平衡发展战略。

这种战略提出来以后，就对原来的平衡发展战略构成了挑战。越来越多的学者主张用不平衡发展战略。比如乌克兰裔美国学者格申克龙就提出了"相对落后论"。在发展的过程中，不同的国家会有差距，这种差距导致后发展国家会有压力，因为它要赶超先发展国家。怎么赶超呢？它在后发展的状态下是面临劣势的。要摆脱劣势，就要借助国家的力量，借助制度安排的力量，把有限的资源集中投入关联效应比较大的部门，比如重工业，然后再引导市场部门和其他企业家进入有待发展的产业当中去。在这个过程中，由于后发展国家有劣势，所以要集中使用资源。由于劳动力要消费，而要消费就会对生产发展的资源造成挤压，因此要采取措施来抑制居民的消费，同时提高居民的储蓄率，因为储蓄为发展提供资金。与这样一种相对落后的状况相联系，一些赶超型国家的产业政策往往会重视重工业，轻视轻工业和农业也就是消费品产业，然后发展资金密集型产业，而不是劳动密集型产业，并且在组织形态上喜欢大规模的生产方式，而不是小工厂、小作坊，且不主张进行技术创新，因为技术创新需要很大的资金投入，而且不确定性比较大，回报所需要的时间比较长。

这样一种"相对落后"的赶超型国家的政策偏好理论非常适合用来解释中国，因为中国几乎完全采纳了这样的观点。中国在 20 世纪 50 年代就采取了重工业优先发展的战略。刘少奇在 1950 年说，我们是一个农业国，农业国是资源缺乏国，但是我们要优先发展重工业。而重工业发展需要资源，居民消费会挤占资源，怎么办？抑制消费。所以，当时就采取了抑制消费的战略。抑制消费的战略主要是通过低工资政策展开的。这是为了降低重工业的成本，因为重工业是资金密集型产业，而中国缺乏资金。我们要从苏联进口钢铁，重工业机器设备的成本是降不了的，唯一能够降的是劳动力的成本，所以我们通过把工人的工资降下去，使重工业的总成本下降，因为机器设备的成本降不下去。但是实行低工资政策也会面临问题：如果粮食价格是随市场供需而变动的，那么一旦价格上涨，低工资就维持不了劳动者的生活。而 1953 年实施的粮食统购统销政策使国家获得了对粮食等基本消费品的行政定价权，低工资政策得到了粮食统购统销政策的配合。通过这样一种方式，重工业的一部分成本被以某种方式转移到了农村，转移到了农民身上。这样一种通过抑制消费来提高工业发展速度的做法就是我刚才讲的相对落后国家在赶超过程中的一种政策选择。

由于国家把资源投入重工业，降低了对轻工业和农业的投入比例，所以我国的农轻重比例是长期失衡的，重工业投入多，轻工业、农业投入比较少。而按照刘少奇和周恩来的说法，重工业产出是不能吃、不能用的，它主要是制造钢铁，而钢铁本身是不能给居民直接用的，只有通过轻工业制造出消费品以后，居民才能用它。我们由于要赶超发达国家，资源又不够，所以要先勒紧裤腰带搞建设，实行"三个人的饭五个人匀着吃"的政策安排，先把重工业搞起来以后，再把资源投向轻工业和农业，也就是把消费品产业做起来。通过这样一种抑制消费的政策，尽管我们当时出现了资源短缺，但我们很快就建立了工业体系，只用 20 年就建立起来了。建立工业体系的一部分资源，是从全国人民的嘴巴里抠出来的。比如说，鸡蛋你别吃了，拿去换钢铁。工业体系就是这样建起来的。

我们为什么能做到这一点？这里存在一个隐性契约：大家为了在未

来能过上幸福生活，可以忍受抑制消费带来的结果。国家的理性选择行为嵌入文化背景，这种背景可以叫作宏观行动者的文化工具箱。首先，政策制定者本身就有节俭的习惯。他们有多种政策选择，为什么最后选择采取这样一种抑制消费的政策呢？这是因为他们自己就很节俭：他们的消费欲望比较低，所需要的消费资源比较少，消费欲望与消费资源能实现一种平衡。这种高储蓄、低欲望，就构成了政策制定者的文化工具箱，他们可以把它拿出来用，让它体现在所制定的宏观政策上。其次，老百姓也是节俭的。当政策制定者在制定抑制消费的政策的时候，需要考虑老百姓能不能接受。老百姓对这个政策是接受的。因为在新中国成立之前，中国的贫困者数量是非常庞大的，所以老百姓已经养成了节俭的习惯。因此国家决定先抑制消费，先把所有资源集中在工业发展上，等到工业化国家建成以后，再回过头来发展轻工业和农业，再来提高消费品的供给量。所以，居民的节俭消费习惯成了国家采取抑制消费政策的一个文化背景。这种政策有文化基础，所以才不致引起社会不满。

而居民的这样一种节俭习惯事实上就是一种微观平衡的文化机制。宏观上，我们要采取不平衡发展战略，优先发展重工业，限制轻工业和农业的发展，要抑制消费、实行低工资政策，即使导致消费品短缺也在所不惜。这样一种政策按常理会遭到抵制，但大家为什么不抵制？从文化角度来看，是因为居民已经有了一个欲望和资源低水平平衡的文化机制，而且这种低水平平衡的文化机制有几千年的历史。所以，宏观上的不平衡发展战略是建立在微观上的平衡文化机制基础之上的。当居民的欲望水平还没有拔高的时候，我们就把他们与不平衡发展战略挂上了钩。因此，消费的传统性与生产的现代化实现了兼容，消费的传统性可以成为生产的现代化的一个辅助，可以被工具性地利用。在新中国发展前期，消费的传统性与生产的现代化是兼容的，而且消费的传统性是被鼓励的，是被当作实现生产的现代化的必要手段和条件的。如果没有消费的传统性，如果大家都大手大脚地消费，就会妨碍国家的发展。经济学家森认为，拉丁美洲之所以提前消费，就是因为当需要抑制消费的时候，它提早迎来了消费主义，它发展缺乏资源，就向外国借钱。一旦遇到石油危机，它就出现债务危机。而中国就没有这个问题，因为儒家传统影响下的中国居民有节俭的习惯，这种节俭的习惯为宏观的不平衡发展提供了文化基础。这就是我关于不平衡发展战略为什么会形成、它的微观文化基础是什么的考虑。

二、战略转型滞后

这样一种不平衡发展战略不能永远持续下去。为什么？这是由经济发展的内在原因决定的。经济发展有三个拉动引擎：投资、出口、消费。早期的时候，你的发展可以主要依靠投资或者出口——在我国的计划经济时代是基本没有出口的，主要依靠投资。但是到了一定阶段，到了需要依靠消费来拉动经济增长的时候，如果你转型滞后，就会给未来经济发展构成障碍。所以，我接下来就要分析不平衡发展怎么转向平衡发展，以及它转型的滞后问题。

不平衡发展战略在改革开放之初进行过调整。1978 年，我国调整了农轻重比例。我国的农轻重比例在 1978—1985 年得到了平衡，但是这种平衡很快就被打破了，从 1986 年开始，农轻重比例又开始失衡，生产和消费的关系也重新开始失衡了，所以 1986 年是一个转折点。1986年以后，居民消费占 GDP 的比重一直低于 50％，2005 年之后一直低于40％，居民消费曲线一直波动向下，2012 年以后有所回升。

我们来看居民消费率。居民消费率和最终消费率这两个概念要搞清楚。最终消费率是政府消费和居民消费加在一起占 GDP 的比重；居民消费率是把政府消费拿开，只看居民消费占 GDP 的比重。我们可以看到，在改革开放之初，居民消费率超过 50％，到 20 世纪 80 年代中期低于 50％，之后一直下行，到 2012 年以后才开始缓慢回升。2018 年，我国的居民消费率为 39％，这是非常低的。世界其他国家的居民消费率是多少呢？同期，发达国家的平均居民消费率接近 70％，发展中国家的平均居民消费率为 60％ 左右。而我国的居民消费率在改革开放初期是

50%多一点，然后就一直往下走，走到2012年以后，开始略有回升。有经济学家预测，从这个时候开始，中国经济开始再平衡。

再看三大引擎对GDP的贡献率。在每年GDP的增长中，投资贡献了多少、出口占据了多少、消费贡献了多少呢？我们可以发现，在过去贡献率比较大的主要是投资，其曲线先上升，到2012年以后开始往下走。出口也是这样，刚开始是很高的，后来慢慢走下坡路。消费是先长期往下走，后来开始往上走。我也查过数据，消费对GDP增长的贡献率原来都是50%多，大概在2016年达到65%，大家很高兴。但是到2017年它又掉到59%，大家又开始不高兴了。2018年它又迅猛上升到76%，大家非常高兴。为什么会出现这种变化呢？这种对GDP的贡献率的变化是相对的，消费的贡献率受到投资和出口的贡献率的影响，出口不行了，消费的贡献率就被动地上去了。所以，消费在经济发展中的作用主要还是通过消费率来表现，消费率要是低于50%，就太低了。当然也有经济学家辩解，说我国消费率低是统计口径的问题，我国把买房子计入投资，如果把它计入消费，那么实际上的消费率会更高。但是无论如何，它总体上还是偏低的。

为什么会这样？因为改革开放以后，特别是在1992年实行市场经济转型以来，我国重新启动了投资导向的增长计划，大量资金投入生产部门，而不是消费部门。虽然居民消费也在经济增长中发挥重要作用，但是它的作用总体上显得不足，经济增长主要还是靠投资、靠出口。1978—2000年是靠出口，2000年以后主要是投资带动经济增长。尽管政府也采取过很多措施来促进居民消费，但是从总体上讲见效不大，消费在经济增长中的作用不足。之所以如此，就是因为长期以来实行的抑制消费的政策留下了后遗症，也即不平衡发展战略留下了后遗症。当我国的发展到了一个新的阶段，需要转向居民消费来拉动经济增长的时候，长期以来实行的抑制消费的政策留下的后遗症，使得消费在今天没办法胜任这样一种角色，这就是"消费悖论"。随着投资和出口的增速下降，这时候靠什么来拉动中国经济的增长呢？靠消费。但是当消费变得前所未有重要的时候，当投资和出口增速下降的时候，消费却顶不上去。消费为什么顶不上去？这是因为长期以来我们认为消费不重要，长期以来采取的抑制消费的政策让我们形成了惯性，认为它不重要，所以我们关于提高居民收入的措施不够。因为消费要靠收入的提高，要靠基尼系数的下降，而我们在这方面的措施不够。这就是在发展过程中我们所面临的"消费悖论"，先前那些有助于工业化发展的措施，在今天成为导致经济发展乏力的一个因素，这是一个后遗症。

在这种情况下，消费的传统性与生产的现代化出现了矛盾。在先前的阶段，消费的传统性是好东西。节俭好，为什么？因为我们要抑制消费，把资源拿来发展重工业。但是，今天你再节俭就不好了。我刚刚从燕山大酒店走到人大，前两年开着的小店，今天大概有 10 家关门了。为什么关门？做不下去了。群众需要消费，如果群众不消费，投资的边际回报率就会下降。为什么投资的边际回报率会下降？因为你不消费，你只有消费了我才有投资的机会。为什么你不消费？有各种原因，其中包括过去的抑制消费政策留下的后遗症，使得你没有足够的钱来消费。这个时候，消费的传统性与生产的现代化之间就会出现矛盾。我们长期以来实行的不平衡发展战略留下了这样一种后遗症，使得消费在今天没办法充分发挥引擎作用，这就意味着我们的战略要转型，要从抑制消费转向鼓励消费。

但是你会发现，从亚洲金融风暴开始到现在，我们出台了很多文件，却并没有完成这种转型。为什么？一方面，转型有代价；另一方面，有路径依赖的问题。所以，为什么从不平衡发展向平衡发展转型会滞后？因为原有的不平衡发展政策还管用，还有政策效用延续空间。为什么这么说？因为对发展中国家来讲，它还有很多未发展的部门，比如基础设施建设。所以，当亚洲金融风暴袭来，本来应该培育消费型社会，靠居民收入的增长、靠消费来拉动经济增长的时候，我们转向了投资，转向了对基础设施建设的大规模投资，而基础设施建设当时是缺乏的，因此不平衡发展政策还有政策效用延续空间。但是，政策效用延续空间只在有限的时间内管用，它能够缓和问题，不能解决问题。

我们可以从三个角度来分析转型滞后的政策效用延续空间。第一个是经济效用剩余空间，第二个是社会容量空间，第三个是文化容量空间。

（一）经济效用剩余空间

在遇到经济危机，要靠消费来带动经济的时候，应该去培育居民的消费能力。但是培育居民消费能力的过程比较长，涉及各阶层收入分配关系的调整，遇到的问题比较多，遇到的阻碍比较大。而投资比较容易见效，遇到的阻碍也比较小。所以在这种情况下，只要不平衡发展政策还能用，就倾向于继续利用这个政策所剩下的效用空间。投资还管用，还能带动经济增长，那就继续注重投资。这样虽然也能带来经济的暂时增长，但掩盖了一个问题，那就是当边际投资回报率下跌，要让消费成为主要增长引擎的时候，消费能力的培育措施不到位。要启动消费拉动内需，就要调整阶层关系、调整居民收入分配、提高居民的收入。不可否认，居民消费也在增长，但是在一段时间内（主要是在 2010 年以前），它的增长速度低于 GDP 的增长速度。这就是为什么今天当我们要靠消费来拉动经济增长的时候，消费是疲软的。既然消费指望不上，那就只能继续指望投资。这是政策的效用空间，在这个空间被用尽之前，转型的难度会比较大。只要不平衡发展政策还管用，就先用再说。

（二）社会容量空间

社会容量空间指的是让居民接受不平衡发展政策后果的经济和社会条件。这些条件包括：首先，居民消费也在增长。虽然居民消费占整个GDP 的比重比较低，例如 2018 年居民消费占 GDP 的比重低于 40％，这是非常低的，但是，由于它的增长是连续的，这会带来一个预期效应：虽然今天的钱不够用，但是收入的确是在增长的，因此人们会对未来形成一个预期——未来会有钱。这也就是为什么很多人敢借钱买房，因为收入一直在增长，它是一个向上的曲线。收入的持续增长导致居民对不平衡发展政策的容忍度提高——他能够接受，因为他的工资也在增长，尽管其增速低于 GDP 的增速。其次，关系资本也让不平衡发展政策获得了社会容量空间。以高房价为例。高房价与土地财政脱不了干系。我们的土地财政其实就是不平衡发展战略的一个部分。为什么？土地财政是地方政府发展资金的主要来源之一，因此地方政府有抬高地价的动机，而抬高地价就带来了居民购房压力的增大。但居民为什么能够接受高房价呢？除了他们在收入上的预期效应，另外一个影响因素是亲情效应，即关系资本。我有亲属可以帮忙，爸妈帮我把首付给付了，我就支付按揭，慢慢地利用未来的钱把房贷给还掉。关系资本还可以帮助人们应对各种危机。比如你生了大病，亲戚可以救济你。中国在儒家传统文化的影响下，亲朋好友之间的相互帮助，给不平衡发展政策提供了一种亲和关系，而不是张力关系。

（三）文化容量空间

文化容量空间指的是传统的节俭传统为不平衡发展政策提供了额外的接受度。中国老百姓有节俭的习惯。即使是收入很低的老百姓——比如我家乡有很多人一个月的收入只有 1 000 块钱，也照样活得好好的。为什么？因为他们非常节俭。这种节俭的文化传统给不平衡发展政策构成了一种支撑，也就是我们能够容忍，因为我们能够活得还可以。中国也出现了消费主义，很多人非常担忧，但是事实上中国居民的消费主义和西方人的消费主义是不一样的，中国居民的消费主义是与传统的微观平衡机制挂钩的。这是什么意思？我要买一个大件，但我的钱不够怎么办？我可以节省，省够了我再把它买下来。我当年在英国留学的时候，每个月的助学金是 200 英镑，6 个月以后，我买了一部佳能相机，它的价格是 260 英镑。拿到这个相机后，我到处显摆，有一个在大学搞实验的英国技工就觉得很好奇。"你一个月多少钱？""200 英镑。""这部相机多少钱？""260 英镑。""你来了多久了？""6 个月。"他的眼睛瞪得像铜铃那么大。"你为什么感到吃惊呢？""我想买一张沙发，150 英镑，3 年了都没买成。""你一个月多少钱？""800 英镑。"他的月收入是我的 4倍，价格 150 英镑的沙发怎么会 3 年都买不下来呢？我让他列一下消费清单，给我看一看。他列了很多，像到酒吧消费，我统统给他删掉了。"这个不能删，删掉了人生还有什么意义？""这就是你买不了沙发的原因。我一个月收入200英镑，花了6个月，就买了一部260英镑的相机，你3年连一张150英镑的沙发都买不起？"他这个叫消费主义，我这个不叫消费主义。为什么？我是借助了中国传统的节俭习惯，虽然买相机是奢侈的，但买它的钱是我从其他领域省出来的，是我平常的节俭才让我在买相机这件事上可以奢侈一下。所以，我们的消费主义和西方人的消费主义不一样。

由此可见，儒家传统文化对不平衡发展有一种更高的社会容量和文化容量，一种更高的接受度和接受弹性，这是我们跟西方国家不一样的地方。对不平衡发展，不同的国家有不同的社会、文化容量空间。在拉丁美洲国家，人们热衷于及时享乐，它们很难采取像我们这样的抑制消费的发展战略。但是在儒家传统文化流行的国家可以，那里的人们对不平衡发展的容忍度、接受度是非常高的。从20世纪90年代开始，西方经济学家就一直预测中国经济要崩溃，但预测好多次了，都没崩溃，为什么？因为中国社会、文化容量弹性空间比较大，这些弹性是我刚才讲的消费主义者理解不了的。

但也是这种更大的社会、文化容量弹性空间，导致不平衡发展战略在中国转型滞后。从发展的角度来讲，我们不能等用尽了政策效用延续空间，再转型。等到我们继续依靠投资，但投资没有回报时，那就麻烦了。我们是从什么时候开始边际投资回报率下降的呢？2012年。这几年，企业的投资在下降，这个下降有两方面原因，一是意识形态，二是边际投资回报率在下降。既然投资没什么回报，那么我为什么要投资呢？这就要命了。投资为什么没什么回报？是因为消费需求不足。你没有消费需求，我投资就没有回报，没有回报那我就不投资，而不投资就没有就业机会，没有就业机会就没有收入，没有收入就没有消费，这不就变成恶性循环了吗？所以，我们不能等到边际投资回报率足够低了再转型，那时候就太迟了，因为没有投资机会的根源在于没有足够的消费需求。

但是，发展中国家面临的一个问题就是，它往往倾向于转型滞后。为什么倾向于转型滞后？前面已经讲了经济效用剩余空间、社会容量空间和文化容量空间，只要这个政策还管用，那就继续用。但是，这容易导致到了要靠消费需求增长带来投资机会，从而拉动经济增长的时候，消费却起不来。它的症结在哪里？症结在于转型滞后。所以必须提前开始转型，不能等到政策效用延续空间用得差不多了，再开始转型，等到那时就来不及了。

三、利于转型的结构因素

不过，也有一些社会结构因素会在客观上促进这种发展战略从不平衡转向平衡，所以我对中国的发展依然是乐观的，原因就在于有这些社会结构因素存在着，它们会影响到中国未来发展的走向。前面讲过，转型越滞后，社会代价越大。我们必须在不平衡发展战略的政策效用延续空间用完之前就开始转型，否则的话，代价更大。为什么？因为它涉及不同的利益群体，既得利益群体一旦壮大，就会反对、抵制转型，而利益丧失者又要求转型，这就会导致这两个集团的对立和冲突加剧。如果在这之前就转型了，我们就可以避免这样一种社会冲突的代价。

不平衡发展的后果是什么呢？它导致收入分配的格局失衡。

第一，不平衡发展战略的一个特征是采取了抑制消费政策，而抑制消费的一个举措就是抑制雇员工资的增长速度。我国刚刚开始改革开放的时候，劳动力廉价，在国际竞争中有比较优势，要想维持住这个比较优势，就必须限制工资增长的速度。如果工资增长速度加快，就可能意味着企业丧失竞争力。到什么时候工资要增长呢？这取决于劳动生产率的提高。但是经济学家测算过，劳动者的工资增长速度一度低于劳动者的劳动生产率提高水平，也就是个体的劳动生产率在提高，但工资没有同步增长，问题就在这里。如果说劳动生产率没有提高，工资却要增长，那么恐怕不行，因为这样没有回报，没有企业家愿意投资。而劳动生产率提高了，工资必须同步提高，提高的幅度略低一点也可以，但是不能低太多。然而，我们的发展政策却可能导致劳动者工资的增长速度低于劳动生产率的提高水平。当然，劳动生产率提高部分缘于基础设施更完备。

第二，不平衡发展战略还体现为社会福利体系建设上的公共财政投入不足。而要使社会福利体系发挥收入分配的调节作用，公共财政投入的比例要加大。

第三，不平衡发展战略偏好把资源投入关联效应比较大的部门，比如重工业和基础设施建设，在这个过程中实行了隐蔽的收入分配调节，比如低利率政策，为什么？企业家从银行贷款，储户把钱存到银行。通过低利率政策，借款者获得了更多的资源，因为他借来的钱变便宜了，而存钱者相对损失了。特别是当利率低于通货膨胀率的时候，是变相地把财富从普通群众转移到富人那里去。而不平衡发展战略是要鼓励投资，因此就要降低利率，而降低利率就等于把居民部门的财富转移到生产部门，容易导致收入分配失衡。

转型滞后会有成本，前面讲的是社会成本，此外还有经济成本。我刚才讲，收入分配失衡，反过来会妨碍产业升级和产品升级。为什么？如果低收入人群的数量过于庞大，就意味着高价产品没有竞争力或者没有足够的市场，因此大量投资会在低价产品上进行过度竞争。而我们要升级，就意味着要将高技术含量的产品、高端服务发展起来，但是由于收入分配的失衡，这部分投资机会被削减，这样就会妨碍产业升级。

全球化又会带来进一步的经济成本提升。什么意思？就是在产业没有升级、劳动力人数没有增加的情况下，一旦人口红利终结，劳动者收入就会提高。当劳动者的收入和劳动生产率不成比例的时候，投资者的回报会下降，全球化就会导致这部分企业转移到越南、菲律宾等劳动力成本更低的国家，这样一转移，就会造成对本土就业机会的挤压，从而导致本来有收入的一群人变得没有收入了，继而进一步削减消费需求。这反过来会妨碍国家的产业升级，因为收入低了之后，大家就集中在低端产品上进行竞争，而高端产品的投入不足，从而导致这部分购买力外流。

为什么收入分配会失衡呢？我们要寻找社会性的根源，从社会结构的角度来看问题。看社会结构的一个角度就是看权利结构，不平衡发展导致的收入分配格局的失衡，与不同的利益群体相关，是不同利益群体权利的失衡。我们现在面临着三种权利失衡的问题：第一，雇员权利不够。如果雇员的权利本来应该有那么多，你不给他，就会使公司内部收入分配失衡，雇员所得的份额会相对下降，而资本方所得的份额会上升，这也是基尼系数比较高的其中一个原因。第二，社会权利不够。社会权利就是我们有享受政府提供的社会保障和福利的权利。前面讲过，出现这种情况是因为不平衡发展战略，我们要发展，就优先把资源集中在可以带来发展的部门，比如重工业、基础设施建设，长期以来，我们在社会保障和福利方面，公共财政投入是不足的。第三，消费者权利不够。消费者的权利和生产经营者的权利不对称，而国家对消费者的权利保护不足，这可能会导致购买力外流。当然，最近一些年政府加大了对消费者的保护力度。面对这三种权利失衡的问题，我们必须转向权利结构的平衡，才能够重新克服收入分配失衡的问题。

要避免不平衡发展向平衡发展的转型滞后，就要有社会动力——它不是政府一方的行为，而是所有行动者共同的行为。只有通过赋权，形成一种良性互动的关系，才会促使不平衡发展向平衡发展转向。

经济的升级必须有权利的升级作为配合。按照经济学家森的看法，权利不但是发展的目标，而且是发展的手段。因此，消费就不应再被看作发展的资源挤占者，而应被看作发展的助推器。而消费也涉及权利的问题，比如：你要消费，就要有钱。钱从哪里来？来源于雇员权利。你要消费公共福利，公共福利从哪里来？来源于你的社会权利。还有消费者权利，也就是买的东西要得到保障、要安全。居民的这三个权利是应该得到保障的。在这个意义上，提高居民的权利非但不会拖累经济发展，反而能够促进经济发展。

权利又涉及社会领域。权利不仅仅是经济领域的事情，经济发展与社会发展是有联系的。我们讲的不平衡发展不但包括经济领域内部的不平衡，也涉及经济和社会这两大领域之间的不平衡。经济要升级、要发展，社会领域的权利体系就要完善、要提升，这就意味着经济、社会等领域要平衡发展。

权利升级如何可能呢？它不是说有就有了，而是社会博弈的结果。这个社会博弈就涉及能动性。但是，权利也来源于社会结构，来源于社会规律。若存在客观的机制，就有可能促进权利的升级。其中一个机制就是边际投资回报率。从 2012 年开始，边际投资回报率下降，而中美贸易冲突导致消费的重要性提高了。消费的重要性提高，会带来什么好处呢？政府就会想方设法提高居民的收入。而要想提高居民的收入，就要提高居民的权利。中美贸易冲突带来的一个好处是有可能促使我们完成转型，也就是从不平衡发展转向平衡发展。

为什么说社会结构因素会导致权利的升级？

第一，独生子女政策。我国实行了 30 多年的独生子女政策，带来的一个后果是人口红利即将终结。人口红利的终结会带来劳动力供需关系的变化，劳动力供需关系一变化，劳动者的博弈筹码就会加大。在中山大学对面有一个布匹市场，有一天我看到很多人在排队，我还以为是农民工在排队等应聘，结果全是老板。来应聘的人比招聘的老板还少。来了一个打工仔，一堆老板围过来。"到我这里来。""工资多少？""6 000。""到我这里来，我给 6 500，包吃包住。"那个打工仔还要想一想到哪里去比较好。在这里，劳动者收入提高靠什么？靠市场机制，也就是年轻人变少了。年轻人为什么变少？因为独生子女政策。劳动者变少了，所以工资就涨上去了。珠江三角洲是中国最先实现产业升级的地方，为什么？因为这里最先体验到民工荒的痛苦。没有农民工来了，怎么办？用机器代替人。2006 年，我就开始讨论机器代替人。到今天，科技发展进步最大的地方是珠江三角洲，因为它最早遇到了民工荒，最早遇到了劳动力供给与需求的失衡。市场对劳动力的需求大，但是没有足够的劳动力供给，怎么办？靠技术，靠科技创新。所以，产业升级一个是行业升级，另一个是业内升级。珠江三角洲最先实现了业内升级，原来靠人工，现在靠机器，这叫业内升级。独生子女政策带来了劳动者与雇主之间权利关系的变化。

第二，经济新常态。这是在 2012 年以后提出的一个新概念。经济新常态意味着官员的绩效标准变化了，原来是 GDP 导向，现在是社会建设导向。我们经常在珠江三角洲到处跑，发现 GDP 不是当地官员最关心的问题，我们问当地官员最关心什么，他们说最关心社会建设、购买社会服务，关心这些问题。在经济新常态下，不平衡发展政策的根源变化了。在官员的心目当中，经济增长议程的地位相对下降了——不是绝对不重要，而是重要性相对下降了，而居民的社会权利更有可能成为绩效的增长点。社会权利议程的地位提高，就意味着权利特别是社会权利格局会发生变化。

第三，全球化。全球化会使发展中国家面临一个问题，那就是消费保护标准是全球化的。如果发展中国家国产商品的质量不如国外生产的好，消费者就会买国外生产的，这就会倒逼发展中国家采纳发达国家的消费保护标准。这样一个过程也会倒逼发展中国家强化对消费者的权利保护，否则许多购买力会流失。在 20 世纪 90 年代的时候，中国有很多消费陷阱，但是现在没那么多了，这一方面是因为政府加大了打击力度，另一方面是因为全球化带来的国际消费保护标准向发展中国家的渗透。

此外，新一代人的权利意识在增长。我在读大学的时候，我的一份作业我认为可以得 90 分，但老师给我 88 分，我觉得不公平。为什么？另外一个人跟我一起讨论，他把我的想法拿过去，他得了 90 分，而我得了 88 分。我想去找老师，但又不大好意思。老师是很有权威的，我怎么好意思去挑战老师的权威，认为老师搞错了呢？所以我一个人在厦门大学外面的海滩上走来走去，寻思要不要去找老师。后来我决定不去。一年前，我带的一个学生有一天来找我，说："老师，你给我的分数不公平。""我给你多少分？""92 分。"92 分是高分，他还不满意？"你要多少分？""95 分。""凭什么要给你 95 分？""凭的就是我们同一个小组的 95 分。"因为我是按小组来评分的，一个小组的学生共同完成一项田野调查，提交一份调查报告。"为什么他是 95 分，我是 92 分呢？""还有平常考核，他的笔记记得比你好，你的笔记记得太简单了。""老师，不对，他的笔记是抄我的，所以我应该得 95 分。"现在的学生跟我上大学那会儿不一样了，我当时认为我应该得 90 分，但不敢去找老师，现在的学生理直气壮地来找我。这就意味着，新一代人的能动性在提高，一旦权利受到伤害，就会捍卫自己的权利。同时，新一代人的受教育水平更高，基本上都接受过九年义务教育，所以维权意识更强。

结论是什么呢？不平衡发展政策的形成不是偶然的，它有自己的客观规律，也就是经济学的规律。但是，并不是所有的发展中国家都能够成功地实施这种政策，原因在于有些国家缺乏文化的支撑。文化的支撑是什么呢？滞后享受文化。而滞后享受文化在中国是非常发达的。先节俭，把美好的生活放到未来，前面先吃苦、先节俭。这个文化传统解释了儒家经济为什么能够成为后起之秀。与儒家文化有关的国家，比如日本、韩国、新加坡，以及泰国，都发展得很快。为什么拉丁美洲、非洲不行呢？它们没有滞后享受这样一种儒家文化传统根源。所以，不平衡发展战略能够被采纳和推行，是因为它具有社会文化嵌入性。但是，不平衡发展孕育了"消费悖论"，虽然节俭观念的确有助于工业化早期阶段的发展，但它有可能会使发展半途而废。当需要消费替代投资和出口推动经济增长时，它顶不上去，这就是"消费悖论"。所以，我们必须在不平衡发展政策的效用空间用尽之前及早转型。我刚才讲过，我们的节俭传统恰恰有助于延迟转型，这也是麻烦，本来要及早转型，结果它又阻碍了转型，因为它带来对不平衡发展的很高的容忍度。不平衡发展向平衡发展转型滞后的根源恰恰是传统文化。那么，怎样让它转型呢？

我们要走出消费陷阱、实现转型，不能仅仅依靠社会结构因素，虽然社会结构因素有助于转型，但我们还需要发挥能动性，特别是需要观念转型。在观念上，居民权利的升级必须与经济升级同步进行。消费问题不但是经济问题，同时也是社会问题，因为它涉及社会结构和权利结构。在社会结构的影响下，以及在新一代人的新文化理念的影响下，从不平衡发展向平衡发展的结构转型终究会完成、会实现。

这就是我今天的讲座，谢谢大家。

关于社会公正的几个问题*

吴忠民

  各位老师、各位同学，大家下午好。非常高兴能够通过郑杭生社会学大讲堂这样一个高端学术平台和大家交流，也很感谢中国人民大学的冯仕政老师和刘少杰老师的信任。今天同大家交流的题目是"关于社会公正的几个问题"。

  大家知道，作为一个具有明显时代特征的重大问题，社会公正问题现在得到了越来越多的关注，可以说，社会公正问题是一个能够让各个阶层共同关心、热议的重大话题。为什么人们如此看重社会公正呢？原因很简单，因为现在人们最看重利益问题，而社会公正是各个群体利益诉求的最大公约数，这样一来，社会公正就成了一个影响现代化各个领域的全局性大问题。比如，社会公正不仅影响到经济建设的活力和能不能持续进行，以及消费内需的问题、消费活力的问题，而且影响到政治

  * 此文是 2020 年 5 月 20 日举办的郑杭生社会学大讲堂第二十五讲的内容，讲座由冯仕政教授主持，刘少杰教授做评议，由学术志提供直播支持。

  演讲者简介：吴忠民，中共中央党校一级教授，中共中央党校专家工作室领衔专家。自 1995 年起，历任山东大学社会学系主任、社会发展学院院长。2000 年调至中共中央党校工作，曾任科社教研部社会学教研室主任、科社教研部副主任、社会和生态文明教研部副主任。现在中共中央党校社会和生态文明教研部工作。系"百千万人才工程国家级人选"和"万人计划"哲学社会科学领军人才。主要研究方向为社会公正研究、现代化研究、社会矛盾研究。在《中国社会科学》《社会学研究》《哲学研究》等重要中文学术期刊及重要海外学术期刊上发表独立撰写的论文 200 余篇。被《新华文摘》全文转载 20 余篇论文，被人大复印报刊资料收录 80 余篇论文。

建设能不能得到顺利推进，还影响到社会各个群体的利益关系能不能得到协调，进而影响到能不能持续保持社会安全。可以说，社会公正是一个整体性的时代大课题。

我们国家的现代化建设成功与否取决于很多因素，其中最主要的有两个：一个是经济发展得如何，另一个是社会公正状况如何。正因为社会公正如此重要，所以我们看到习近平总书记把社会公正放到了一个前所未有的高度来看待，他是这样说的：全面深化改革必须以促进社会公平正义、增进人民福祉为出发点和落脚点。他用了这样的字眼，"出发点""落脚点"。没有什么事情能比出发点和落脚点更重要了。

我准备从五个方面谈这个问题：（1）如何理解社会公正；（2）改革开放以来中国社会公正的主要进展；（3）中国现阶段主要的社会不公问题；（4）社会公正问题的历史方位；（5）促进社会公正应当注意的几个重要问题。

在正式开讲之前我先留个问题供大家边听边思考，这个问题就是：社会公正究竟对哪个群体有利？大家可以边听边思考。

一、如何理解社会公正

（一）公正与公平的区别

公正不等于公平，这是两个有所差别的概念。公正和公平这两个概念，外观上看有些相近，以致不少人在许多场合交替使用这两个概念，把它们当成一个概念来使用，实际上这两个概念不是一回事，我们具体来看。

这两者最大的差别是什么呢？公正带有明显的价值取向，它所侧重的是一个社会的基本价值取向，而这个基本价值取向必须带有正当性，这是公正的重点。公平这个概念带有明显的工具性，它不是价值，它所强调的是对人对物进行衡量的同一把尺度，强调的是一视同仁，即把这个尺度拿来衡量所有人、所有物，全都一视同仁，用来防止社会互动当中多重标准的存在。这是这两个概念最大的区别。

我们不妨做个假设，来看一下这两者的差别。假设有三个人违法，去偷东西，都偷了 100 块钱的财物，案值完全一样，我们假设案情也完全一样。这三个人都被抓了，最后的处理结果却很不一样，第一个人被判了 5 年有期徒刑，第二个人被拘留了 3 天就被放走了，第三个人被批评教育了一下就被放走了。可以说这是不公平的。为什么不公平？因为这三个人案情、案值完全一样，最后结果却差别这么大，这显然是不公平的。

我们再做个假设，假设这三个案情、案值完全一样的人都被抓了，处理结果完全一样。怎样处理的呢？全部被判了 5 年有期徒刑。这是公平的，一视同仁，但是又不公正了。为什么不公正了？就偷了 100 块钱的东西，就被判 5 年牢狱生活，量刑过重，量刑尺度本身有问题。我们由此可以看到，公正和公平不是一回事，公正不等于公平。

（二）公正与自由和平等的关系

社会迈入现代的门槛以后，一些我们熟悉的概念、价值理念，比如自由、平等、公正等等，重要性凸显，而且它们相互之间都是有紧密关联性的。我国已经把自由、平等、公正纳入社会主义核心价值观中进行提倡和推动。

我们现在来考虑一下，自由和平等这两者哪个重要？是自由。这是马克思和恩格斯的观点。马克思认为，人类最基本的特性就是自由。马克思有一句名言，大家都很熟悉，那就是"每个人的自由发展是一切人的自由发展的条件"。2018 年举行了纪念马克思诞辰 200 周年大会，这个会议很隆重，是新中国成立以来最隆重的一次纪念马克思诞辰的大会。习近平总书记在大会上引用了恩格斯的一句话，习总书记的原话是："社会应该'给所有的人提供健康而有益的工作，给所有的人提供充裕的物质生活和闲暇时间，给所有的人提供真正的充分的自由'。"自由就这么重要。而社会主义制度要给所有人提供的是真正的（不能是虚假的）、充分的（不能是缺斤短两的）自由。

既然自由这么重要，为什么还要有平等？有自由不就行了，冒出来个平等干什么？实际上，平等是为自由服务的。你想，你自由了，他也自由了，假设你体弱多病，而他膀大腰圆、蛮横不讲理，他就很可能损害你的自由，你的自由就保证不了了。要确保每个人都有完整的自由，就需要一个平等的底线进行保障，这就是平等的来源。所以，就自由和平等的关系而言，我们不要谈论得那么复杂，复杂地谈起来几本书都谈不清楚。我们非常简明扼要地归纳一下，自由和平等的关系有两条：第一，自由是平等的目的；第二，平等是自由的保障。两者的功能不一样。

我们现在又面临一个问题：有自由了，也有平等了，又冒出来一个公正干什么？自由和平等这两者不是已经够用了吗？我们再进一步分析。

你想，自由有没有过度的时候？有，丛林法则，弱肉强食，自由一旦过度并达到一定地步，就会让社会动荡不安、冲突不已，所以看起来自由有过度的时候。

一个相连的问题是，平等有没有过度的时候？也有，平均主义、民粹主义。大家都知道，过度的平等对社会造成的危害绝不亚于过度的自由对社会造成的危害。像法国大革命，绝对的平等的最后结果是血流成河。所以，自由和平等这两者好不好？都好。但是它俩都有过度的时候，而且一旦过度就会给社会带来极大的损害。

再接下来一个问题是，公正有没有过度的时候？还真没有。为什么呢？因为恰当、合理的自由加上恰当、合理的平等就等于公正，所以公正永远没有过度的时候。从这里我们可以看到，公正实际上是比自由和平等高一层次的理念，以此来协调、平衡自由和平等的关系，目的是让自由和平等各自的积极功能最大化，这是公正的由来。

（三）社会公正的界定

我们来对公正做个界定。刚才谈了自由和平等，顺理成章地推出了社会公正的界定。

什么是公正？从古到今，公正的定义有很多，最经典的定义是古希腊古罗马哲学家给它下的定义："所谓公正，就是指给每个人他所应得的。"用四个字来概括，就是"得其应得"——得到他应该得到的那份。公正不是平均主义，如果有人得到了他不应该得到的，就是不公正的，"得其应得"才是公正。再啰唆一遍，公正就是给每个人他所应得的。而我们知道，在不同的历史条件下，社会公正的具体内容是不一样的。

（四）社会公正的基本内容

以往的我们不管了，光看在现代社会和市场经济条件下，社会公正包括哪些基本内容。以下四项基本规则可以说缺一不可。

社会公正的第一项基本规则是基础权利的保障。它强调的是，在一个人来到世上、成为一个社会成员以后，他就拥有了不证自明的基础权利，他拥有的基础权利是不需要证明的。比如一个人，不管这个人是男是女，是出生在富裕家庭还是穷苦家庭，或者是何种肤色，都应该拥有基本的生存权利、受教育权利、就业权利，任何人都不能剥夺，这些都是基础权利。我们可以把这项规则叫作底线规则，底线的意思就是，基础权利是任何人都应该拥有的，不管这个人自身条件如何，他都必须活下去，而且是有尊严地活下去。当然这项规则是有它的界限的，过犹不及。但它强调基础权利的获得应该得到保证。

社会公正的第二项基本规则是机会平等。现在假设我们正在创造财富，财富还没有创造出来，正在形成之中，但这时候我们必须有个规则，那就是机会平等。由于这项规则是在财富形成之前所必须遵循的，即财富还没有形成就必须有这项规则，所以我们把它叫作事先规则。机会平等是什么意思呢？它不是指人皆一份。机会平等必须满足一个条件，即凡是具有相同能力和相同意愿的人，其发展前景应当是大致相似的，这是机会平等，而不是人皆一份。比如和泥的小工那么辛苦，一个月挣两三千块钱、三四千块钱，太少了。IT行业收入高，一个月挣一万块钱很正常。你不能说这是不平等的，为什么呢？你得看这个人是不是具备从事IT行业的职业技能，要对比这种职业技能。

社会公正的第三项基本规则是按照贡献进行分配。我们假设财富已经被创造出来了，如果切块分配给每个人，就是占有的问题了。按照什么规则分配？很简单，按照每个人具体贡献的大小进行有差别的分配，即按照贡献进行分配。由于这项规则是在财富形成以后应当遵循的，因此我们把它叫作事后规则。大家都知道，在创造财富的过程当中，每个人的贡献是不一样的，有人投入的劳动非常多，有人投入的劳动少，有人没有投入劳动而是投入了资本，还有人投入了技术，等等。每个被卷入财富创造过程的人都用不同的方式对财富的形成做出了贡献，所以很简单，在最后切块分配的时候，就按照每个人具体贡献的大小进行有差别的分配。它的意义在什么地方呢？它把每个人切身的利益要求与每个人对社会做出的具体贡献这两者捆绑在一起。你想多分配财富，很简单，你给社会多做贡献，就这么简单。如果没有这项规则，社会就不可能有活力。计划经济时代就没有这项规则，人干多干少分配得一样多，社会哪有活力？

社会公正的第四项基本规则是社会调剂。社会调剂是再分配领域的事情，当初次分配结束以后，人们的财富之间会有差别，这个差别保持个三五年不要紧，但时间一长就麻烦了。如果这种差别保持下去，不做任何更改，保持个 20 年、30 年，那么整个社会将会出现什么局面呢？贫富差距将会越来越大。而一个社会，如果贫富差距过大，就会导致收入低的、财富少的那群人很难对社会产生认同心理，很难认同这个社会，于是对社会的不满就会出现，进一步发展就是排斥、矛盾和冲突。而如果一个社会出现动荡这一最严重的冲突的话，所有社会成员没有一个是赢家，全都是输家。所以，社会必须介入。怎么介入呢？站在社会整体利益结构的角度，经过宏观的、长远的考虑，对社会财富进行再分配，以保证社会的长治久安。

（五）社会公正的基本价值取向

我们一开始就讲了，社会公正是各个群体利益诉求的最大公约数。怎么满足呢？就看民众所思所想在什么地方。民众的利益诉求主要体现在两个方面：一方面是共享，另一方面是自由发展，差异化地发展。这样一来，社会公正就可以分为两个基本价值取向。

第一个基本价值取向是要让全体人民共享社会发展成果。随着社会的发展，每一个社会成员的生存底线、尊严底线都应当随之不断攀升，这就是共享，它的目的是基于平等的理念，求得整个社会的整合和团结。社会是个共同体，不能四分五裂，所以必须共享。

我们千万不要忽略了另一个与共享相辅相成的、不可缺少的基本价值取向，那就是要为每个人的自由发展提供充足的空间。每个人有多大潜力，让他自由发挥吧！比如我们的社会中产阶层以上的人不是太多了，而是太少了，中产阶层以上的人越多越好。每个人都应该有充足的自由发展的空间，社会应当为人们的自由发展扫清障碍。基于自由的理念，求得每个人的差异化利益诉求得到满足，进而求得整个社会充满活力和创造力。一个社会必须有活力、有创造力。

我在此引用一句习近平总书记讲过的跟自由发展相关的话："让一切劳动、知识、技术、管理、资本的活力竞相迸发，让一切创造社会财富的源泉充分涌流。"我们看到，社会公正的这两个基本价值取向缺一不可。如果没有共享的话，那么社会是不可能整合、不可能团结的，共同体是不可能牢固的。如果没有自由的话，那么社会是不可能有活力，更不可能有创造力的。

这是第一部分内容，是我对社会公正的理解。

二、改革开放以来中国社会公正的主要进展

改革开放以来，中国的社会公正取得了十分重要的发展，主要表现在两个方面：第一个方面是在共享发展成果方面取得了巨大成就，第二个方面是在自由发展空间方面得到了大幅度拓展。

（一）在共享发展成果方面的主要进展

1. 共享理念深入人心

共享社会发展成果这个理念现在已经深入人心，不管是哪个阶层、哪个年龄段的人口，一谈起共享社会发展成果来都朗朗上口。

2. 在底线民生方面获得了明显改善

民生的内容有很多，我只强调一下底线民生。在我国，比如九年义务教育已经普及了，再比如基本的社会保障、公共服务等制度保障体系已经初步建立了。我国在脱贫攻坚方面的进展更是显著。世界银行的统计数据显示，改革开放 40 年，中国共减少贫困人口 8.5 亿多人，对全球减贫贡献率超过 70%，这是惊人的数字。我们再看国家统计局的数字，按当年价现行农村贫困标准衡量，1978 年年末我国农村贫困发生率高达 97.5%，而到 2019 年这一数字降到了 0.6%。可以说，在发展中国家里面，我国在脱贫方面的贡献稳稳占据了世界第一的位置。

（二）在自由发展空间方面的主要进展

1. 中国民众自由活动空间的扩大

跟计划经济时代相比，现在人们对于职业的选择、对于生活和工作地点的选择的自由空间前所未有地扩大。在计划经济时代，人们不能自由流动。一个人要从河北邢台到上海去工作、居住，可能吗？有户口吗？没有户口属于盲流，是要被公安、民政遣返的。一个人要改变自己的身份，从农民变成国家干部，可能吗？当时一个农村户口的人要变成城镇户口的人，属于农转非，几乎是不可能的，要从农民变成国家干部，更是完全不可能的。在那个时代，上行流动或者平行流动都是受到严重阻碍的。而改革开放以后，计划经济时代阻碍人们自由流动的屏障大部分被消除了。现在，你可以从中国北边的漠河跳槽到南边的三亚、深圳去，没人管你；可以从西边的克拉玛依跑到东边的宁波、上海去居住，也没人管你。自由流动，这是了不起的进步。我们看到，现在城市和农村原本相互隔绝的局面被打破，城乡社会成员之间实现了初步的、大面积的自由对流，可以说形成了人类社会有史以来最大规模的人口迁徙活动。光农民工 2019 年统计就有 2.9 亿人了，再加上"北漂""南漂"，那得有多少人！现在人们老说中国的客运不行、铁路运输不行，老是解决不了春运问题。春运问题是很难解决的，就那一个来月，客运量忽然增加到几亿甚至十几亿人次。如果按照春节的客运量来设计铁路流量的话，一年中有 10 个多月都是很空闲的，会造成巨大的浪费。不管怎么样，这是把整个自由流动空间和民众体内所蕴藏的巨大活力都发掘出来了，创造了巨大的财富。

2. 思想观念的多样化

现在人们越来越懂得宽容、包容了，不再愿意管别人的闲事了。自己的事还忙不过来，管别人的闲事做什么？没空管，也没兴趣管。人们变得宽容、包容，思想观念越来越多样化。我国现在有几亿甚至十几亿、几十亿部电脑、手机，形成了一个前所未有的、巨大的自由交流思想的平台。多样化、多元化，这是了不起的进步。

3. 人们的日常生活方式越来越呈现出一种多样化、人性化的特点

人们的日常生活方式越来越多样化、人性化了，这是一种历史进步。比如美国前总统老布什重访中国的时候感慨万分，他说中国取得了了不起的进步。他观察问题的视角跟其他很多人不一样，他是怎么看到中国的变化的呢？他说，他在中国的马路上见到一个个来去匆匆的行人，就发现中国民众的面部表情丰富多彩，肢体动作也丰富多彩，这是一种人性化的表现。如果一个人整天受到限制，那么他的表情肯定是单一的。我们现在看微信的表情包，丰富多彩，大家都很认可。再比如我们看年轻人的着装打扮，千姿百态，各种打扮，越来越人性化、多样化了。

4. 所有制的多样化

这是最为基础的进步，标志着我们的市场经济与现代经济紧密捆绑在一起，这是我们社会前进的最坚实的基础。民营企业对中国的贡献巨大，习近平总书记用"56789"这样一组数字来说明民营企业对我国的不可或缺的、巨大的贡献。5 是指什么呢？是指贡献了 50% 以上的税收，我国税收的 50% 以上是由民营企业贡献的。6 是指什么呢？是指国内生产总值、固定资产投资、对外直接投资均超过 60%。7 是指什么呢？是指高新技术企业占比超过 70%。8 是指什么呢？是指城镇劳动就业的 80% 是由民营企业解决的。9 是指什么呢？是指对新增就业贡献达

到 90%。如果没有自由发展，如果我们的民营企业发展不起来，我国的整个现代化建设就是另外一种图景了。

我们看到，中国民众自由空间的拓展极大地激发了整个中国的活力和创造力，成为改革开放以来中国能够取得举世公认的巨大成就的一个重要原因。

以上就是改革开放以来我国在社会公正方面的重要进展。

三、中国现阶段主要的社会不公问题

我们在看到改革开放以来我国在社会公正方面所取得的巨大成就的同时，还应当看到它的另一面，那就是中国社会现在存在着大量的社会不公现象。存在到什么地步了呢？我现在用习近平总书记的判断来解释一下。习近平总书记对中国社会不公现象有两个基本判断。第一个判断是数量上的判断："在我国现有发展水平上，社会上还存在大量有违公平正义的现象。"大家注意，习近平总书记用了"大量"这个词。第二个判断是民众对它的态度上的判断："人民群众的公平意识、民主意识、权利意识不断增强，对社会不公问题反映越来越强烈。"

我们怎么来归纳一下中国到底存在哪些不公现象呢？从方法上看，基本上有两种描述方法：一种是用贫富差距，说我国的贫富差距越来越大，但这个方法过于简单。另一种是一条条罗列，罗列很多，但我总觉得用这个方法归纳得不是很清晰，有点凌乱。那么，要想清晰地把社会不公问题归纳出来，还是得从社会公正的两个基本方面——一个是共享发展成果，另一个是自由发展——出发。从这两个方面，我们就可以把中国目前的社会不公现象大致归纳得清晰一些。

（一）共享发展成果方面的不公

出于种种历史的和现实的原因，我国在共享发展成果方面存在不少明显问题，主要表现在以下几个方面。

1. 基尼系数较高

大家都知道，用基尼系数可以比较准确地衡量不同国家的收入差距状况。我国近年来基尼系数居高不下，国家统计局的数据显示，2005 年的时候，中国的基尼系数是 0.485，到了 2016 年，中国的基尼系数是 0.465，虽有所下降，但总体上处在偏高的位置。按照国际惯例，基尼系数处在 0.3～0.4 是比较合理的，我国的基尼系数明显偏高，显示了我国贫富差距较大。

2. 家庭财富差距比较大

大家都知道，衡量贫富差距，基尼系数更侧重收入，而家庭财富是比收入还重要的指标。不同的人每年的收入差不了太多，但是如果一个社会中不同家庭在财富占有方面差距大的话，影响会很大。比如在大城市有三套房子的人和有一套房子的人，月收入都是一万块钱，如果有三套房子的人把其中两套拿出来出租的话，过几年他们之间的差距得有多大？！所以，家庭财富是比基尼系数更重要的一个衡量尺度、衡量指标。我国现在的家庭财富差距有多大呢？按照我国央行的统计，2019 年，我国城镇净资产最高 1％家庭的净资产占全部家庭净资产的比重为 17.1％，而家庭总资产最高 10％家庭的总资产占比为 47.5％。这光是针对城镇的统计，如果把农村再加进来，占比会大幅度提高，这是应当引起我们警惕的一件事。再比如央行还有一个统计。1％的富裕家庭的储蓄占总储蓄的比例是多少呢？70％。家庭财富差距所反映出的我国贫富差距的严重性要远远超过基尼系数所反映出的，所以我们不要只用基尼系数指标，而要更多地用家庭财富指标。

3. 在初次分配当中，居民收入的占比偏低

近年来，政府的一般公共预算收入增长率是多少呢？根据国家统计局的数据，2001—2018 年这 18 年间，政府的一般公共预算收入的年平均增长率是 15.6％，而居民人均可支配收入的年平均增长率是 9.4％。这个差距是很大的，说明政府收入的占比偏高，居民收入的占比偏低。

4. 公共投入的优先顺序问题

公共投入有优先顺序，就这个优先顺序来看是怎样的呢？我国现在在这方面仍然存在一定问题。改革开放后，大概在 20 世纪 90 年代的时

候，我国过于强调GDP，主抓经济，国家公共财政的钱大多没有投入民生领域，而是投入了大规模的基础设施建设，当时对社会公正相对来说忽略了一些。最近这十几年，情况有了大幅度改善，大量公共财政资金被用于民生，但仍然存在一定问题。比如我国在社会保障和公共卫生方面的财政支出在世界上处于偏低的水平，再比如很多城市将大量公共资金用于豪华性的城市建设和豪华工程（包括形象工程）建设，导致地方政府严重负债。

这是社会不公的第一个表现，即共享发展成果方面存在的问题。

（二）自由发展方面的不公

可以说，中国民众现在获得了巨大的自由发展空间，发展空间是有了，但是到真正发展的时候我们就发现，上行发展的渠道还不够畅通——问题出在这儿。它具体表现为以下几点。

1. 民营企业上行发展遇到明显障碍

刚才谈到，如果没有民营企业的贡献，就没有中国改革开放的今天。但是民营企业在上行发展的过程中遇到了流通渠道的障碍，最明显的障碍有三个：第一个障碍是税负过重，要缴的税太多了。放眼全球会发现，全世界对小微企业的一般税赋平均是20％。中国现在是多少呢？综合的数字是40％～45％，比国际上大部分国家高出一倍。第二个障碍是行业准入限制。现在不少行业对民营企业放开了，但还是有一些行业没放开，或者放开度不够，比如电信行业、金融行业，比如资源型行业，像钢铁行业、水泥行业、煤炭行业等。第三个障碍是融资难、融资贵。习近平总书记在民营企业座谈会上指出，要"解决民营企业融资难融资贵问题"。2016年，大型国有控股企业从银行贷的款占银行总放贷的73％。民营企业占多少呢？16％。民营企业对GDP的贡献是60％以上，而其贷款所占的份额只有16％，是不是有点低了？而且，民营企业的融资成本非常高。大型银行不贷给它怎么办？到小额贷款公司去贷。利息是多少呢？16％以上。再加上税负，一个民营企业要想发展，有多艰难！如果民营企业上行流动遇到的这三个障碍解决不好的话，就会让中国整体经济的发展很难得到健康、顺利的推进。

2. 就业渠道不够畅通

全国人大的一个调查显示，很多地方在招聘员工的时候明显有男性偏好，爱招男性，而对女性和残疾人设有歧视性进入条款，这是明显的就业歧视。同时，现在户籍制度的总体影响越来越小了，但还在一定程度上起作用。比如现在人们发现，农民工很难在环境好、待遇好的企业中找到工作，招聘的时候明显对他们有排斥，这个问题确实很严重。习近平总书记特地谈到过这个问题，他指出："如果升学、考公务员、办企业、上项目、晋级、买房子、找工作、演出、出国等各种机会都要靠关系、搞门道，有背景的就能得到更多照顾，没有背景的再有本事也没有机会，就会严重影响社会公平正义。"习近平总书记发现了这个问题的严重性，专门提及了。

3. 教育改变命运的作用日趋降低

以前，教育改变命运。1978年、1979年考上大学，毕业之后工作多好找呀，不管是何种家庭出身，只要考上了大学，命运就真的改变了。现在人们发现，教育改变命运的积极效应降低了。有个统计显示，自20世纪90年代后期大学扩招以来，管理人员、办事人员的子女上大学的比例是农民工子女的6～7倍。还有一个统计显示，城市学生上大学的机会是农村学生的5.6倍。这样一来，寒门子弟试图通过教育来改变自身命运的这个上行通道无疑变窄了。现实如此，我们要直面现实。

4. 社会阶层复制现象开始出现

一些群体在财富以及社会地位上出现了某种代际传递的现象，比如富二代、穷二代，这种现象不少见。这方面的问题很严重，表明不公现象得到了某种程度的强化。

以上是我国民众在共享发展成果和自由发展方面的不公表现的几大要点。可以说，社会不公问题对我国社会的正常运行和健康发展造成了严重阻碍。社会不公问题不仅会影响到我们这个社会共同体的整合和团结，而且会削弱我国进一步发展的活力、动力和创造力。

四、社会公正问题的历史方位

(一) 历史的必然性

当我们看到我国现阶段社会不公问题比较凸显，而由此引发的社会矛盾也相应凸显的时候，难免有些担心，担心我国的前途，这是没必要的。如果我们把视野放开，就可以发现，世界上的国家，只要发展到中国现在的现代化初级阶段——同等阶段具有可比性，不同阶段不可比——就会遇到类似的不公问题。在这个阶段出现这样的问题可以说带有一种历史必然性，是历史的某种规律的体现。中国面临的社会不公问题虽然比较凸显，但是与其他国家同等阶段做对比的话，我们其实处于中等偏下水平，这是必然的。各个国家在这一阶段的时候都会遇到这个问题，这是没有差别的、共同的。差别在什么地方呢？有的国家解决得好一些，有的国家解决得差一些。遇到了类似的问题，就看怎么解决它了，这有差别。

(二) 不同类型的典型案例

我们拿两个国家做个对比。

就促进社会公正成功与否而言，分为两种类型——比较成功者和比较不成功者，无非这两种类型。我们发现比较成功的是哪些国家呢？在亚洲地区，比较成功的有韩国、新加坡等等。比较不成功的是哪些国家呢？拉丁美洲地区比较典型，比如巴西、阿根廷等等。

我们现在找一个比较成功的国家作为典型案例看一下——新加坡。新加坡很惨的，它的开国元首李光耀真了不起。新加坡以前属于马来西亚联邦，但后来被驱逐出去，被迫独立了。新加坡在独立之初十分注重两点：一手抓经济，一手抓社会公正。李光耀认为，新加坡要想让居民的生活好起来，就必须更加努力去发展生产力。这个认知非常准确！同时他还认为，百千万贫困者不关心也不知道理论，他们只要求生活过得好一点，要求一个较为平等和公正的社会，谁能在这点上满足他们，谁就是他们的救世主。你想让民众认可你？很简单，抓公正，促进社会公正。你想让居民的生活好起来？一手抓经济，一手抓社会公正，两点缺一不可。新加坡在现代化建设实践中就是这么做的，在大力发展经济的同时非常重视促进社会公正。反映到宏观的制度和政策方面，主要有这么几点。一是特别重视积极推进充分就业。有的国家失业率高了，就想办法把失业者养起来，但新加坡采取了另外一种思路：把失业救济金拿出一部分给企业主，让企业主雇人，通过这样来扩大就业，让人们通过自己的努力获得收入。不是没机会吗？给你提供机会了，国家拿钱，通过企业主去解决就业问题。这一点值得我们参照。二是重视义务教育、职业教育，特别重视发展职业教育，这样劳动力的水平就能够大幅度提高。三是重视社会保障制度、公共卫生体系，特别重视住房保障体系建设，新加坡的住房保障体系在全世界都是样板。四是重视藏富于民的政策导向。李光耀一开始就十分重视培育中产阶层，把中产阶层发展壮大。五是重视种族平等，特别重视华人、马来人、印度人之间的平等和融合。因为在社会公正方面做得比较好，所以新加坡产生了一种稳定、和谐的局面。新加坡的基尼系数长期稳定在 0.42，已经很不错了。它的失业率控制得很好，一般在 3% 以下。新加坡在安全系数方面排名也很靠前，多个评估机构基本上都把新加坡列为世界上最安全的国家或者世界上安全系数最高的国家之一。

下面来看比较失败的案例——阿根廷。在座的有些同学可能不知道，在 110 多年以前，阿根廷的 GDP 是世界六强之一，很了不起。美国第一，英国第二，然后是德国，阿根廷第六，已经很了不起了。那时候，中国还是清末时期，非常落后。当时阿根廷的多艘巨轮游走于南美洲和欧洲之间，为欧洲提供世界上最好的牛肉。当时阿根廷的义务教育水平也不低于西欧国家，就这么厉害。阿根廷辉煌过、富裕过、了不起过，但曾经不错不等于长期不错、未来不错。阿根廷很倒霉，从 20 世纪 30 年代开始每况愈下。原因有很多，其中最重要的原因就是没解决好社会不公问题。比如，对发展中国家来说很重要的一条是什么呢？是进行土地改革，土地改革能解决农民问题，也就是使当时占比最大的社会成员的生活得到保障，这是最关键的问题。而且把封建地主打掉，能够为现代资本积累扫除障碍。它没做到这一点，这就很麻烦。封建地主占据着大片领地，影响了工业资本、产业资本的积累。大量贫困农民流入城市，今天有工作没问题，3个月以后没有工作呢？那就到处建贫民窟，贫民窟越来越多。同时，它又是选举制，就出现了穷人聚合起来把自己的代表推出去的情况，整天宣传民粹主义，当时的势力很厉害。有时候成功了，把富人推翻了，然后打土豪分田地，非常高兴，这时候富人不干了。拉丁美洲的富人有什么特点呢？跟军方建立利益输送关系，他们联手，把民粹主义推翻，把财富抢回来，所以阿根廷长期陷入强大的军方和富人联手的社会力量与穷人联手的社会力量两者激烈的争斗中，耽误了发展，很可惜。时间一长GDP就下来了，一个国家哪能这么折腾？

我们来看一组数字。阿根廷2017年人均GDP达到了1.46万美元，这个数字还不错，但它的社会不公问题比较严重。它的贫困发生率是多少呢？2017年是30%。跟我国做个对比，我国2019年的贫困发生率是0.6%，阿根廷是30%——这个数字很惊人。它的失业率在9%左右，有个风吹草动，一下子就突破15%。更要命的是它的安全系数，无论是哪个评估机构，都把阿根廷列为世界上最不安全的国家之一，抢劫司空见惯。而且它的通货膨胀很严重，比如最近十几年，阿根廷每年的通货膨胀率均在两位数以上。这样，人们的生活怎么能预期？不能安定了，没法预期了。这是比较失败的案例，从世界六强之一，沦落为现在发展前景极不确定的国家。

拉丁美洲国家有什么特点呢？拉丁美洲国家的现代化建设开始得比中国早得多，拉丁美洲国家民族独立的高潮比亚非国家早100年，阿根廷在很早以前就是一个独立的主权国家，建设到现在这个地步，应当说主要因为人为因素，而其中很重要的一点就是没有把社会不公问题解决好。

五、促进社会公正应当注意的几个重要问题

中国现在有这么多的社会不公问题，怎么办呢？习近平总书记的一

段话，说得很真实、很现实："中央全面审视和科学分析我国经济社会发展现状和态势，认为这个问题不抓紧解决，不仅会影响人民群众对改革开放的信心，而且会影响社会和谐稳定。"社会不公问题必须解决，而且解决得越彻底越好。

我们要知道：第一，社会不公问题的出现是必然的，各个国家在这一阶段都会遇到这个问题，这是没有差别的、共同的。第二，差别在什么地方呢？有的国家解决得好一些，有的国家解决得差一些。前面举的新加坡的例子告诉我们，社会不公问题不是无解的，而是有解的，可以解决好。

就社会公正的促进而言，涉及标本兼治多个方面，可以说是千头万绪，谈几个小时都谈不完。我这里只能从宏观层面谈几点主要的对策，虽然不多，但是如果做到了就很顶用。

（一）要大力推进经济的发展

大家都知道，发达的物质条件是实现社会公正的基础，首先要考虑把蛋糕做大，再来考虑分蛋糕的问题。我们注意到，无论是马克思、恩格斯还是我国领导人，他们在谈论社会公正问题的时候，总是把高度发达的物质基础作为最重要的前提条件。如果没有可持续发展的经济，促进社会公正就没有物质基础。

还需要注意一点，我们在发展经济的时候一定要把发展经济和促进社会公正这两者结合起来。过去我们经常两张皮，把资源大量地投入基础设施建设，发展经济跟改善民生没有直接捆绑在一起，其实我们完全可以在不少领域把发展经济和改善民生两者捆绑在一起，比如一个很重要的途径就是扶持、发展小微企业。罗斯福在解决美国经济大萧条危机的时候就很注重发展小微企业，他认为给小微企业提供必要的贷款，让它们活下去，不仅对 GDP 有贡献，而且一家小微企业可以解决 1～10 个人的就业问题。就业问题解决了，社会不就安全了吗？而且生活还改善了，多好！所以，我们应该将解决经济问题和改善民生两者捆绑在一起，给小微企业减税、放贷。我曾经跟银行管理人员请教过这些问题，他们说，钱实际上不是问题，主要是存在技术性问题：要怎么让小微企业有信誉？借了不还怎么办？他们有他们的苦恼。所以，技术性问题要解决好，同时把信用系统建立起来。

（二）要把握好社会公正的基本立足点

讲座刚开始的时候我给大家提了一个问题，供大家边听边思考，那个问题是：社会公正究竟对哪个群体有利？很多人回答弱势群体。错，真正的社会公正是对所有群体都有利的，不能偏心，这才叫社会公正。我们要把握好社会公正的基本立足点，就社会公正的基本立足点而言，它是客观的、中立的。国家对各个社会群体的基本态度应该是怎样的？应该是从社会整体利益的角度出发，以维护每个社会成员的基本权利为出发点，不管这个人是穷人还是富人、是男性还是女性、是何种肤色，只要是属于基本权利范围内的事情，都应该得到一视同仁的保护，这才是真正的社会公正，不能偏心。一碗水端平，客观中立，既不能完全站在穷人的立场制定政策，也不能完全站在富人的立场制定政策，这才是关键所在。原因很简单，因为在现代社会条件下，每个人都是平等的，制定政策的时候不能有偏好。而且从分工的角度来讲，每个群体都是不可缺少的。因为第一是平等的，第二是不可缺少的，所以必须客观中立，一碗水端平。

反思我国自成立以来这 70 多年的做法，有时候容易出现偏差。比如在计划经济时代，我们当时制定的政策对富人不利、对穷人有利——当然有其特定的历史原因。这个政策一开始的时候还可以，因为当时有社会结构的重建问题，但是要持续运行，就得掂量掂量了。这种做法持续时间一长，人们就发现，出力不出力或者干多干少，最后待遇都是一样的，工资收入都是一样的，那谁愿意干？不跟自己的切身利益紧密捆绑在一起的话，最后大家都不愿意干了。人们看到不干活的人待遇也一样，劣币驱逐良币，整个社会就没有活力、没有创造力了。

改革开放以后有一段时间，特别是 20 世纪 90 年代，当时有特殊的背景——破除平均制度、打破平均主义对我国长期的阻碍，但往往矫枉过正：一些部门、一些地方在制定具体政策的时候，往往怎么对富人有利就怎么干，因为富人钱多，投资是靠富人，当时各地最缺的是投资项目。我看有些地方招商引资，政策给富人的优惠程度无以复加，经常土地批租免租多少年，提供全方位的保护，这有点嫌贫爱富了。如果我们过多地站在穷人的立场制定政策，去打压富人，这个社会就会逐渐丧失活力。如果我们过多地站在富人的立场制定政策，那么结果是什么呢？这个社会容易出现撕裂的现象，撕裂了，互相排斥了，敌对了，冲突了，矛盾了，这也对社会不利。

当然我国的现代化进程始终在探索，经常需要反思。我们一反思就发现了一个问题：都有偏差，怎么办？宪法规定人人平等，而且从现实来看每个群体都是不可缺少的，那就很简单了，一碗水端平，以维护每个社会成员的基本权利为出发点，不管这个人是穷人还是富人、是男性还是女性、是何种肤色，只要是属于基本权利范围内的事情，都应该得到一视同仁的保护，这才是真正的社会公正的基本立足点，这个立足点很重要。

（三）要防止掉进福利过度的陷阱

关注弱势群体，帮助他们脱贫解困，本身是对的。但这不意味着我们应当走到另一个极端，让中国掉进福利过度的陷阱，福利陷阱掉进去就很难出来。

我们都知道，经济的增长速度是有限度的，每年最多增长 10％、11％、12％，那就很了不起了。经济增长是有限度的，而民众福利需求的增长、对于高福利的追求几乎是没有限度的，在迅速攀升。这意味着什么呢？这意味着一个国家一旦要刻意迎合民众对高福利的期望，就会很快掉进福利过度的陷阱，并且进去以后就很难出来。

福利过度的危害是巨大的。第一个危害是国家财政不可能支撑。一旦确定高福利政策，就要求每年都往上调，而财政资金是有限的，怎么可能长期支撑高福利呢？不可能。委内瑞拉是最典型的案例。20 世纪50 年代，委内瑞拉的 GDP 总量比较高，民粹主义政府上台以后，实行了高福利政策。而大家都知道，委内瑞拉财政收入的 80％ 来自石油。石油价格暴跌以后，财政没钱了，怎么支撑高福利？而老百姓不管，从而矛盾就激化了。第二个危害是造成不劳而获的懒汉心理。福利这么高，我何必去工作？法国就是典型。法国失业者的收入与在职员工的收入虽有差距，但差距不大。法国有统计显示，正在领失业救济金的人当中，30％ 左右的人根本就没打算再去找新的工作，觉得领失业救济金挺好。这种懒汉心理一方面会让国家没有活力、没有创造力，另一方面会导致不公。你不干活，救济金是政府给的，但是政府的钱是从哪儿来的呢？是从干活的人那儿抽取的，这就等于让干活的人养这些不干活的人，这公正吗？这是另一种不公现象，等于不干活的人剥削干活的人，这是很有问题的。

福利过度这个陷阱对于中国尤其具有现实性意义，因为中国经历过计划经济，平均主义思想根深蒂固，弄不好民粹主义很容易抬头，一旦抬头的话，中国的发展活力就没有了，创造力就更没有了，所以我们一定要防止掉进福利过度的陷阱。

（四）要形成两头小、中间大的橄榄形社会分配结构

两头小、中间大，就是让中产阶层人最多。这样一种两头小、中间大的橄榄形社会分配结构将会从两个方面促进公正：第一，社会分配结构是什么形状能反映社会共享发展成果的程度，共享得比较好的话，中产阶层肯定多，比例肯定大，就会呈橄榄形。第二，橄榄形社会分配结构能反映什么问题呢？能反映人们的劳动投入与收入之间的合理对应关系。大家都知道，一个社会当中能力强和能力弱的人都占少数，而能力一般的人占多数，如果占多数的人得到了公道的收入的话，这样一种橄榄形社会分配结构就是公正的。

此外，这样一种橄榄形社会分配结构是有利于社会安全的，为什么？至少有三个理由：第一，有恒产者才有恒心。意思就是有一份家产的人才有恒心，如果没有家产，一个人就很难对社会有稳定的眷恋、有期望。如果有家产，有稳定的职业，过着比较有尊严的生活，他就会希望社会安定。第二，中等收入者相对来说容易遵纪守法。一个社会如果中产阶层多的话，法治建设就容易推进。第三，这种中产阶层居多的两头小、中间大的橄榄形社会分配结构对社会危机特别是经济危机的应对能力比较强。如果有储蓄，收入相对高一点，人们抵御通货膨胀的能力就会比较强。假设一个社会的通货膨胀率这个月是 10%，下个月是 12%，对哪个群体最不利？那肯定是弱势群体，本来他们钱就很少，这下子生活成本增加，连基本的生活都会受到影响。而对中产阶层来说，通货膨胀不会影响他们最基本的生活，他们能在一定范围内抗击一定烈度的经济危机，比如通货膨胀。

我不用说很多，如果把我刚才说的这四条都做到的话，促进社会公正就会非常见效。

今天的主要内容就是这些，谢谢大家。

中国社会学者的产权研究 *

刘世定

　　各位同人，今天我很荣幸能够来郑杭生社会学大讲堂做这样一个讲座。郑老师是我们非常尊敬的学者，他在学术研究、人才培养、教学组织、学科发展等方面都做出了非常重要的贡献。对我们这些学生辈的人来说，能够在这个讲堂做讲座是一件非常荣幸的事情。

　　今天我想奉献给各位的是我最近写的一篇回顾性、总结性的文章的内容，关于中国社会学者对产权理论的研究，下面我就跟大家分享一下我做的PPT。我做PPT的水平很低，只是一个白板的叙述，请大家特别是年轻的朋友们理解，我在这方面的水平已经大大落后了。

　　今天我想讲的题目是"中国社会学者的产权研究"。我们知道，产权改革是当代中国差不多40年的体制改革当中的重要组成部分，农村的家庭联产承包责任制、乡镇企业的发展以及改制、国有企业的改革、土地的确权和流转、城市化进程当中的土地征用和城中村改造等等，这

---

　　* 此文是2020年5月27日举办的郑杭生社会学大讲堂第二十六讲的内容，讲座由冯仕政教授主持，刘少杰教授做评议，由学术志提供直播支持。

　　演讲者简介：刘世定，2014年退休前，为北京大学社会学系、社会学人类学研究所教授。现为北京大学中国社会与发展研究中心研究员、浙江大学社会学系讲座教授、华中师范大学特聘教授。主要研究方向为经济社会学，具体内容包括产权制度与变迁、企业制度与组织、经济学与社会学比较等。著有《趋同行为与人口规模》《占有、认知与人际关系：对中国乡村制度变迁的经济社会学分析》《经济社会学》等著作，主编集刊《经济社会学研究》。在《社会学研究》《社会》《社会学评论》等学术期刊上发表论文若干。

样一系列的实践活动都是和产权相联系的。可以说，产权结构的变迁不仅深刻地改变着中国的制度结构和社会生态，而且为学术研究提供了非常重要的实践资源。

中国当代社会学者有一个基本的特点，就是在中国的社会变迁当中，紧紧跟随中国社会变迁的现实进程进行研究，把跟随中国社会变迁的进展而推进学术研究作为他们的一个重要责任。因此，中国社会学者也把产权、产权结构的变迁纳入了他们的研究视野。

如果回过头来看一下文献就能发现，社会学者在这几十年中涉及产权的论文和著作是非常多的，要对它们做全面的概括已超出我的能力。我仅对这些文献大致做了一下分类，概括起来有几类：第一类是以产权结构的变革为背景研究其他的主题，这部分文献非常多；第二类是以产权结构变革为主题进行描述性的研究，但是并不试图去推进产权理论，这部分文献也相当不少；第三类是结合经验研究来推进产权理论的发展。我今天的讲座把注意力集中在第三类上，特别是集中在基础的产权理论上，试图考察中国社会学者在这方面做出的推进。在今天的讲座当中，我概括出了八个有理论指向的议题来和各位分享。

一、社会学产权研究的基本视角：占有的社会认可

对产权可以从不同的角度去加以研究。经济学者的产权研究的主要关注点是产权结构与经济效率之间的关系，或者说不同的产权结构会导致怎样的效率。而以中国的制度变迁为背景，中国社会学者的产权研究的关注点和经济学者的关注点有些不一样。中国社会学者的产权研究关注的一个基本问题是，产权是如何在社会成员的互动当中被界定、如何在社会成员的互动当中变迁的。

在对中国一系列变迁的观察和研究当中，有一些社会学者注意到在资源占有的社会认可方面存在多种复杂的机制，这些不同机制的认可结果既可能是相容的，也可能是不相容的，这就构成了非常丰富的实践画面。和这样一种现象相联系，也非常广泛地存在着占有方面的所谓"问

题现象"。比如我们看到，一定的社会群体认可某种资源的占有状况，但是可能政府方面并不认可；某些社会群体认可某种资源的占有状况，而另外一些社会群体不认可；政府认可某种资源的占有状况，但是一定范围内的民众不认可；还有一种情况就是政府的某些层级或某些部门认可某种资源的占有状况，但是政府的另外一些层级和另外一些部门并不认可，它们可能会采取一些变通措施、采取一些其他的做法来推行它们认为合适的某种占有规则。这些情况使我们所观察到的中国社会中的产权界定、产权实施的实践表现得非常丰富。

中国社会学者试图理解这样一些复杂的现象与产权之间的关系，并且努力地去寻找分析性的概念，其中的一个概念化的表述是"产权是获得社会认可的占有"。这样一个表述说起来很简单，但它不仅是对产权概念的一个形式化的定义，而且预示着社会学者把产权的社会认可，甚至是多重的、复杂的、相互矛盾的社会认可作为核心问题的研究取向，而这种研究取向和经济学者的研究取向是不一样的。

我们从这样一个视角回过头来看经济学者的做法——在给定的产权条件下进行经济效率研究，比如说给定的是公有产权或者私有产权或者什么什么产权，考察特定的产权结构的激励和经济效率——可以体会到，这种做法事实上隐含着一个假定，那就是假定存在对经济资源占有的一致赞同的社会认可。这个假定对于研究在某种产权神圣不可侵犯的历史文化传统影响下演化的社会也许有比较高的现实性，因为大家对这种产权没有什么争议。在这种历史文化传统影响下成长起来的学者可能认为这是天经地义的——我界定几种产权，我就在这几种产权下面推演它们所导致的经济的、社会的、效率的以及其他价值角度的结果。但是，对不具备这样的历史文化传统条件的社会来说，就存在问题。从中国的目前情况来看，对身处社会变迁之中的中国社会学者来说，在这种一致赞同的社会认可假定下进行研究事实上是不能令人满意的，因为他们观察到了太多在社会认可方面复杂的甚至是矛盾的现象。中国社会制度变迁中存在着大量非一致认可的现象，有待于我们在学术上展开分析，所以我们给自己布置的一个任务就是展开非完全认可条件下的占有和产权界定的研究，去发展这样的理论。

从占有的非完全社会认可这样一个现实出发，自然就会得到不完全产权的概念。也就是说，如果没有得到社会成员的一致认可，这个产权在社会学的理解中就是不完全的。在这里我需要强调一点，社会学家的这种对不完全产权的理解与以交易成本理论为基础的产权经济学家对不完全产权的理解是有所不同的，虽然他们使用同样一个用语——不完全产权。差异在于，以交易成本理论为基础的产权经济学家讲的不完全产权主要指的是由于产权界定当中信息获取的困难、实施产权保护的困难以及未来的不确定性，已经确定的产权会存在某些漏洞，这些漏洞可能会在未来的实践中逐渐显现出来。而社会学家从占有的非完全社会认可的角度来看产权的不完全性，指的是在一定社会范围内对经济资源的占有就现状而言——当然也会涉及未来，未来也会存在问题——只在部分成员那里得到了认可，而没有在所有社会成员那里得到一致的认可。这种差异会导致进一步研究当中的主要关注点、理论走向等等的不同。

在中国社会学界，产权是获得社会认可的对经济资源的占有这样一个概念展示出两个可进一步深化研究的方向：（1）对占有的研究；（2）对社会认可占有包括非完全社会认可占有的研究。下面我们对这两个方向上的研究做更详细的叙述。

二、寻找与"模糊、残缺"产权说有差异的描述路径：占有的三维度结构

本议题试图结合中国的社会现实，去寻找与流行的"模糊的、残缺的产权"这个说法有差异的描述路径。那么，我们怎么去描述中国的产权状况呢？在这里我想介绍一下"占有的三维度结构"概念。

产权经济学家在研究产权结构时的一个流行的处理方式是把完全排他和高度自由行使作为产权的基本特征，或者作为产权的理想型，以这个理想型为基准去理解那些更复杂的占有特征，特别是把那些没有很好

的工具去描述和说明的部分作为对完全排他、高度自由行使这样的基准概念的某种偏离来处理。流行的做法就是采用产权模糊、产权残缺等等概念来加以划定。在用这样一种方式来描述经济资源的占有状况时，产权模糊、产权残缺这样一些概念甚至成了基本共识。在产权经济学家的文献当中，经常出现这样的概念。比如，认为中国当下社会中产权的不完备性、不完全性主要表现为产权模糊、产权残缺，乃至由此引出一系列政策诉求，都建立在这样一个基础上。

但是，当我们从中国的社会实践出发来看待这样一个分析框架和研究策略的时候会发现，用这个框架和策略来分析中国社会现象存在一系列的问题。主要有三个方面的问题：

第一，这种分析框架和研究策略把注意力放在一种特殊理想状态而非所谓的"偏离状态"上面。因为我们知道，一个概念的提出、一个概念的分类会表明一种研究者的注意力配置，而研究者的注意力配置背后是问题意识。刚才我们讲的那种处理方式——设立那样一个完全排他、高度自由行使的架构作为产权分析的基本工具，而把大量的现象，特别是中国社会当中普遍存在的现象当作偏离这种状态的一种模糊、残缺，这样一种注意力配置在一定程度上反映了主要的问题意识不在对所谓"偏离状态"本身的深入分析上。当这样一种问题意识成为一种主流认识的时候，比较容易引导人们忽视对所谓"偏离状态"的研究。从研究的角度来讲，人们把某种状态处理为"偏离状态"，常常是因为他们认为这种状态当中存在的那些因素和关系既非最重要的，又难以说清，宁可搁置起来。

如果所谓的"偏离状态"在现实生活当中影响不大，这样的处理就具有相当大的现实合理性。我这里不是说从方法上我们不需要理想型——是需要的，问题在于理想型怎么建构。当前中国社会的情况是，和那样建构的理想型的产权概念有相当大偏离的资源占有状态是大量存在的。在这种条件下，那种忽略会导致某种问题意识的偏离，也就是对中国社会当中存在的一些基本现象和重大问题可能不重视，认为那都是一些在理论上非核心的问题。

第二，在迅速的社会变迁当中，对所谓"偏离状态"的忽略容易在缺乏分析的情况下暗示性地引导人们把在这种状态当中起作用的因素看成是干扰或导致混乱的因素或者是即将消失的因素，由此就忽略、忽视了从这样一种更复杂的状态当中去寻找它的内在规则性和逻辑性的研究，而只是说那是偏离的，是我们要改掉的。有时候，就这么简单地、缺乏分析地得出了这样的结论。

第三，最重要的是，当我们笼统地把一系列财产现象归入"模糊的、残缺的"产权当中去的时候，它告知人们的是中国的大量财产关系"不是什么"，而很少告知人们它们究竟"是什么"。我们说它们是模糊的、残缺的，但是怎么模糊、怎么残缺？缺乏分析。它们究竟是什么？这正是中国社会学者试图通过他们的调查研究和理论提炼来说明的问题。

从这样的考虑出发，有一些社会学者——也包括我自己——在研究当中采用了和"模糊、残缺"不同的产权描述和研究策略，试图找到更基础的概念和分析框架——这样的概念和分析框架便于人们深入地透视中国社会中更复杂的财产关系及其变迁的脉络，并且能够给人们已经熟悉的理想型以恰当的位置。这当然不是说我们认为产权经济学家讲的他们所熟悉的那个理想型完全没有价值，不是的。我们要考虑的是，有没有可能用一套包容性更大的框架，来描述各种类型的财产关系。我们选择的概念是比产权更基础的概念，就是对经济资源的占有。前面我讲到什么是产权。产权是被社会认可的对经济资源的占有。所以占有是一个比产权更为基础的概念。按前面的议题，还有各种各样的不被社会成员完全认可的占有状况，这些都是我们需要进行研究的。

占有的三维度结构是描述和分析占有的框架之一。占有的三维度结构包括哪三个维度呢？包括占有的排他性方位、占有方式的选择范围、占有的时限这样三个维度。

"占有的排他性方位"概念强调的是占有的排他性不是仅有全方位

排他和全方位不排他两种极端的状态。我们知道，产权经济学家通常假定一种全方位排他的状态。有一个著名的模型叫"公地悲剧"，实际上假定了一种全方位不排他的极端状态。但是我们在现实当中观察到的还有有限方位排他的状态。实际上，在中国社会的占有关系当中存在着大量的有限方位排他现象，这需要我们在经验研究中具体地描述一定的占有主体对谁排他、对谁不排他，再从理论上考虑对中间状态如何分类，如何进一步研究。所以我们提出，占有的排他性方位是一个必须关注的维度。

"占有方式的选择范围"概念强调的是特定主体对一定的经济资源能以怎样的方式、不能以怎样的方式去利用的问题，而不是简单地区分为是否高度自由行使。它要求的是把握自由度的大小和具体受限制的方面。在这里，我们没有像一些学者那样去试图穷举或例举产权包括哪些权利，比如产权有使用权、交易权等等。在我们看来，使用方式有许多种类，穷举不可能，具体种类应该依具体的问题和研究任务而定。

"占有的时限"这个概念突出了时间概念在产权中的重要性。中国产权改革的一些重要方面，比如土地承包权的稳定性、乡镇企业的改制，都与占有的时间因素有密切关系。所以，在分析中国的产权改革时，不能不引入占有的时限这个维度。

运用占有的三维度结构，结合经验研究，社会学者得到了一些更具体的认识。在占有的排他性方位这个维度，社会学者结合中国的情况，把层级结构、排他性的硬度这样的概念引进来，考察了镶嵌在层级结构当中的一些企业特征。例如对乡镇企业进行研究，从里面提炼出一些概念，比如纵向排他、横向排他、纵向排他软化等等，以及把财政权限的层级划分的变动与企业纵向排他的硬度联系起来进行分析。这都是在占有的排他性方位这个维度上展开研究得到的一些认识。

又如，在占有方式的选择范围维度，结合私有企业和社会组织的发展，强调了社会成员的组织权在中国制度变迁当中的意义。组织权在分析当中被作为一种重要的产权组成部分，一些西方产权经济学家可能最关注的是交易权，但是我们认为，在中国的社会变迁当中，组织权是非常重要的，甚至是最重要的。所谓社会成员的组织权，指的是社会认可他们能够把他们占有的人力资源和物质资源用于组建组织，并借助稳定的组织结构来采取集体行动。我们看到，在改革开放以前，中国制度的基本特征是组织权的高度国家垄断。所谓计划经济，事实上不过是这种垄断的一种功能表现，它最主要的特征还是组织权的高度国家垄断。中国近40年制度改革的一个重要方面就是国家向社会成员逐步释放组织权，在这个过程中，变化最显著的是国家向社会成员逐步释放企业组织权。我记得改革开放刚开始的时候，有一个很重要的讨论，实际上是和企业组织权有关系的。那时候曾经有政策规定，你搞个体户，个体户拥有私有产权，这都可以，但是你要是搞组织，组织超过7个人，政策上就不允许了。我们能看到，组织权是逐步释放的——逐步释放了企业组织权。正是伴随着社会成员组织权的获得，才有了乡镇企业的异军突起，有了乡镇企业的改制，有了后来私有企业的发展。

与企业组织权相比，今天社会学者更关注社会组织权。我们能看到政府对这种组织权也在逐步释放，当然，政府在释放社会组织权方面比在释放企业组织权方面要更谨慎一些，限制更多一些，释放的速度也更慢一些，但是这个释放的趋势我们能看到，这个过程也还在继续。特别是我们做组织社会学研究，把经济社会学和组织社会学结合起来研究，从产权的角度来看组织现象的时候会看到，在中国的研究当中，从占有方式的选择范围这个维度来看，组织权是一个非常重要的构成部分。

再比如，在占有的时限这个维度，结合乡镇企业改制的研究，有社会学者考察了当有限期占有企业资产的经营代理人借助经营活动中的二次嵌入获得了全方位排他的占有权时，产生的代理人时限危机，而这种危机在变迁的制度环境下导致了企业经营者与乡镇政府之间的博弈，引发了企业改制。

这些都是在占有的三个维度下面做更具体的分析的时候引出的一些次级理论分析工具和概念。

三、理解所谓"模糊、残缺"产权的一条路径：关系产权

如果说占有的三维度结构的基本宗旨是把那些偏离"标准"的产权占有形态——其中包括有时候被归入所谓模糊、残缺产权形态的那些内容——纳入统一的分析框架当中来，那么，在中国社会学中还有另外一条对所谓模糊、残缺产权现象的分析路径，即关系产权。关系产权理论大家比较熟悉，是周雪光教授提出来的。

虽然关系产权理论使用了产权这个用语，但是它反对、摒弃把对产权的理解局限于"一束权利"并把研究重心放在权利束对个人的激励的问题上的做法。这个理论以组织社会学的新制度分析为基础，主张把产权作为一个关系性的分析概念，目的是解释那些把产权视为"一束权利"的理论难以解释的现象。

关系产权理论认为，权利束的产权理论虽然可以解释中国经济转型过程当中的一系列重要现象，比如国有企业缺乏效率等现象，但是，面对诸如在日常运行中企业组织的产权常常受到极大限制、在许多方面含糊不清的现象，面对诸如政府与企业之间、企业与企业之间建立在权利束被弱化条件之上的长期稳定关系现象，它很难做出有力的解释。

关系产权理论指出，我们面对着这样一种矛盾的产权现象：一方面，产权是模糊的，按权利束的产权理论的观点，模糊产权应该是不稳定的；但另一方面，关系处理好像又是稳定的。面对这样一种矛盾现象，也许用关系产权理论有可能摆脱困境。这是关系产权理论的提出者做出的一种尝试，和我刚才讲的占有的三维度结构是不同的路子。

关系产权理论的核心命题是产权是"一束关系"，也就是一个行动主体的产权反映了这个主体与他所处的内外环境之间的各种长期稳定的纽带关系。与产权是"一束权利"这样一个思路不同，关系产权理论不着眼于行动主体独立的、排他性的权利，而是强调组织与环境之间建立在稳定基础上的相互关联、相互融合、相互依赖。它关注的是行动主体的产权如何被用来维系和稳定他们与环境之间的关系。在这里，产权扮

演着建立和维系关系的角色。

从这个角度看，关系产权理论所力图表现出的不同于权利束产权理论的是这样一个基本假设：在权利束产权理论看来，模糊产权潜伏着冲突，因为产权没有被界定得很清楚，这意味着冲突；但是从关系产权理论的角度来看，至少在有些时候恰恰是模糊产权维系着关系的稳定。这就是完全不同的理解了。因此，在权利束产权理论把模糊产权视为产权残缺的地方——因为它蕴含着冲突，没有给出稳定的社会秩序保障——时，关系产权理论恰恰把这种所谓的模糊、所谓的残缺看作产权制度的题中应有之义，正是这种所谓的模糊、所谓的残缺，在某种条件下维系着一种相对稳定的关系。这是关系产权理论所试图表达的理论核心。

在一定意义上可以说，关系产权理论意味着研究的核心关注点的一种转变。如果说权利束产权理论特别强调的是对个人的激励，就是认为权利明确，激励才更强，那么关系产权理论的研究核心则从个人激励机制转向了组织之间的稳定关系的维系，所以它意味着核心关注点的转变。

虽然我们看到关系产权理论在提出来的时候并没有刻意地和激励、效率问题直接联系起来，在某种意义上，当我们去看周雪光教授提出关系产权理论的时候，我们看到他宁可把对激励、对效率的关注让给权利束产权理论，但是我们如果深入地去理解、深入地去分析关系产权理论的内在逻辑，就可以看到它展现出的把产权和一种特殊的效率——我们可以把它叫作"协调效率"——联系起来的可能性，尽管周雪光教授并没有这么去做。我想，这也许会成为关系产权理论进一步发展的方向之一。

四、理解产权界定过程的法律外机制：社会合约性产权理论

寻求产权界定的法律外机制是社会合约性产权理论想处理的问题。我们知道，当代产权经济学家的一个关注点是明晰的法定产权与经济效

率之间的关系。从科斯到后面一系列的产权经济学家都特别强调明晰的法定产权与经济效率之间的关系。遵循这个关注点来考察中国产权变迁的经济学者通常把注意力集中在法定产权的确定和变迁上。而中国的一些社会学者则把注意力集中在产权的法律界定之外的社会过程和机制上。社会学者关心法律外机制是不是意味着他们认为法定产权的界定不重要呢？不是这样的。但是从知识增进的角度来讲，社会学者不会仅仅简单地考虑法律界定，还会考虑法律与一系列社会规范之间的关系。如果不认识这些东西，法律的界定有时候就会成为一纸空文，成为一些掩埋冲突的手段。所以，这些社会学者是从知识增进和现实关怀相结合的角度做出学术选择的。从这样一个研究角度我们看到，社会合约性产权是一个具有潜力的重要概念，这个概念主要是由折晓叶教授、陈婴婴教授提出来的。

中国社会学者在使用社会合约性产权概念的时候，并不是仅仅对产权的合约特性进行认定，说产权是一种合约——这种认定有的产权经济学家也做了——甚至，也不是仅仅对某种产权的非正式合约特性的认定，而是有更深一层的意涵，即在产权被界定之前就存在着社会关系当中的某些公认的规范，它们构成了产权界定的合法性基础。在折晓叶、陈婴婴于2005年发表在《社会学研究》第4期上的研究产权是如何被界定的论文当中，他们的洞察力深入决定产权的社会规范，实际上是研究法定产权的合法性这个问题，在这个层面上去做讨论。

从这部分研究文献当中，我们会得到社会合约性产权理论的一个基本命题，即在法律不完备甚至缺失的条件下，社会合约在产权的界定当中发挥着重要的作用，它有助于处理和解决内部的合作问题和利益冲突。围绕这个基本命题，展现出一个研究方向，也就是把社会学长期关注的人际关系研究与产权分析结合起来。对人际关系研究，社会学者都是很熟悉的。传统的社会学人际关系研究的一个重要关注点是什么呢？是行动者借助人际关系来调动资源、捕捉机会等等。比如关于社会支持网的研究，关于借助人际关系找工作的研究，关于关系结构如何影响竞争优势的研究，等等，都是在这个视角下展开的。一些著名的国外社会学者的研究，比如经济社会学家格兰诺维特的找工作研究、伯特的结构洞研究等等，都是在这个视角下展开的。而社会合约性产权研究展示出的研究方向与之不同，它关注的不是我们怎样利用人际关系去调动资源、捕捉机会，而是：社会关系当中内含着什么样的规范，这些规范与产权制度之间存在什么样的相互作用；如果社会关系网络结构发生了变化，网络性质发生了变化，那么其中内含的规范的变化会怎样影响到产权制度结构的变化；等等。社会合约性产权理论，从它的基本命题展现出这样的一种研究方向。

从上述基本命题还可以衍生出一些子命题。一个子命题是，社会合约内含的社会规范特性影响着产权的结构特征及其演变的方向。从一些和理论相联系的经验研究当中，我们已经看到这个理论在这方面展现出的潜力。从理论上来说，如果给定不完备的法律等条件，在社会合约影响产权界定的范围之内，合约如果内含着不同的规范，就可能形塑出不同的产权结构。从经验研究上来看，折晓叶和陈婴婴在对长江三角洲的村庄案例的分析当中已经展现出了和这个命题有关的一些现象，比如他们发现一个村落当中的企业改制有着不同取向的三部曲，一开始是股份制改造，后来做公司制处理，后来又改成私有产权——产权结构指向不同的方向。在产权结构不同的背后，我们看到的是社会合约的性质发生了改变。导致这些不同现象的不仅是地方政府政策思路的改变，而且包括社会关系网络的性质发生了变化。

在社会合约性产权理论的最简单的模型中，我们可以假定社会关系内含的规范，在一定的社会范围内是统一的，是得到了关系内成员的一致赞同的。但是在现实当中存在、在理论上也能够构想出的社会关系中可能存在着多重规范并存的现象，这就会产生新的问题，并且使分析模型复杂化。我们在议题七中会涉及这个问题。

五、对决定产权的社会规范的另一类研究：成员权

对影响产权界定的社会规范的另一类研究强调成员权。如果说社会

合约性产权理论关注的是决定产权的社会规范，那么，在对决定产权的社会规范的研究当中，中国社会学者结合经验研究，还注意到了另一种社会规范现象，这种社会规范现象是和身份相联系的，也就是说身份确定在产权确定当中发挥作用，由此他们提出了成员权这样的概念。

我们看到不少研究谈到涉及集体产权时的成员权问题。申静和王汉生于2005年发表的一篇涉及集体产权重新界定的论文指出，成员权是界定集体产权的基本准则。这篇文章对产权视角下的成员权做出了这样的界定：对集体外个体的明确的排他性和在集体成员之间的非排他性的共同占有。

对原来的集体产权在内部成员之间的权利再界定这样一个实践现象来说，成员权似乎是一个非常简单甚至一目了然的事情。有人会说：原来集体资产的占有者就是参与再界定的成员，这不是很简单吗？但是社会学者通过经验研究发现实际上没有这么简单。在现实当中我们会看到，它之所以会成为一个问题，是因为必须明确在原来的集体当中有过有什么样的占有经历的人，也就是说必须明确有什么样的占有经历的人能够被承认为成员。比如具体到农村，嫁到一个村庄中三年的妇女和嫁到一个村庄中只有两个月的妇女，她们在过去、在集体产权在内部成员之间的权利再界定之前，都参加过对原来的集体资源的占有，但是她们是否同样被承认为成员，能够参与集体资产的再界定呢？在实践当中，老百姓就提出了这样的问题。

和这个实践中的问题相联系，就提出了两个学术上的问题：如果有过集体资产占有经历的人并不都被承认为成员，并不都被承认为具有成员权，那么为什么过去能够承认他们占有集体资产，而在再界定当中又不承认了呢？是什么样的因素、什么样的社会机制在这里面起作用？这是社会学者在考虑成员权问题的时候要讨论的。

对成员权研究者来说，对于上面两个学术问题按照一种流行的看法做出的回答是："这两个问题很好回答呀，共同占有的集体产权本来就是模糊的，因此在使它明晰化的再界定过程当中，模糊性的问题就暴露出来了。"但是，研究成员权理论的社会学者不同意这种模糊论。他们通过深入的经验研究指出，以共同占有为特征的集体产权在集体成员之间绝不是模糊的，实际上他们基于对某种原则的共识而形成的权利分配格局是异常清晰的，就是在重新界定权利之前也是清晰的，只是这个格局随着行动者的共识被新的认知打破而产生了新的界定要求，而新的均衡格局又会在行动者的下一轮互动当中建立起来。

在这里我们看到，社会学者在深入的经验研究当中思考理论问题的时候并不满足于一些流行的、看似有解释力的说法。在他们看来，成员权的确立与产权再界定之前的历史状态有关系，但是绝不是那个历史状态的平移，在产权变迁背景下，成员权的确立存在着新的互动、新的认知、新的均衡。这是成员权这个问题提出来的一个基础理论性意义。

六、身份的影响及对权利交易命题的追究：差权与差权租

这个议题和刚才讲的成员权有关，是和身份权利相联系的一个议题，在这个议题中有两个概念：差权和差权租。这个议题会对经济学产权理论的一些经典命题提出挑战。

上面我们考察的成员权是在产权界定当中涉及主体身份的一种权利安排。在中国的经济、社会当中还有一种影响非常大的、特殊的产权制度现象，我们可以把它称为同产不同权或者同产差权。

什么是同产不同权？它指的是在不经过个人之间有限授权的条件下，不同主体在掌握同样的资产的时候拥有不同的权利。也就是说，这种不同权利并不是产生于某种特殊时候一个主体向另一个主体的有限授权。比如我把这个东西借给你用，你不能给我用坏了。这时，对于同样的一个东西，我的权利和你的权利不一样，这是个人之间有限授权所形成的差权。这里要研究的不是这种不同权利。

我们要研究的同产不同权的制度现象，从改革开放前直至今天都存在。我们可以看到，在城市化过程中，土地、房产在不同主体手里产生了不同的权利，并且带来的收益有极大差异，这个现象引起了广泛的关

注。我们今天还会碰到小产权房等等问题，这都和同产不同权有关系。一系列经济、社会问题由此引发，一些群体行为也和这有关系。

我们今天不谈这些实践问题，我们谈学术上的基本问题。同产不同权这样一种产权现象与人们熟知的另一类现象既有所类似又有所不同。比如，为了保护环境，禁止人们对某些湿地进行排水、开发。比如在某些国家，土地产权是私有的，湿地是属于私人的，但是为了保护环境，也不允许拥有湿地产权的人任意排水、开发。比如为了保护耕地，限制耕地的非农化使用——中国就有土地使用的红线，限制耕地的非农化使用。这类产权现象也有对权利的某些限制，但是它和我们讲的同产不同权的差别在哪儿呢？

我们可以把差权分为两类，一类被称为客体连带的差权，另一类被称为主体连带的差权。客体连带的差权指的是权利的差别和特定的资产相联系，和主体没有关系，也可以称为不同产不同权。比如你掌握了耕地，这个耕地是不能随便转化为非农使用的，你不能随意把它转变为其他的使用方式。你掌握了湿地，如果湿地被规定不能排水，你就不能排水，这和你掌握的非湿地的权利是不一样的，这叫不同产不同权。客体连带的差权在已有的产权文献当中已为人所熟知，不被人熟知的是主体连带的差权。主体连带的差权指的是产权结构的差异和主体的特征相连带。同产不同权属于主体连带的差权。

主体连带的差权还可以分为两类，一类是制度先赋的差权，另一类是获致的差权。制度先赋的差权指的是通过制度安排不仅确定差权的存在，而且事先确定不同主体间存在着差权。换句话说，这些主体无须通过竞争性的活动就可以获得差权。当然，这些竞争性的活动包括政治的、社会的、经济的活动。获致的差权指的是在制度安排上确定了差权的存在，但是对于谁能够成为多权的主体、谁能够成为少权的主体，不做事先安排，不同主体可以通过竞争性的活动获得多权。学界所熟悉的寻租理论事实上研究的就是获致的差权。和寻租理论不同，中国社会学者研究的这种身份性的权利涉及的是制度先赋的差权。

由于不同主体在掌握同样资产的时候拥有不同的权利集，而主体利用资产获取的可能收益量与权利集的大小有某种关系，通常拥有的权利集大的，获得高收益的可能性就更大，因此运用主体连带的差权获得的收益也会存在差异，我们把这种源于权利差异的收益差称为差权租。我们能看到不同主体间的很多矛盾，包括一些群体性现象，都与对差权租的争夺有密切联系。

在存在着制度先赋的差权的条件下，产权经济学理论当中的一个经典命题难以成立。这个经典命题就是，物质商品的交易实质上是权利的交易。比如产权经济学家德姆塞茨曾经这样表述："当一种交易在市场中议定的时候，就发生了两束权利的交换，权利束常常附着在一种有形的物品或者服务上面，但是，正是这种权利的价值决定了所交换的物品的价值。"产权经济学家的一个经典命题就是，物品交换是两束权利的交换。

有了差权概念以后，我们回过头来看这个命题。这个命题的成立实际上有赖于一个重要的内在假定，即不同的产权主体在占有同一经济资源的时候拥有的权利结构是相同的。换句话说，就特定的经济资源的占有而言，权利结构不会因为占有主体的不同而有差异。正是在这样的前提条件下，权利束才表现得像德姆塞茨所言，附着在有形的物品或者服务上面，而且伴随着物品或者服务的交易，发生两束权利的交换。

但是，现在中国的一个特殊的产权现象是，不同的结构产权是附着在不同的主体身上的，物品的交换不可能伴随着产权结构的交换。也就是说，当两个不同主体拥有同样一个物品的时候，拥有的权利不同，当这个物品在他们之间发生交易的时候，权利仍然附着在主体身上。这就使得产权经济学家认为的物品交换是两束权利的交换的命题不能成立了，因为基本的前提条件、基本的制度设定条件发生了改变。

产权经济学的这个经典命题有一个基本假定，那就是所有的产权主体身份不存在事先规定的制度性不平等。但是这个前提条件在中国当今的现实当中不是处处存在的，而制度先赋的差权正建立在主体身份不平等的基础之上，这是研究中国产权问题的时候不可回避的现实。就经济和社会现实而言，人们所观察到的围绕征地、土地流转、小产权房等等产生的一系列博弈、冲突，都与差权租的存在以及制度先赋的差权的合法性有密切关联。

七、求解占有的非完全认可难题：产权界定中的多重规范互动

对中国在产权变迁过程中出现的占有的不完全认可问题，即社会学意义上的不完全认可问题的研究，已经被中国社会学者提上了学术日程，其中的一个难题是：当存在多重规范的时候，认可如何达成或者能否稳定达成？

为什么说这是个难题呢？我们从博弈论的角度来分析。占有的社会认可具有协调博弈的多均衡特点，它潜伏着内在的不稳定性。也就是说它有多个均衡点，既可能是这样的，也可能是那样的，这就使得这个产权界定具有内在的不稳定性。著名的阿罗不可能定理从逻辑上揭示出，在存在多种准则的条件下，寻求社会程序来解决多种准则的协调问题常常存在困难。而社会学者试图依据经验研究找出一些能够解决现实问题的道理，这是社会学者做的一项工作。

比如，张静教授的研究表明，在涉及产权界定的事物的交换当中，常常存在当事者源于不同的规范来加强自身的谈判地位的现象。她在一篇论文中考察了当被人们援引的政策法规存在多种准则的时候，土地纠纷是如何平息的，借助案例讨论了理论问题。她试图给出在正式规则具有不确定性的条件下的一个分析框架。张静教授通过对两个理想型的对比来揭示其中的逻辑，这是她提出的一个理论上的处理办法。理想型Ⅰ是政治和法律活动已经分化的模型，理想型Ⅱ是政治和法律活动没有分化的模型。

在理想型Ⅰ中，假定政治和法律活动已经完全分化为两个领域的活动，各自遵循着不同的准则，实现着不同的目标，产权的界定和实施规

则是在政治活动领域当中通过社会成员的广泛参与以及利益互动和规范互动形成的。产权的界定和实施规则在政治活动领域当中已经得到了广泛的社会认可。法律活动领域是按照已经界定好的统一的规则来识别人们的行动、对纠纷做出裁决的。这是一个理想型，也就是政治领域确定规则，法律活动按规则行动这样一个理想模型。

与此理想型相对应，张静教授还建构了另外一个理想型，我们称之为理想型Ⅱ。她假定政治和法律活动还没有分化成两个领域，这时候，法定产权规则的制定没有社会成员的广泛参与，因此也没有得到广泛的认可。在经济资源占有发生纠纷的地方，人们会各取所需地援引不同的规范来支持自己的利益诉求。事实上，这是把规则的界定推演到了实施过程当中。在这种条件下，纠纷的平息方式取决于各方力量的对比，而各方力量的对比又取决于各方已经掌握的资源、各方调动的规范、各方用于互动的规范的影响力以及第三方介入的能力等等。经济资源的占有是在特定条件下，在当事人的那种复杂的互动当中被局部认可的。这是第二个理想型。

当然，张静教授的这个基础性的、开创性的研究设想了两个极端。我们还可以假设在两个极端之间存在着很多中间状态。如果我们这样去扩展地进行理论思考的话会看到，张静教授提出的这个框架传递出这样的理论命题信息，即政治活动和法律活动的分化程度越高，产权纠纷的当事人援引不同规范、不同规则进行互动的可能性就越小。当然这是一个假说，还可以进一步去研究。

在中国当代产权界定的实践中，多重规范互动并不限于对政策法规的选择和运用方面。张静教授特别强调了政策法规方面的互动。事实上我们会看到，有一系列的规范互动并不限于对政策法规的选择和运用，蕴含着对公平、合理的不同解读的规范互动也广泛存在。在这个层面上的互动甚至影响到法庭在面对财产纠纷时的处理方式，张静教授在2005年发表的一篇论文当中提出过这个问题。这类互动更多地发生在法庭之外的社会过程当中。

我曾经做过一项对乡村承包地进行再调整的研究。在这项研究中我试图说明，在有限不确定性条件下，乡村社区涉及产权再调整的公共选择时公平互动的某些特征。有限不确定性概念是参照公平研究当中的经典概念（比如罗尔斯的"无知之幕"和布坎南的"不确定性帷幕"概念）提出来的。我们知道，在"无知之幕"或者"不确定性帷幕"条件下，由于任何当事人都不知道自己身处何处，都不能看到公共选择的结果带给自己的利益和带给其他人的利益有什么差异，因此人们都倾向于把自己和他人放在相同的位置上。在这种情况下，公平很少具有为自己获得利益而试图影响其他人或者为自己的利益寻找社会公认的合法性根据这样的特点。这是公平研究的一个经典的模型。

而在有限不确定性条件下，情况就不是这样了。一方面，当事人在一定程度上明白自己在不同选择方案下的利益如何，因此会努力促成对他更有利的结果，为此会倾向于把自己的利益公平化，并由此影响其他人的选择，这就产生了对公平的不同解读。另一方面，一定程度的不确定性仍然存在，这就使得当事人在追求可确知的利益的时候必须顾及减少未来不确定性的规则和其他人的反应，这就使他们有可能接受其他人所主张的公平逻辑。总之，在有限不确定性条件下，公平互动会呈现出利益互动和规范互动的双重特点。

如果我们不是在规范互动的一般层面，而是把分析的抽象程度降低到更具体的规范内容，那么我们也可以看到一些社会学者把具有特定历史和特定社会内容的具体规范互动放到产权界定当中来加以研究的努力。比如刘玉照教授、金文龙博士做的对广州、深圳、宁波、上海、济南等地的 20 多个村的股份合作制改造、村改居的调查分析，显示出产权改革在短时间内凝聚的那些历史规范所发挥的作用。

八、对掠夺之手的纵向制约

由于没有第三方介入的产权界定会具有多均衡的特点，而且与此相联系，有着潜在的不稳定性，因此第三方介入特别是国家权力的介入成为稳定产权结构的重要因素。但是我们知道，国家权力介入产权界定也会带来新的问题，因为国家权力的掌握者从自身的追求出发，既可能保护社会成员的权利，也可能掠夺社会成员的财产。于是，如何制约国家权力掌握者的掠夺行为就成为一个实践和学术问题。在这方面，研究产权与国家理论的经济学家、政治学家已经有不少研究成果，概括地说，这些研究主要侧重于从横向制约的角度进行考察，包括国家体制内横向分工制约、政治市场的竞争性制约、政府之间的竞争性制约等等。这些研究很重要。

近年来，鉴于中国社会变迁的许多方面与地方政府有联系，中国社会学者从不同角度对地方政府的行为进行了研究，也有了一定程度的积累。有学者将对地方政府的研究引申到与产权相联系的研究，提出了和我们已知的横向制约理论不同的纵向制约理论，表现出一定的特色。

纵向制约理论认为，在地方分权的治理结构当中，除了地区竞争性机制之外还存在着另一种与产权保护状态有关的制约机制，那就是纵向制约机制。纵向制约机制内生于政治集权和行政分权的治理结构。当然，这个理论还有待于进一步发展。纵向制约理论不是去否定横向制约机制，而是启发人们从不同的角度去考察对政府权力的制约问题，可以说它与横向制约理论之间存在互补性。

以上我对中国社会学者以中国的改革实践为背景倾注了学术心力的八个有理论指向的议题进行了概括，给大家做了简要的介绍。由于我的关注点是产权理论知识的推进，因此我对产权实践本身没有做系统、详细的叙述，也没有去评估某项实践的利弊得失。社会学者的这些理论研究对实践产生了什么影响，也不是我准备在这儿讨论的。我讲的难免有不周到和不正确的地方，希望得到大家的批评指正。

谢谢。

从自我技术看儒家伦理的早期嬗递 *

成伯清

今天非常高兴有这个机会在中国人民大学这个平台跟大家交流。我们知道，人大在中国社会学发展中起到了重要作用，我非常荣幸自己的分享能被纳入以郑老师的名字命名的系列讲座。现在我脑海里还经常闪现当年跟郑老师一起把酒交谈、向他讨教的情景，很是令人怀念。

我今天所谈的题目，其实相关初稿在 20 年前就动笔了，写完之后自己一直没敢拿出来发表，一个重要的原因，是对典籍的把握，自己觉得不是太自信。这几年我的研究兴趣有所转移，原先我基本上更多地是做西方理论研究，这对我来说肯定也是一种自我训练，但我最感兴趣的，还是回答中国社会的问题。我经常开玩笑说，我看的资料，基本上要么是古文，要么是英文。对于古文的东西，我们这一代学者的国学训

---

　　* 此文是 2020 年 6 月 10 日举办的郑杭生社会学大讲堂第二十七讲的内容，讲座由刘少杰教授主持，陆益龙教授做评议，由学术志提供直播支持。

　　演讲者简介：成伯清，南京大学社会学院教授、博士生导师，兼任中国社会学会副会长、中国社会学会时空社会学专业委员会主任、教育部高等学校社会学类专业教学指导委员会副主任委员。曾任南京大学社会学院院长、中国社会学会理论社会学专业委员会理事长。主要研究领域为理论社会学、社会治理、情感社会学、社会学史。出版有《格奥尔格·齐美尔：现代性的诊断》《走出现代性：当代西方社会学理论的重新定向》《情感、叙事与修辞：社会理论的探索》等专著，代表性论文有《当代情感体制的社会学探析》《激情与社会：马克思情感社会学初探》《怨恨与承认：一种社会学的探索》《社会学的修辞》等。曾获教育部高等学校科学研究优秀成果奖（人文社会科学）和江苏省哲学社会科学优秀成果奖，入选教育部"新世纪优秀人才支持计划"。

练大都是不充分的，大都是自己在那儿摸索。这几年我确实觉得有必要系统地回到中国问题。

我今天要讨论的话题，如果按照大的背景来说、讲关联性的话，就是：我们应当如何回应由个体化带来的挑战？在回应的时候，我们应该如何挖掘或者调动我们自身文化里的资源？

在当今时代，个体化倾向越来越明显，在每个人身上的直接效应，就是我们的日常生活乃至我们的一生，越来越带有自反性或者说是反省性和反思性，意思是我们的一生，不再由社会结构或其他外在条件按部就班地安排或者造就，而更多地是由我们自己去选择、自己去奋斗。社会学向来强调现代社会更应讲求自我成就或自致取向，这实际上也就是要给个人更大的自由和自主空间；但是，由此带来的不确定性，对个体而言是一个很大的挑战。个体的身份认同或者说安身立命的问题，就凸显出来了。

我也曾撰文讨论过，所谓后现代理论语境里的自我观，跟传统的一旦选择就贯彻终生的自我观，大不一样。今天我们习惯于以今日之我来超越或否定昨日之我，并不追求伦理上完全一致的自我认同。当然，并不是无穷的变化、无穷的选择就是好事，心理学专门讲过"选择的暴政"，即选择过多，将给个体带来焦虑乃至严重的不适。

我要分享的这个研究，大致属于现在方兴未艾的"自我社会学"。在个体化的时代，自我越来越成为一个焦点。怎样看待自我？如何安顿自我？其中涉及无数的路径和可能性。此时，寻找一些启迪，探明一些线索，无疑会有所助益。

我在此主要围绕对春秋战国与秦汉时期的一些探索展开讨论。中国人的自我认同，在汉代差不多就已经定型了。当然在这之前，中国诸子百家的争论呈现出来的可能的发展路径其实是很多的，最终由于错综复杂的原因，儒家胜出，成为官方的选择。因此，我觉得考察儒家传统，应该比较有意义，而且对今天了解我们的社会构成和自我观念也是有意义的。

讲到社会构成，我前两年写过相关文章来讨论社会学的中国化，觉得我们需要从社会本体论的层面进行反思。为什么这么说？我们知道，社会是由个人构成的，但是个人以怎样的关系来连接？个人以怎样的形态来组成不同的群体？不同的群体之间按照怎样的原则来交往？社会构成及其运行规则，在不同社会之间，区别非常之大。对于社会学的中国化，我觉得需要从本体论层面来进行思考和反思。中国人原来喜欢讲"修身、齐家、治国、平天下"，这可能就源于我们原来比较看重的社会构成的根本性要素或者说不同的层面。希望我的这种反思能深入本体论层面，这样才能更好地了解差异，才能形成更加贴合我们社会实际的理论视角和概念工具。所以，我的这个研究也可以作为社会学中国化的一个尝试。

"自天子以至于庶人，壹是皆以修身为本"，这是儒家的一个主张，问题是怎么来修身呢？要回答这个问题，我们就要采取一个恰当的视角来讲述修身的故事。我们可以从很多层面、很多角度来切入这个议题，今天我主要借用了福柯的自我技术视角。

我们知道，福柯早年基本上是以现代性形成之初及启蒙运动前后作为自己探索的阶段的，所以他早期对"言必称希腊"的做法颇不以为然。后来他写《性史》时，写着写着自己就跳跃回古希腊罗马去了，写着写着又回到伦理主体的问题，也就是回到所谓的自我技术问题了。福柯的探索，按照他自己的说法，就是研究形形色色的真理游戏。当然他对真理本身的真与否，是用括号括起来的，他更多地是看这种游戏是在什么条件下形成的，是怎么玩的。真理游戏涉及不同类型的知识和技术，福柯将它们分为生产技术、符号系统技术、权力技术和自我技术。对于前三种技术，我相信很多人在读福柯的作品的时候应该了解了不少，特别是很多人认为福柯的主要工作就是致力于权力技术分析。当然，他在晚期发生了研究转向，跟早期还是有所不同的。他关于自我技术的探讨，应该说是一项未竟的事业，他的英年早逝，让这个论题没有很好地延续下去，但他还是给我们留下了很宝贵的启迪。

　　在福柯看来，什么是自我技术呢？他所谓的自我技术，就是个体通过自身的努力或者凭借他人的帮助，对自己的身体、灵魂、思想、行为、存在方式进行某些操作，从而改变自身，以达到某种幸福、纯洁、智慧、完善或不朽的状态。自我技术当然涉及不同的方面，福柯认为主要有四个维度：第一个是伦理实质，就是我们自身、表现或行为中的哪些方面是关乎伦理判断的。这在不同时期可能是不一样的，以前讲"身体发肤，受之父母"，你是不能随意处置的，所以中国人有漫长的"头发政治"，但今天没有人会把对头发的处置跟伦理关联起来。在不同时期，这确实是一个核心的问题，那就是哪些东西是关乎伦理的。第二个是顺从模式，就是我们基于何种理由而认可自己的道德义务。为什么？凭什么？凭什么我们要这样做？凭什么我们要遵循这种道德的指引？凭什么我们要尽这种道德的义务？总要有个理由。第三个是自塑活动，就是我们主要采取哪些措施、通过哪些手段来改变自身，来进行自我改造、自我修炼。第四个是伦理鹄的，就是我们依循这种伦理的规矩或者从事相关的实践，最终想达到一种怎样的状态。我们追求什么？是心灵的安宁还是更多、更丰富的体验？是让自己变得纯洁，还是让自己达到所谓的不朽？

　　这四个维度就是自我技术最核心的方面。下面我从自我技术的视角，将叙述的顺序稍微改变一下：从伦理鹄的开始，就是从最根本的、最高的原则或者目的开始，由目的到理由，讲完理由之后再看哪些方面是特别值得关注或者说值得进入伦理考量范围的，即伦理实质，最后再来看一些具体的活动，就是通过哪些策略、操作、修炼达到伦理鹄的。

　　我觉得这个顺序其实不是特别重要，这可能只是一种偏好，按哪个顺序来谈都行。但是，这四个维度其实是高度关联的，比如伦理实质与自塑活动的关系：自塑活动肯定是对一个特定对象的操作，这个对象必须是关乎伦理实质的，要不然就不需要进行自塑活动，而针对特定的对象，需要采取恰当的活动，或者说对象的实际情况在一定程度上决定了自塑活动的选择范围。当然，哪些东西会成为伦理实质，又跟伦理鹄的和顺从模式有关联。这四个维度是紧密关联的，至于从哪个维度切入，其实不太重要。

我们依照上面所选择的顺序来探讨儒家早期的演变，即修身理念和实践的演变——从孔子开始，中间经过孟子和荀子，最后考察董仲舒。我们只能选择几个节点，因为要想对早期儒家相关理念和实践的演变做一个总体性处理，就必须选择节点。当然，这样选择就意味着对相关文献的使用可能是挂一漏万的。譬如，后来有一些新出土的儒家典籍，竹简、木牍里所记载的不同版本，等等，我们暂时就顾不上了。我只讲四个人物。像我们常见的《大学》《中庸》里的很多东西，主要是汉代人编的，对这些东西我们不做仔细考察和考量，当然我们在以后行文的时候可能会对相关材料做系统性考察。我们简单地选择四个节点，按照以上四个维度来看看儒家早期的修身理念和实践到底是怎么演变的。

我们知道，儒家有"修齐治平"的逻辑，由修身理念和实践的演变可以看到整个儒家的政治哲学或者一些核心社会理念的转变，所以，考察修身，归根结底来说，更多的还是要看早期儒家理论方面的变化。

为了刻画这四个节点性人物，我们当然首先需要从总体上对他们有一个把握，这个把握确实是比较难的。因为我们知道，中国传统的著述，特别是流传至今的孔子的观点，内部其实有很多异质性，《论语》也是孔子的后世弟子编纂的。尽管孟子、荀子、董仲舒的观点相对比较成体系，但是我们都知道，遵循严密的逻辑好像不是中国诸子百家之所长。我们的先祖曾有一个相对来说比较讲求逻辑的流派，但也基本上偏向诡辩，在整个思想传承里也处于边缘。虽然孔子说"吾道一以贯之"，但这个"一以贯之"，更多地需要通过一种精神来把握，而不能通过具体的言论来把握。为什么这么说呢？孔子确实是一个教育大师，他对不同的人会根据具体状况相机指导：如果你平时做事比较谨慎，有点懦弱，他就希望你果敢一点；如果你平时做事比较鲁莽，他就希望你做事前先思考思考。孔子的弟子向他问仁或问礼，你会发现回答多种多样，经常并不一致。所以，对孔子的言说，不能按照纯粹的命题来看待，否则你会发现 A 命题跟 B 命题不一样，甚至有冲突。我们要更多地关注孔子提出 A 命题和 B 命题的语境是什么，结合语境来把握言说的基本精神，这样才能相对准确地理解或者诠释孔子的思想。在中国古代学术中，观点的呈现不是依照命题的形式，不是根据一定的逻辑来推导的，只有恰如其分的解读才是一种准确的解读。

当然，讲解读、讲境界、讲精神，有时候确实很难琢磨、很难说得清楚，其中的模糊和含混之处，容易引发歧义。对于这种现象，只能通过对话来解决。所以，也欢迎各位对我的解读提出批评或者不同看法，我觉得只有质疑、只有对话，我们的学术才能真正进步。

一、为仁由己：孔子

先来看孔子。如果用一句话来概括的话，孔子追求的应该是一种为仁由己的生活艺术。从伦理鹄的来看，孔子把自己所主张的求仁之道，看作一种个人的选择：成为君子，进而克己复礼、天下归仁。往大了说，孔子所找到的改造、改进社会的抓手或者说出发点，就是每个人做好自己。每个人怎么做好自己？或者说孔子所向往的人生境界是怎样的？孔子所向往的，可谓一种诗乐人生，他比较偏重审美，以求最终"尽美矣，又尽善也"。他的伦理鹄的就是让我们每个人都成为仁人、成为君子，然后天下归仁。而仁到底是什么呢？你会发现，孔子对于仁的阐释通常又是在"己-人"关系里展开的。"己所不欲，勿施于人"，这句话我们都耳熟能详。通过"己-人"关系，在人际网络里面进行修炼，最终达到"老者安之，朋友信之，少者怀之"的理想状态。这是他追求的目标。

那么，为什么要追求这个目标呢？或者说人为什么应当行仁义呢？冯友兰曾经说孔子没有对这个问题做出回答，我觉得孔子其实是有回答的，而且有几个答案。孔子最核心的一个答案，就来自《论语》里的一场典型的对话。有个弟子跟孔子讨论丧期（即守孝）时长的问题，那个弟子觉得三年丧期太长，耽误了不少事情，应该改为一年，而且认为

"期已久矣"，即一年就已经很长了。孔子则反问："食夫稻，衣夫锦，于女安乎？"意思是你心里踏实吗，你心安吗。那个弟子直接回答说"安"。孔子也没办法，只好说"女安则为之"，意思是你既然觉得心安，这么做就是了。当然，这个学生出去以后，孔子马上跟其他弟子说，这小子是个小人。从这个例子我们不难看出，在孔子看来，我们所作所为的依据或凭据，就是我们心安。

儒家的整个伦理，从孔子开始，是通过将我们每个人自发的、天然形成的情感，逐步向外向上扩展扩大，然后演变为一般的原则或规则。所以，追求心安理得，是孔子用以给自己的主张或者规定提供依据的来源。在《论语》里我们可以看到很多关于心安状态的描述，如"君子坦荡荡""君子不忧不惧"等等。应该说，在孔子那里，最核心的一个理由就是心安。当然，除了心安，孔子还提供过另外一些说法，就是"大德必得其位，必得其禄，必得其名，必得其寿"，这个说法实际上是让儒家后来遭遇很多危机、很多挑战的一个假设。人要好好修炼，要恪守规则，这样做有什么好处呢？孔子讲，有大德的人必得高官厚禄，必会扬名，并且还可以活得更长，基本上所有好事都齐活了。但是我们知道，历史一再表明，真正的儒家有时候不仅不得其位，而且不得善终，特别是当外部局势对儒家很不友好的时候，因此这种说法面临太多的反证。关于德和位的关系我不多讲了，这确实是中国思想史上至今没有解决的一大问题。另外，孔子还说"求仁而得仁，又何怨"，就是说你本着自己的良心去做，顺应良心就是最大的报酬，外在的成败、利益得失在所不计。这其实跟追求心安具有内在一致性。

如果我们看孔子的总体精神，那么修为跟回报、努力跟成效之间的关联，不是孔子特别关心的，所以孔子有时候讲"知其不可为而为之"，意思就是要从内心出发去做事情，而不是根据外在的酬赏来判断。这是典型的价值理性。

在孔子看来，哪些方面跟伦理有关呢？他基本上是在"己-人"关系里阐述为人处世的道理的，大凡涉及人际互动的因素，都是关乎伦理的，都是需要加以修炼的对象。这里要注意，孔子不是关起门来自己修炼自己的身体。我们知道，"礼"（禮）跟"体"（體）在字源上是有密切关系的，孔子讲"礼"的时候，经常涉及身体的运动或者感觉器官的运用，当然也包括"君子慎独"。但是孔子更多是在人际互动层面，特别是在仪式性的场合、在日常的饮食起居里体现自己的修为的。

当然，孔子对于情感也有特别的关注。《论语》开篇的三句话，历来的解说都放在"学而时习之""有朋自远方来""人不知"方面，而不太注意它们最终的指向都是情感状况："说""乐""不愠"！今天由于时间有限，我不专门针对情感来讲。确实，先秦对于情感的论述有一些很有趣的变化，而且稍加留意就会发现中国的政治很多都是在情感领域里做文章。《礼记》有云，"人情，圣人之田也"，就是说人类情感实乃圣人操作的空间。

在孔子眼中，相关的自塑活动就是"克己复礼"。当然讲克己复礼，特别是讲礼，要注意，用雅斯贝斯的说法，孔子那个时期可谓中国的轴心时期，轴心时期的哲学突破基本上是比较保守的，没有通过一些革命性的、断裂性的举措，而偏向于通过对古老文明的拓展和维新。孔子表明自身的做法是"述而不作"，这极为准确——"述"是指祖述、继承、发扬光大，"作"是指完全由自己来首创，那就是革命性的了。孔子的述而不作，既非机械照搬，也非泥古不化。孔子虽然延续了礼乐的传统，但对礼乐赋予了新的精神。当然，这个赋予新的精神也不是"作"，而是沿着既往圣贤的路线展开的，只不过孔子不拘泥于具体的仪式化的礼，而更在乎仪式化的礼的背后所蕴含的那种精神、那种关怀、那种原则。那种精神、那种关怀、那种原则应该拿来塑造一个美好的社会，而不是仅仅坚持形式主义的仪式。

怎么来复礼？当然要从自身做起，调整自己在日常生活中的各种表现。在具体的自塑活动方法上，孔子非常强调"学"。事实上，儒家把学习放在特别高的位置上，《论语》开篇就讲"学而时习之"，《荀子》也是从"劝学"开始的，我觉得这是中国传统里最可贵、最富有活力的一个品质，直到今天我们还强调要建设学习型社会。那么，怎么学？包括对"学而时习之"这句话怎么理解，都有不同的说法。"学而时习之"的意思应该不是先学习再复习，我们想想那样能开心吗？经历过现代教育规训体系的人都知道，这经常是一个令人痛不欲生的过程，不可能紧跟着"不亦说乎"的体验。这里的"时习之"的"时"的意思可能也不是时常，而是挑一个恰当的时机。"习"字的繁体是"習"，上面是"羽"，底下是"白"，本来的意思是一只小鸟学着飞翔，展开翅膀。所以，"学而时习之"应该解释为学到了某种原则或者某种理念，并在恰当的时机将之实践出来，这确实会是令人有成就感的事情。

那么，到哪儿去学？孔子时期当然没那么多教科书，那就需要在社会生活中学，所以说"三人行必有我师"，从众人里面取其善者来模仿、学习，找有道之人来切磋，从中看到自己的不足。从"学而不厌"中可以看到的是人不断成长的过程。孔子之所以具有千古魅力，就是因为这种学习精神！

二、天下无敌的仁术：孟子

到了孟子，你会发现"画风"就开始转变了。若用一句话来概括孟子思想，他所遵循的应该是天下无敌的仁术。孔子在讲仁和忠恕的时候，大都还限于个人的修养。尽管孔子在政治上也曾经跃跃欲试，而且确曾有过机会——尽管机会不是特别好——但孔子似乎很早就看透社会现实了，所以，就他自身来说，是以追求个人的完美存在为归宿的。到了孟子，抱负和野心可就膨胀了，意在"正人心，息邪说，距诐行，放淫辞"，甚至放言"如欲平治天下，当今之世，舍我其谁"。论气概和气场，应该说，孟子是儒家众弟子中最大最强的。

对孟子来说，"天下之本在国，国之本在家，家之本在身"，修身是平治天下的手段。在他看来，国君如果好仁，则天下无敌。这是孟子到处去兜售他的思想主张的一个说辞。为什么强调天下无敌呢？我们知道，当时是诸侯竞争的时期，因为竞争，诸侯就需要有贤能之士来辅佐他们，同时，诸侯也需要有做大做强的正当化理由。在一定意义上，孟子时期可能是中国士阶层或者说知识分子地位最高的时期。孟子经常讲"说大人，则藐之"，这是很有意思的。尽管当时没有人真正去用孟子，但他在各国游历的时候，门徒、学生是很多的，颇有声势。不少追随者显然是想混个一官半职。孟子到不同国家，基本上都会受到很高的礼遇。孟子之所以拥有这种底气，确实跟整个时代背景大有关系，另外跟孟子自己的主张也是内在相通的。他觉得我们必须自尊、自重、自贵，这样别人才能尊重我们，别人才能尊师重道。

我们知道，在百家争鸣的时期，很多问题都是没有现成答案的。比如怀抱治天下之术的士，跟诸侯、跟王是什么关系呢？孟子说可以有四种类型：一个是师，一个是友，一个是丞，一个是奴。他觉得一等的君主把士当作自己的老师，二等的君主把士作为朋友，三等的君主把士用作辅佐者，最末等的君主把士作为奴役对象。他们各自的下场，当然是不言而喻的。正是有这样的背景，孟子强调要养成一种大丈夫气概，"富贵不能淫，贫贱不能移，威武不能屈"。孟子的这种精神塑造了鲁迅所说的"中国的脊梁"。当然从此后的发展可以看出，在孟子所追求的推行仁政与养成独立人格之间，经常难免出现难以兼顾的态势，所以在孟子那里不难发现相对比较矛盾的地方，在古代就经常有人以此嘲笑孟子。

相对孔子，孟子对自己的伦理主张提出了新的依据或基础，从中可以看出他的顺从模式完全不同。孔子认为我们之所以这样做，是因为要让自己心安；而在孟子看来，我们之所以这样做，是因为"人皆有不忍人之心"。你可能想跟他辩论："我要是没有呢？"孟子的回答很简单："无恻隐之心，非人也；无羞恶之心，非人也；无辞让之心，非人也；无是非之心，非人也。"他认为人天生就有这个"四端"。注意，这中间的差别，真的非常大！在孔子那儿，你是否行仁义，最多是君子跟小人的差别；到了孟子这儿，就成了人和禽兽的差别。孟子直接骂过墨翟、杨朱："无父无君，是禽兽也。"这样一来，你会发现，仁已经成为人的无可回避的规定性要求，不再是个人可以做选择的问题了。孟子将"不忍人之心"上升为普遍的、必然的人性。

既然是"不忍人之心"，我们就很容易理解，在孟子那里，伦理实质落到"心"上面去了。孔子一向强调身心的均衡发展，到了孟子，除了心，其他东西都是次要的。"体有贵贱，有小大"，不能以小害大，更不能以贱害贵。小的是什么？是身体。大的是什么？是心。"仁，人心也"，如果"舍其路而弗由，放其心而不知求，哀哉"。

《孟子》一书还有一个特点。我们知道，在《论语》里有很多关于孔子音容笑貌的生动记述，而在《孟子》一书中，此类信息则渺无痕迹，孟子甚至觉得"恭俭岂可以声音笑貌为哉"。《孟子》体现得更多的是精神，是心。

仁义礼智都根植于心。"学问之道无他，求其放心而已矣。"而怎样"求其放心"？孟子强调"养心莫善于寡欲"，他说的"寡欲"和我们今天所说的"清心寡欲"还不太一样。孟子强调的是"我善养吾浩然之气""其为气也，至大至刚，以直养而无害，则塞于天地之间"。这些话也是我们千古传颂的，当然这些话里已经带有一点神秘主义了。虽然讲"其为气也，配义与道"，但是具体要怎么养，浩然之气能够立于天地之间的到底是什么，那股豪情到底是什么，端看各人的领悟了。总之，孟子以心志来统气充身，并有相应的践形、养气、持志、尽心的具体策略。"充实之谓美，充实而有光辉之谓大，大而化之之谓圣，圣而不可知之之谓神"，说到这个份上，确乎有点神秘主义了。

三、以德兼人的儒术：荀子

至于荀子，如果一言以蔽之，他主张的是以德兼人的儒术。

先看伦理鹄的。如果说在孟子时期，天下一统还只是一种可能，那么到了荀子时期，天下一统基本上已经被作为一种现实的目标来加以追求了。荀子主张修身，不再是为了个人的完美存在，而是为了"一统类，齐言行"，即追求一种统一秩序、天下一统。在他看来，"儒术诚行"，如果说儒术真的能够大行于天下的话，"则天下大而富，使有功"。所谓"大而富"，就是天下广阔而富裕，不断扩展；所谓"使有功"，就是老百姓都听从支配，指使之事也卓有成效。

如果说孟子的修身，在一定程度上是为了以"道"抗"势"，那么你会发现，荀子的修身其实更多是为了提高个人的适应能力，"其所为身也，谨修饰而不危"，甚至还有点说起来不无卑贱意味的倾向，即修身是为了习得"持宠处位终身不厌之术"。当然，对于荀子的这种比较低调的做派，在《荀子》一书的最后部分——这部分应该不是荀子写的，而是荀子的学生后来加上去的——有所交代。这部分说，有人可能觉得荀子的主张不如孟子的主张那般张扬，他的学生在辩解中强调，这是因为外部环境不友好，只能明哲保身，意思是不能说得太嚣张、太张扬了，要不然就危险了。确实，在荀子时期，整个社会环境有很大改变。尽管荀子曾经三度做齐国稷下学宫的祭酒，而且是"最为老师"，资深、地位崇高，但是总体来看，他对当时的政治大概率也不可以随便评议。

我们知道，荀子曾到秦国考察过，甚至有人怀疑，荀子的有些弟子后来在秦国很是得意，是不是荀子当年顺带推荐了人才。经常有人将荀子看作世界上第一位社会学家，确实，你会发现荀子的很多主张可以直接拿来跟斯宾塞的观点进行对照。潘光旦先生就曾撰文比较过《荀子·解蔽》与斯宾塞的社会学主张之间的相似性。事实上，在中国先秦思想家里面，荀子可以算是最能够采取超脱和抽象的立场来理性地讨论问题的。荀子毫无疑问是群学的创始人，或者说，当年严复把 sociology 翻译成"群学"，本意就是想对接、接续上荀子的相关思想。

荀子在论述顺从模式的时候，是从群体规范的必要性来讨论礼法的合理性的。人为什么要有规范、要有规则、要守礼？荀子说："人生而有欲，欲而不得，则不能无求，求而无度量分界，则不能不争。争则乱，乱则穷。"这是不是非常类似于西方启蒙时期哲人们所讲的自然状态？所谓的自然状态，其实类似于一种思想实验：抛开一切东西，回到初始条件，来设想人类社会应该如何组织，以及人类之间应当如何相处。诸位看看，荀子的这种思想，是不是很有这种启蒙的精神？所以，说荀子是世界上第一位社会学家，一点也不夸张。他到秦国考察之后，可以说做出了中国社会学的第一个预言，当然这个预言是一个不好的预言。荀子预言表面强大、肃然有序的秦国"甚有其噁"，潜伏着令人恐惧的隐患。原因何在？就是因为"无儒"，没有儒家精神。后世在形容秦时，喜欢在前面加一个"暴"字，叫它"暴秦"。应该说，荀子对秦国局势的洞察和预言是非常准确的。

荀子虽然剥去了礼法的先天神圣性，但认为礼法一旦确定，就应具有强制性，人人都应当遵守，这其实非常类似于法家的精神。"圣人莫能加于礼。"圣人跟老百姓的差别在哪儿？"众人法而不知，圣人法而知之。"即便有这种差别，圣人也必须老老实实地遵守礼法，因为这是维护群体秩序所必需的要求。孟子则是从另外一个路径来论述规则的必要性和普遍性的。

对于伦理实质，荀子强调的是欲望。因为每个人都有欲望，如果任由欲望膨胀，必定导致大乱，所以要有所克制，必须"以矫饰人之情性而正之，以扰化人之情性而导之"。荀子的伦理实质包括身体，礼法可以正身、美身，"君子之学也，以美其身"。荀子有时也会讲心，但重点还是在于欲望和身体。

怎么来进行自塑活动？荀子倡导的抽象原则是"治气养心"。但要注意，不能自己在那儿修炼，自己在那儿琢磨。荀子强调"凡治气养心之术，莫径由礼，莫要得师"，也就是说，在依循礼法上要有老师进行指导、指引，要纯粹、单一。荀子尤其突出礼的作用："人无礼则不生，事无礼则不成，国家无礼则不宁。"当然相应地，他也强调学，但是我们如果看其精神实质的话，就会发现，他还是把"礼"放在了最核心的位置。

四、天人合一的仁义法：董仲舒

最后介绍董仲舒。他所追寻的境界，用一句话来概括，就是天人合一的仁义法。

先来看伦理鹄的。我们知道，董仲舒是以荀子为自己的追求方向的。荀子讲"天有其时，地有其财，人有其治"，即"天地人"。董仲舒运用阴阳五行之说来进行比附类推、引申联想，赋予天地以道德意志，描绘了一幅"天人一也"的图景。当然，董仲舒的根本旨趣在于所谓的大一统。在荀子时期，大一统只是趋向和潮流，而在董仲舒时期则已经变为现实。当然，大一统的实现过程，是经历了反复的：秦统一了，但很快就散架了，散架之后又来了一次统一，这次统一实际上是刘邦沿着秦国的路线重新走了一遍，在新的基础上实现了所谓的大一统。董仲舒的《春秋繁露》，以春秋为名，其中就含有大一统思想，意在阐述"天地之常经""古今之通义"。也就是说，董仲舒试图完成思想上的大一统，所以他主张，凡是"不在六艺之科，孔子之术者"，应该统统赶尽杀绝、消除殆尽，这样就"统纪可一而法度可明，民知所从矣"。可以说，董仲舒基本上完成了儒家思想彻底的政治化，治身跟治国成了"一理之术"，也就是所谓的"通国身"。

董仲舒的理论依据，当然不是个人自我实现的立场，而是所谓的"人副天数"，就是人作为人，本于天，"唯人独偶天地"，就是说希望我们跟天地一样。当然，一样中包括相互的交感，所以他强调天人感应。这在中国传统上叫阴阳五行，越来越趋于神秘化。

天人感应里董仲舒首先讲的是"人副天数"，即"人受命于天"。他也试图通过天来对王者有所制约，所以强调"王者不可以不知天"。要注意，他确实继承了周以来所谓的"天视自我民视，天听自我民听"的传统，把天的所知所感直接跟民众的所知所感贯通，强调天代表了民众。周朝就已发明了很好的相互制衡的理念，在天、君、民三者之间循环制衡，民从君、君从天、天从民。君主作为天子，受命于天，来管理老百姓，但天又听老百姓的。这样你就会发现，董仲舒通过对人伦纲常与宇宙秩序进行同构化，给王权专制的正当性提供了依据。当然他也试图以所谓的天之灾异来警示王权，但这个反制其实是无效的、很失败，他本人也差点因为妄言灾异而掉脑袋。

董仲舒认定的伦理实质是什么呢？董仲舒直接开始讲性情了。性情是比较抽象的，前面各家所讲还相对具体。董仲舒还把"性"和"情"区分开来。他认为："性者，天质之朴也"，性乃天生的"自然之资"，具有向善的潜质，但是不能认为已经完好了；"情亦性也"，但因为"性阳而情阴"，所以性是善质，情为恶质。后来，不少学者进一步阐发"性善情恶"，并形成了一套话语体系，董仲舒可谓开先河者。

怎么进行自塑活动？董仲舒所说的修身，明显要借助他人的帮助。这个"他人"当然不是一般人，而是所谓的"王教"："性待教而为善"，"教，政之本也"。在所谓的官方教导之下，每个人找准自己的位置，每个人形成相应的性情，以作为大一统体系的构成要素。董仲舒还把关键的社会关系绝对化了，形成了"王道之三纲"，就是所谓的"君臣、父子、夫妇之义"。

五、嬗变的趋势与儒家的得势

我们把以上演变趋势简单汇总一下，可以看得更加清楚，在四个节点中，变化趋势是非常明显的（见表1）。伦理鹄的、顺从模式、伦理实质、自塑活动，每个维度都存在一般性趋向，有的是朝着一个明确的方向演变，也有的出现了歧义和分岔。

表 1　变化趋势

	伦理鹄的	顺从模式	伦理实质	自塑活动
孔子	尽善尽美的人生	"安""大德必得其位""求仁得仁"	"人-己"关系中的自身因素：音容言动	"克己复礼""忠恕""三人行必有我师"
孟子	平治天下	"人皆有不忍人之心""四端"	"心""气"	"尽心""养气""践形"
荀子	"一统类，齐言行""涂之人可以为禹""柔顺取容"	"礼义以分之，以养人之欲，给人之求"	"性情""欲""身"	"学""治气""养心"

续表

	伦理鹄的	顺从模式	伦理实质	自塑活动
董仲舒	"天人一也""大一统"	"人副天数"	"性""情""气"	"教，政之本也""仁人者，正其谊不谋其利，明其道不计其功"
趋势	由个体选择的存在美学到天人合一的整齐秩序	由无愧于心的内在尺度到取法于天的神圣纲常	由日常交往的言行举止到内在隐秘的心气性情	由择善而从到反身而诚或依赖外在强制的王教

在伦理鹄的维度上，变化的趋势明显是从追求个人的美好存在转向了塑造整齐划一的社会秩序。这种整齐划一当然不是人人平等，不是现代社会的理念，而是通过区别性的分类来确定各自的位置，即所谓的"贵贱有等，长幼有差，贫富轻重皆有称者也"。

在顺从模式上，四人都强调行仁义，但理由已经各不相同了。孔子追求个体人格的完善跟和谐的人际条件，所以他是从人伦的角度来阐释仁义的。而孟子把仁的依据内在化和绝对化为皆备于我的属性，将之上升为无可逃避的道德律令。荀子则是从群体生活的需要角度来解释人伦规范的起源的，虽然有去神秘化的效果，但是这种外在的约束已然带有强制性了。而董仲舒可谓杂糅各种学说，将天地万物同构起来，使之成为充满神秘色彩的王道。

从伦理实质来看也有一种趋势，即从外在可见的言行举止逐步渗透到不可捉摸的心气性情。在孔子看来，内心当然重要，但一切都应在从容不迫的行为和人际交往中养成，"温良恭俭让"。孟子开始注重内心的修炼，为了灵魂的升华，身体受再多苦痛也在所不惜，甚至带有几分自虐的倾向。荀子在主张身心双修上面，表面上看跟孔子相似，但基本顺序倒过来了，认为不是优雅的风度和德行造就君子，而是先有君子之心，后有"美身"之效。而董仲舒则明确主张应由王教来驯服性情。

在自塑活动方面，出现了演变的分岔：一种倾向是主张个体返回内在的本性，即"内充"，去扩充自己的天性；另一种倾向是强调外部正确灌输，即"外烁"。它们尽管原理不同，但基本上最后是殊途同归的。从这个角度讲，儒家思想果真是"孟荀并称"。

我们感兴趣的还有一个问题：这种自我技术后来是怎么跟权力技术结合起来，从修己到安人的？在关于自我技术跟权力技术的对接方面，公认的说法就是董仲舒提出了"天人三策"，汉武帝接受了相关建议，罢黜百家、独尊儒术。但如果我们仔细推敲，就难免有所疑问：汉武帝真的中意于董仲舒的对策吗？董仲舒的理论真的那么有说服力吗？我个人觉得，这只是表面，如果往深了看，历史的真相可能在细节处。儒家之所以得势，除在宏大叙事上论证天下一统的正当性以外，在具体的操作路径上，更多和更主要的则是通过"以经术润饰吏事"，从而使"天子器之"，得到重视、受到重用。而儒家学说之润饰权力体制，其实主要是由公孙弘、倪宽等人完成的，而这些人的共同之处就在于"习文法吏事缘饰以儒术"。我们知道，汉武帝本人好大喜功且嗜杀，如果有人给他提供堂而皇之的杀人理由，杀得天经地义，杀得理所当然，那就真是"义理之悦我心，犹刍豢之悦我口"了。

儒家进入权力机关的具体门道，主要是决狱。我们知道，儒家，包括"儒"字本身，本来跟暴力是势不两立的，但是发展到这一步，儒家恰恰是通过润饰国家暴力机关，在专制统治里登堂入室的。那么，儒家又是怎么做到的呢？恰恰源自儒家对动机和意图的重视，即所谓"正心""诚意"。"《春秋》之听狱也，必本其事而原其志"，说得好听一点，就是根据这个事情来推断当初的动机。但问题是"志邪者不待成"，如果志向是邪恶的话，那么这个事情哪怕未成，也要受到惩罚，而"首恶者罪特重"。问题是，如果事情没成或没发生，你怎么推定动机是邪恶的呢？可见，这种原心定罪法存在巨大的漏洞。运作的结果是怎样的呢？从操作上来说，往往就变成了"欲加之罪何患无辞"。对此，古人也早已有洞察，方苞曾经慨叹过："自周衰王路废而邪道兴，孔子以儒术正之，道穷而不悔。其弟子继承，虽陵迟至于战国，儒家既绌焉，而孟子荀卿独遵其业。"即便是遭遇了秦朝的焚书坑儒，齐鲁诸儒依然弦歌不辍、讲颂不绝。"而弘之兴儒术也，则诱以利禄，而曰以文学礼义为官。"这样一来，最终就是："自孔子以来，群儒相承之统，经战国、秦、汉孤危而未尝绝者，弘乃以一言败之。……不甚可叹乎？"我相信写到这里，方苞必是掷笔长叹，心痛不已。

当然，我们不能完全听信别人的议论，社会学素来强调结构性因素，我们不能将历史的进程和责任归咎于一个人甚至一言，更不能迷信所谓"一言兴邦""一言败之"的说法，这明显夸大了言辞的作用。当然，儒家也不是完全无辜的，毕竟，如方苞所说，"苟有文焉，人思借之矣，遑恤其道之所宜与志之所守乎"，文饰过重，陈义过高，也就容易飘忽，容易堕为忽悠别人的工具。方苞此外还说："自弘以后，儒之途通而其道亡矣。"意思就是自公孙弘之后，儒者个人的晋升之道通了，但是儒家的精神没了。确实，儒家的学说只有抽离了自己的精神实质，才能嫁接在权力之上，实现义理与暴力的匹配。

尽管后世之儒经常有人想"为往圣继绝学"，想回到儒家的源头，但基本上无力回天。从消极方面来说，在专制统治之下，真正儒家的全部价值就在于以道抗势，就是在恶势力下做好人。张岱有句话说得特别传神："千古圣学，惟有小心而已。"朱熹在讲修身的时候，对敬、畏、战战兢兢如履薄冰大加渲染。由此可见，真正的儒家想要立身行道，委实不易。

借助以上的分析，我们大致可以看出，儒家伦理本来是一种私学、一种个人的追求，后来同支配他人的专制权力结合起来，成了"治人"的理由，变为官方的意识形态，由此儒家实现了自我技术与权力技术的统一——至少是理论上的统一。当然我们没有必要否认儒家思想跟专制制度之间确实存在着选择性亲和（elective affinity），特别是源自古典封建时代的等级伦理极易为人所用。

但是我个人觉得，以孔子为原型的儒家之所以具有千古不灭的魅力，恰恰是因为其具有丰富性和多面性，尤其是孔子关于生存美学的主张，至今仍值得我们学习和反思。这种追求自我完善的生活艺术，可能没有其他人说得比孔子更有意味。如果我们今天以孔子的原则来修身的话，颇可借鉴"志于道，据于德，依于仁，游于艺"的主张。最后，我结合当代现实，站在今天的角度来解读一下这一主张，看看能有怎样的启迪和启发。当然，我们不能太过执着于孔子原先表达的准确含义和范围，毕竟，当代人安身立命的情境截然不同了。

"志于道"，这个道，有点相当于我们今天所说的终极现实（ultimate reality）。当然我们知道，按照西方的说法，若上帝死了，终极现实也就崩塌了，但是中国人从来不寄希望于虚幻的、超验的终极现实，我们的终极现实是一种在人世间的永无止境的追求。在今天，诸位去体会一下，金岳霖先生这样一个研究逻辑的人为什么写一本书要起名叫《论道》，他觉得用"道"这个字才感到心里踏实。所以我相信，"志于道"对今天的中国人来说依然是有意义的。

"据于德"，这个德是什么？当然我们可以将其理解为类似于《尚书》里所说的"九德"。如果从社会角度讲，那么这个德可能更多的是共同体的规范，关注的是社会团结（social solidarity）。而规范本身也会与时俱进。

"依于仁"，我个人认为它相当于人与人之间的情感（inter-subjective attachment），就是我们在社交网络中找到一种依恋和归属。本来，仁主要就是指感情，"仁者，爱人也"。所谓麻木不仁，就是缺乏感觉、没有同情心了。

"游于艺"，这个艺，在孔子时期主要是"六艺"，在今天则相当于个人志业（vocation）。通过志业，我们能找到个人忘情或者立身的事业与活动。

如果能够将上述几个层面结合起来，"志于道，据于德，依于仁，游于艺"，必可解决自己当下的安身立命问题。

今天的分享到此为止，谢谢各位。

站在数字社会的十字路口 *

邱泽奇

我与郑杭生先生初次结识，是在 1987 年 11 月 25—29 日在贵阳花溪宾馆举办的"中国社会改革与社会学发展"研讨会上。那是我第一次见到郑杭生先生，也是我第一次参加社会学界的活动，那时我的确还是一个青年。一晃 30 多年过去，我已经迈入老年，成为老龄社会的一员，但我仍然关心社会中最前沿的技术发展。今天跟各位分享的题目叫"站在数字社会的十字路口"。

今天分享的内容是我一系列思考的一部分。我在贵州民族大学纪念费孝通先生诞辰 110 周年系列讲座中分享了"理解数字社会——个体与社会缔结关系的变革"，主要讲了"连接"部分，今天希望跟各位分享的是关于"数字社会分化"的部分。之所以起这个题目，是因为在数字社会的发展中，我们遇到了诸多问题，这些问题与未来的发展密切相关，同时也与当下的社会格局密切相关。

今天主要跟大家分享六个部分：（1）引子；（2）我想重复一下我对数字社会的理解和定义；（3）跟各位分享我对数字社会分化的思考，解读数字社会的分化与传统社会的分化之间到底有哪些差异；（4）数字社

---

* 此文是 2020 年 6 月 17 日举办的郑杭生社会学大讲堂第二十八讲的内容，讲座由刘少杰教授主持，王水雄教授做评议，由学术志提供直播支持。

演讲者简介：邱泽奇，北京大学社会学系教授、教育部"长江学者"特聘教授，曾任北京大学中国社会与发展研究中心主任。主要研究领域为技术应用与社会变迁、社会调查与研究方法。

会分化中埋藏着诸多数字陷阱，我将列举三种陷阱，三种陷阱中有机会也有困境；（5）希望能探讨在数字社会的困境中，我们该如何做选择；（6）做一个简短的总结。

一、引子

话题从当下的新冠疫情中切进来。今早（2020 年 6 月 17 日）查询到的疫情数据是：约翰·霍普金斯大学的两位华裔学生测算的观察面板数据显示，全球确诊的新冠患者高达 800 万人，其中死亡 43.8 万人。在 800 万的确诊病例和 43 万的死亡病例中，美国占比均为第一，确诊患者数量高达 210 万人。之后是一个数量级的掉落，位列第二的巴西确诊患者数量不到 100 万人，位列第三的是确诊 55 万人的俄罗斯，再接下来是确诊 34 万人的印度。

从 2020 年 3 月中旬至今，全球确诊病例从低于 100 万人快速增长到 800 万人，数量增长呈现非常陡峭的斜率；新冠疫情已蔓延至全球 180 个国家和地区，北美洲、南美洲、欧洲是重灾区。

新冠疫情在某种意义上可以理解为一条"鲶鱼"，将每一个社会成员都动员了起来。病毒并不认识你是张三还是李四，它只知道传播它的 RNA 链条，它为保障自身生存，公平地对每一个社会成员构成威胁，并将每一个社会成员赶到被我们称为"数字社会"的社会中。新冠疫情在无意中构建了我称之为"数字社会"的极限实验。

很多人过去可能并不愿意或者不需要使用数字终端、智能终端，但疫情爆发后却被迫使用。以中国为例，如果没有绿码（通行码），社会成员将寸步难行。今天开始，北京的疫情响应等级从三级调高到二级，这意味着你我都必须用"数字"（绿码和电子核酸检测结果）来证明自身的健康状况。疫情下的社会管控，将那些愿意或不愿意使用数字终端、愿意或不愿意提供数字数据的社会成员都赶进了一个狭窄的巷子里，所有人都必须进入一个由数据刻画、刻写的数字社会时代。这就是我称之为"数字社会"的一个社会极限状态。

如果没有这场疫情，我们还没有机会"逼迫""强迫"每一个社会成员使用数字工具。这场极限实验将每个个体、每个群体、每个组织、每个国家和地区都卷入"数字社会"中。从感染状态的登记，到入院治疗，到证明健康状况，每个社会个体都需要以数字的形态来向社会公众表明自身状态。在互联网上，在数字终端上，观点的表达、救援救助的联络、资源的协调、行迹的追踪排查、疾控部门和医疗部门的协同调控、疫苗的研制、远程医疗服务的供给、健康人口的在线学习、疫情好转地区的复工复产等等，都在应用数字工具，都在开展数字产出。

而我想特别强调一点，正如讲座一开始我给大家呈现的两位华裔年轻人花费一个月时间将众多的数据源汇集整合起来的全球疫情结果，我们在疫情常态化情境下所接触的种种结果，都是通过汇集诸多来源的数据，经过反复校验后呈现给数字社会的用户的。

除此以外，反种族歧视正在演变为西方世界的浪潮，从美国的明尼阿波利斯蔓延到整个北美地区，再蔓延到欧洲地区，很多雕像被推倒，人们观点的表达变成了政治正确的符号。这些无一例外都内含着数字元素，展现着数字社会的基础属性。在这个时代，似乎任何事件都有可能成为关涉所有人的事件。最近发生的很多事件无一不与"一个人关乎所有人"的关系模式相关联，数字连接、数字素养、数字差距（鸿沟）、数字分化和数字整合以及我们逐步清晰地观察到的数字变迁等要素彼此关联，呈现出数字社会高度的复杂性和不确定性。

乌尔里希·贝克在提出"风险社会"时，远没有预料到数字社会会复杂到当下这样一种状态。这种状态也迫使人们不得不反思当下数字社会的分化和整合将会呈现出怎样的格局，以及与传统的社会分化和整合有何异同。

我的分析是：人类社会正站在数字社会的十字路口。在左右两个维度上，一个方向是，如果我们能很好地运用数字工具，发挥数字工具的优势，那么这将引导我们走向一个更有效率、更加公平和更加可持续的社会，数字时代将生产出人类社会的数字福利。另一个方向是，如果我们不关注甚至任由数字社会无序发展，就会导致人群对立、人群冲突甚至人群极化。因此，数字社会给我们在数字分化、社会分化这个维度上提出来的具体问题就是：数字社会到底具有怎样的分化特征？分化又会产生什么陷阱？这些陷阱会跟工业化初期的陷阱一样吗？社会的选择又在哪里？这是今天我试图跟各位探讨的四个关联性问题。

二、什么是数字社会

接下来，我要简要介绍一下我对数字社会的理解。数字社会不是网络社会。我们都很熟悉网络社会的概念，网络社会是由加利福尼亚大学的曼纽尔·卡斯特尔教授最早提出的。我理解的网络社会指的是社会的一个外显形态，是一种相对于区块社会的形态，强调社会中的每一个行动者之间都有网络连接。与网络连接相对应的是传统社会行动者的局部连接、等级连接和块状连接。与网络社会最接近的是我称之为"块状社会"的状态。但网络社会不一定是数字的，比如传统社会的社区是块状状态的，社区呈现出人际复杂网络，它也是一种网络社会。再比如电话网络，这也是一种网络——电话网络是结构的——并构成了一个网络社会。

但这些都不是数字社会，数字社会有其自有的特征。同时，这些也都不是信息社会——一个我们熟悉的、在归纳和表述当下社会时最常用的概念。信息社会是什么样的呢？它是一个拥有信息生产、分化、配置、整合等诸多活跃的信息活动的社会，事关信息本身，通常信息工程部门会用 ITC 来表达，即"信息连接的技术所整合的社会"。现代社会的信息活动非常活跃。自人们搬迁至城市生活后，信息系统的活跃程度就远高于传统的村寨社会了。但这个时候的信息活动并不一定是数字的，我们可以通过邮局送信实现交流，甚至通过无线电、广播等方式传递信息，但这些都不属于数字活动，都不是数字的。

我理解的数字社会是什么呢？是指一种将一切社会事实属性、社会行动都用数字来刻画的社会形态。数字社会内的各类社会事实——人类行动的事实和人类行动留下痕迹的事实——都已经数字化了。社会的行动，不管是个体行动、群体行动、组织行动还是国家行动，都可以用数字来刻画。比如我们多数人是支付宝用户。支付宝曾做过一个很"奇葩"的刻画：将用户一年的账单公布出来，告诉用户一年的收入有多少、支出有多少。可见数字生活早就伴随在我们身边，数字刻画了我们的行动，描绘了我们的事实属性，变成了我们习以为常的一类社会现象。不仅如此，我们的观点、我们的认同背后呈现出的社会分化、社会整合以及社会不平等也通过"可计算原则"呈现了出来。

什么叫可计算原则？就是不需要去询问某一社会个体的内心感受——在某些意义上，而不是在所有意义上——而通过整合任何由用户在数字时代生产出的数据，来刻画这个社会当下的状态。对此，网络分析人员倾向于用数据来进行社会情感测量：在假定社会情感可以用 1~7（1 表示极为负面，7 表示极为正面）来表达的情况下，很容易通过一些公开的信息来刻画互联网用户的情绪变化，甚至监测整个社会的情绪动态。

理解了我给数字社会下的定义，那么数字社会的分化指什么呢？首先还是回到关于社会演化三阶段的讨论。假定我们依据社会行动者的连接特征，可以把整个人类社会的发展分为三个阶段：

第一个阶段我称之为"前工业社会阶段"。如果我们要用连接状态来表示，那么它可以被描述成一个"散点社会"。什么叫散点社会？就是人可以居住在任何他自己想居住、能居住的地方，而不与外界发生联系，他单个的点呈现出孤立的状态，多个这样的点可能会形成小的聚集，但是不同点之间是相互隔离的。传统的村寨社会、牧民社会就是这样一种社会。在这种传统社会中，道路交通是连接社会成员的社会关系的最重要的基础设施，但道路交通的限制和约束又恰恰隔离了不同地区社会个体之间的联系。如果大家有兴趣，建议到中国东南部的山区转一转，比如浙赣闽的交界地区。你会发现，在这些地方转过一个山头方言可能就不通了，为什么？因为过去这些地方的人受地形影响没有相互交流的机会，虽然两个村子之间只隔着一个山头，但"望山跑死马"。这导致彼此隔离的社区（村落）间形成了各自的社会体系。汉代观察到的"十里不同音，百里不同俗"，讲的就是这样的状况。

第二个阶段是"工业社会阶段"。在工业社会，社会成员间有了另外的社会连接方式：人们建设了城镇，并将之逐渐发展成大城市。看《清明上河图》就会发现，古代大城市的人口已经可能达到十万人甚至百万人的级别。欧洲的城市发展较晚，古老的欧洲虽有城邦，但人口的数量规模不够，城邦与城邦间的交流多限于官方交流，民间的人际交流是非常有限的。与过去300年的工业社会发展并行的，是人口聚集到工业布局的城市中。人要到工厂里打工，就不能在农村居住。一些人曾设想，中国在城镇化过程中能不能创造一种新的工业化模式：在苏南人口比较密集的地区推动乡村工业化？这是一种较为理想的设计。但工业自有其逻辑，那就是不愿意将人口分散在不同地区，让人花费大量时间在赶路上。它更愿意将人集中在工厂里面，让人花费更多的时间在工作岗位上，这也进一步塑造了城市形态。城市的集约化效率使城市成为人类社会近代以来社会发展的最主要形态之一。从人口连接的视角出发，我们会发现，城市会形成不同的状态，比如洛杉矶的散漫状态，北京的"摊大饼"状态，曼谷、墨西哥城的高度聚集状态……总之，不管是哪一种状态，在社会连接的意义上，都是向聚集发展的。

第三个阶段是当下我们面对的"数字社会阶段"。今天我们面对的社会与传统社会十分不同。在数字社会之前，人类之间的联系是依靠交通等物理设施实现的。数字社会给人类提供了新的选择，可以不依赖交通等物理设施而通过网络来实现人类社会的连接。除了与传统社会的物理连接方式不同以外，数字社会还衍生出了另外一个传统社会的连接所没有的特征，那就是社会上的任何连接都是可被记录、可被数字化的。在当前的人类社会中，只要是使用数字终端的个体，基本上都被连进了这样一个高度互联的社会之中，高度互联的社会以数字的形态连接着物理的行动者，构成了"连通社会"。关于连通社会，我前期写过一系列文章，有兴趣的同学和老师可以浏览一下，并给我提出批评和指导意见。

三、数字社会分化

为了进一步了解这三种社会的不同，我们将目光集中到社会分化上。我以为，在前工业社会这样一个散点社会中，人的社会分化是"以身份唯一"的社会分化。在前工业社会里，家族就是社会，当前中国的南方偏远山区的村寨还是家族式的村寨，最典型的就是已经被联合国教科文组织列入《世界遗产名录》的福建客家土楼。

在家族之前其实还有一种社会形态，那就是部落。部落社会是人类最早期的社会形态。以部落、以家族为社会的时代，最重要的特征是以人为基础。但与今天不同的是，那个时候的人是部落的人、家族的人。这是一个分散的社会，个体主要依靠彼此间相互的社会身份来完成自己一辈子的社会分化。社会身份特指个体的出身——王子是王子，平民是平民。中国有士农工商的阶层差异，社会个体想要改变身份，是非常困难的事情。当然，个体也可以通过自致性活动获得社会流动。中国传统社会"设计"了一个非常完美的永久、永续的社会流动机制：每一个朝代——不管是分裂的朝代还是统一的朝代——只需要按下重启键，就能重新来过一遍。这样一个流动机制启示我们，传统社会的"社会地位"可以归纳表述为地方性和国家性一体的垂直图。在没有获得更高的自致社会地位的时候，个人就是地方性的，是家族的、部落的。一旦通过自致性活动获得社会流动，获得更大的社会覆盖性，获得影响更多人群的机会，个体就开始具有国家性。制造流动机会的机制主要是中国官员制度——从传统的推荐制度到后来的考试制度，这种流动机制与传统中国的整个国家体系密切关联。社会地位的地方性和国家性，似乎与学界在全球化背景下讨论的"地方性全球化"概念很类似。

在整体社会结构上，前工业社会与工业社会、数字社会并不相同，呈现出点面结构的特点。所谓点，是指散落在崇山峻岭、草原、平原上的各个人类居住地点，是物理性的聚点。但一旦在社会流动中获得机会，社会个体就变成了可以观照地方甚至整个国家的"面"。前工业社会中人的社会地位分化是以相互性的社会身份为基础的，并主要依赖相互性的社会身份。

在社会流动的渠道里，如果一部分人运气足够好，他们便有机会成为观照一个家庭、观照一个地方甚至观照全国的"面"。因此，在中国人的社会生活里，总会有一个让所有人都充满幻想的社会分化路径，那就是"朝为田舍郎，暮登天子堂"，每个人都梦想这样的运气能落到自己的头上，从而使整个社会充满了活力。而在这样一种前工业社会里，导致社会分化的基本变量有两个：第一个是稳定的社会制度，第二个是教育。延续了 2 000 多年的中国古代社会，每隔一段时间——短的二十几年，长的三百年——就会按下重启键再来一遍，不管是处于分裂状态还是统一状态，始终保持大格局不变。在这样的制度机制下，身份是重要的，也是能通过代际积累进行传承和传递的，但是身份并不意味着人的社会地位是永久的。这意味着人要通过另外一个途径——教育——保全自己和家族的社会地位。尤其是公元 600 年之后，教育成为人通向"面"来观照整个社会、实现向上流动、形成社会分化的重要途径。正如中国传统社会里的两句话——"富不过三代"和"三代培养一个贵族"，都指向"身份"的循环。这个循环又告诉我们，没有人能够永世富贵，人必须通过自己的努力来获得富贵。如何努力呢？教育是最重要的渠道。

在人类社会进入现代化的工业社会后，出现了一条以职业为依归的社会分化路径。虽然传统社会以身份为路径的社会分化里有职业的机会，但职业的机会少之又少，能在科举中脱颖而出的人非常稀少，不然范进也不会到 40 多岁还要参加科举考试。现代"以职业唯一"的社会与传统"以身份唯一"的社会不一样的是，前者为大多数人提供了向上流动的机会，为整个社会提供了向上分化的机会。列举两个最基础的文献：在滕尼斯看来，社区就是社会。社区是什么？我们可以从连接的角度把它理解为区块，区块就是社会。但对涂尔干而言，他希望站得更高一些、看得更广一些，他认为社会就是社会，所谓的社会是指人类个体集合的整体，如果说"人类个体集合的整体"不准确，而用社会学的行话来表达，那就是"社会行动者构造的整体"。这个社会还是一个人的社会。与传统的村寨社会、散点社会不同的是，个体得以从区块所汇集的公共事务中凸显出来，城市的、社区的、宗教的公共事务开始变成外在于个体的社会力量，这就是涂尔干所说的"社会即社会"。

个体的社会分化一开始主要依靠自致性活动来实现，也就是个体的流动是通过职业路径实现的。今天我们每个人都还在这样一个情境中努力。当然个体也能依靠先赋性的属性，但先赋性的属性只是个体社会流动的起点，只是构造了整个社会分化的一个逻辑起点。因此在这个社会里面，社会地位的分化不再是传统社会的国家性、地方性分化的垂直图谱，而是行业之间的垂直图谱。

在每一个时代，尤其是每一个技术主导的时代，行业之间都形成了一个外在于个体的、外在于人情的行业等级图。这个行业等级图让我们获得了这样一个图景：整个社会的分化形成了线和面的格局。在工业社会，当我们要考察某个社会个体处于什么社会地位时，我们不再去问"你是哪家的"——"你是哪家的"是传统村寨社会中最常见的一种询问——而是问"你做什么工作"，然后我们就能大概知道他处在社会的哪一个结构位置上，并且知道他是如何到达这样一个结构位置的。例如，在美国问一个人"你做什么工作"，对方回答说"我是律师，我有自己的律师事务所"，到此你就基本可以判定他是上层社会的人物。如果他告诉你他是开出租车的，你就基本可以判定他处在社会的下层。今天的中国也在慢慢建构这样的常识：以职业代表人的社会分化路径和社会流动路径。

同样，职业也在建构整个"面"。我们发现，行业已经构造了社会最基本的分化路径。所以"男怕入错行，女怕嫁错郎"到现在还流行、适用。如果你进入了一个没有办法跨越的行当、行业，你的天花板就已经注定了。在这样的社会里，分化的变量依然是制度的。我曾写过一系列文章具体讨论制度如何影响社会文化，如何影响社会分层，如何影响个体的社会流动。1959 年兴起的社会分层和流动领域研究流派提出了"产业机会"这一概念。工业化作为一个提供批量机会的社会潮流和社会运动，直接影响了许许多多人的社会分化。同样，如果想要在"产业机会"中拔得头筹或者至少位居前面 5％ 的位置，教育仍是一个重要的条件。但与前工业社会中的教育不同，这里的教育不再是独木桥，而是一种普遍的、职业的、专业的教育，大多数社会群体可以获得受教育机会。这也是为什么许多工业化国家要推广、普及基础教育：基础教育是实现社会分化的起点，是人迈向更高社会地位的起点。当然，这里的教育内部也存在分化和等级，因为如果没有分化和等级，就不能构成一个"以职业唯一"的社会分化结构、社会分化体系，就不能构成行业间的歧视链。

之后就发展到了今天被我称为"数字社会"的阶段。在数字社会阶段，社会变得越来越小，变化越来越快，也越来越数据化——数字社会与前工业社会、工业社会最大的不同之处就是社会变得越来越数据化。在数字社会中，个体还在依赖自致性活动实现社会流动，也还在依靠先赋性属性获得社会流动的起点。可是，个体的社会地位已经开始变得与往昔大不相同了。往昔的社会只是一个地方性社会，只是一个国家性社会，只是一个行业性社会，可今天的社会已经变成一个个体性社会，变成"我即世界、我即组织"，变成一个个体性与世界性密切联动的世界，进而构成一个流动的图谱。这个流动的图谱形成了一个整体社会结构，串联了过去的社会结构，形成了"点→线→面"的结构。如果你有特殊技能或者特殊能力，例如你会模仿，那么相关视频在过去可能只能在很小的范围内获得点赞和流传，但在数字社会中，当相关视频被放到互联网上时，则可能在很大的范围内获得点赞和流传。任何一件小事，都极有可能从点变成线、变成面。数字社会的社会形态表现为一个流动图谱，而不再是过去的静态图谱。

为什么讲它是一个流动图谱？这是相较于人的生命周期而言的。传统社会的社会流动主要强调代际流动，但在数字社会的社会流动中，个体生命周期之内的流动变得极为重要。数字素养成为一个极为重要的变量，这个变量在某种意义上直接影响个体的、垂直的、直升机式的、火箭式的社会流动和社会分化。此时，社会分化的基础依然是教育，但此时的教育不再是前工业社会的循规蹈矩和工业社会的行业分化，而变成了对技术应用的创造，职业的重要性在数字社会中依然存在但大大降低。

现在我们来归纳一下不同阶段社会分化变量的变化。在传统的散点社会（前工业社会），家庭是分化的基本单位，社会整体依靠血缘发生分化，家庭的政治地位是分化的极点，此时的分化带有极大的地方性。到了区块社会（工业社会），组织技术成为行业分化的关键变量，社会个体高度依赖业缘的分化，社会分化不再单纯凭借政治地位，经济地位开始发挥非常重要的作用，社会总体表现出局部性的、行业性的分化。数字社会的分化表现为个体技术的分化，社会分化不再依赖业缘和血缘，而依赖个体自我的分化，社会个体所获得的不只是家庭政治地位，不只是个体的经济地位，还包括个体垂直向上的社会地位。这种社会地位可能不来自地方、不来自局部；它也可以来自地方、来自局部，但它更多地来自世界。

因此，从整体上，传统的分化可以被理解为生计分化，而当前的数字社会分化是观念的分化、观念的认同，创新的分化、创新的认同。整个数字社会分化不再以生计为基本的判断标准，而是以观念、创新为基本的判断标准。数字社会分化机制的核心是分化的持续性和高度不确定性。没有人能在大网红的位置上一坐很多年。阿里巴巴想做百年企业，能不能做到？我们现在尚未可知，但我们可以边走边看。

持续分化是数字社会分化的基本特征，数字技术对各个领域的渗透进一步导致了社会分化。我们曾经以为微信就是社会交往的基本媒体了，哪承想其他层出不穷的社交媒体突然闯入。很明显，数字社会分化从生产领域蔓延和渗透到生活领域，从公众领域不断向私人领域渗透，增加一个渗透点基本就意味着一次分化的产生，意味着新的潮头和风头可起的地方。

除此之外，数字社会分化并未与传统的贫富分化脱离，反而与之共振和谐振。所谓共振，指的是在传统分化的基础上叠加数字分化。所谓谐振，指的是在某种意义上数字社会触发新的分化，例如数字难民、数字移民等。这些分化可以理解为代际分化，甚至可以理解为年龄分化。

下面我提供一些数据，让大家有一个直观的感受。国际电信联盟（ITU）提供的数据曲线图显示，2015—2019 年，全球的互联网使用人口占总人口的比重从 16.8％上升到 53.6％，曲线斜率并不低。但是背后的事实是，全球仍有 46.4％的人口没有使用互联网，其中有相当一部分中国人口。

下一组数据也来自国际电信联盟。从全球范围分区域看，工业不发达国家（地区）同时也是数字不发达国家（地区）。欧洲互联网使用率最高，其次是美洲，接下来是独立国家联合体（CIS），再接下来是阿拉伯国家、亚太国家和非洲国家。举一个更具体的例子：日均收入不足1.9 美元的地区，同时也是数字极贫的地区，包括南亚部分国家和撒哈拉以南的非洲国家。

这是不是意味着在数字发展与经济发展之间存在路径依赖呢？我也曾撰文讨论过：形式上貌似有路径依赖，但本质上并不是路径依赖，而是形式上的延续。这种延续可以用三段式来表述："数字难民"基本上是被抛弃的一代。这代人包含了迄今为止尚未接入互联网的人群，以及接入了互联网却不会使用互联网的人群。那些接入了互联网并在使用互联网的人群，可被称为"数字移民"，他们是被数字技术拖拽的一代，他们爬着、滚着、跑着也追不上数字技术的发展，理解、使用每一个新出来的概念都要耗费他们大量的时间和精力。数字社会中还存在另一群体，我们可以称之为"数字原住民"。数字原住民叠加了传统工业化时期被分化的因素，成为被分化的一代人。在全球尚未使用互联网的

46.4％的人口中，不仅有老人，还有相当比重的年轻人、儿童。

在讨论数字时代的分化与其他时代的分化的关系时，除了叠加的同振效应外，还存在谐振效应，即代际和代内的分化交错发生，使更多人被甩出向上流动的机会圈。假定在数字时代，数字化是向上流动的最主要渠道，那么这些被甩出去的人没有机会表达自己的观点，甚至没有机会享受数字技术所产生的数字红利。

与前工业社会的身份分化和工业社会的职业分化相比，今天的数字社会所呈现的是一个结构分化与个体分化并行的状态。结构分化是传统社会分化的基本特征，到今天又叠加了个体作为社会行动主体的分化。为什么我要特别强调结构分化？是因为我们的确在职业分化的时代看到了社会的分化，但职业分化是由职业结构的变动带来的。这些结论已经在经典文献里不断地被重复。

但对于个体分化，我们除了从传统社会中个体在给定结构中分化的视角理解外，并未对今天的数字分化进行有效的理解。我认为，数字时代的社会分化出现了一个新变量，我称之为"数字素养"。数字素养成为数字分化的自变量，"网络流量"即测量这个变量的指标之一。数字素养指什么呢？参考既有的定义，可以将之定义为数字社会公民学习工作生活应具备的数字获取、制作、使用、评价、交互、分享、创新、安全保障、伦理道德等一系列素质与能力的集合。与此相似的还有媒介素养。媒介素养更侧重理解媒介的素养、使用媒介的素养和传递媒介的素养。而数字素养是覆盖媒介素养的一种素养，指的是一种综合判断的能力。

举个例子，近期有微信推文传"华为要裁员10万人"，文章写得振振有词。看到这篇推文后，不少大学教授相信了——至少对这个信息没有太多的质疑，不少从事IT行业的高管也相信了。但是如果将"裁员10万人"的消息跟当前的社会背景——疫情、华为事件及其背后的中美关系——关联在一起，就会发现这几乎是不可能的事。这就是我所讲的数字素养——综合运用发现数字、评估数字、整合数字以构成准确的信息的知识、技能和判断。

数字素养之所以重要，是因为我们面对这样一种情境：一边是虚假的信息，另一边是真正的事实。当这两者以一种模棱两可的形态出现时，相当一部分人会一脸茫然，否则我们也不会在各种平台上不断地看到各式各样的假消息。因此，数字素养是影响数字社会分化的排位第一的重要变量。如果将这个变量带进当下生活之中审视就会发现：政府、企业尤其是数字企业扮演着重要的角色，虽然个体、非正式组织在通过网络承担针对个体的应急服务，但我们却看不到他们在现实社会中扮演的角色，这在传统社会中是无法想象的。在传统社会中，邻里互助是保障社会运行最主要的底线机制，保证了整个社会不致崩溃。可是到今天我们发现，邻里如何互助？我们看到个体——比如武汉的某位司机、某位私家车车主——可以个体性地参与整个社会的应急活动，却很少发现代表社会的社会组织参与其中。因此我们可以说，传统的社会在今天隐形了，我们看不到传统社会组织发挥重要作用了。对于此观点，可能社会工作专业的同学和老师不认同，认为"不对啊，我们的社工组织发挥着重要作用呢"，但那基本上是群体性的，而不是组织性的。

在疫情中，我们同样观察到了数字分化。在一个高度互联的社会里，机会已经是世界性的了。之前我们很难想象一个人可以用健康码来证明自己的健康状况，但在今天，当各类平台为我们提供健康码证明时，我们可以证明"我是我"并证明自己是健康的了。

这样一个高度互联的社会给大家提供了世界性的机会。各类数字化平台给社会行动者提供了通向世界的路径，这个路径是直接的，不是间接的。我们也发现，在数字分化的情境之下，个体既是属地的，又是世界的。因此，个体过去所依赖的紧密群体，在数字时代更多地变成了一个场景性的、临时性的群体。

现在，机会是世界的，个体是"点→线→面"的，分化则是在整个人类层面上展开的。尽管我们今天依然生活在主权国家中，我们的权属形态——至少是正式的政治权利的权属形态——依然表现为主权国家形态，可是我们展现其他权利的机会却是世界的、却在分化。个体过去整合的分化现在已经变成了差异性的分化，变成了分化的分化。

这样一种分化极有可能走向数字分化的极化，在这种极化中，可以看到两极：

一极是手握数据新资源的大亨们，也可以称之为社会行动者。他们不仅手握着新资源，而且试图运用这些新资源，从中获取巨大的数字红利。除此之外，还有一些试图控制这些大亨的政治权力。例如美国政府跟亚马逊之间的较量：亚马逊拒绝向美国警方提供人脸识别工具，导致美国警方的人脸识别效率大打折扣。看过美国的各类间谍影片的人可能会反驳我："邱老师，CIA 不是有自己的一整套人脸识别系统吗？"传统的人脸识别系统和现在的人脸识别系统虽然有联系，但却是两回事。CIA 的人脸识别系统在与公网接通前是有关嫌疑人群体的人脸识别系统，是有限的人脸识别系统。可是今天人们在使用亚马逊时，只要面部暴露在互联网上，就会变成互联网机器的识别对象，这就构成了一个庞大到不可想象的人脸识别系统。权力机关当然想要控制这些数据和技术。

另一极是被动员进数字社会的个体。可是很遗憾，在某种意义上，这些个体多是被分化的对象，只有极少数的人可以与新资源大亨们紧密关联在一起。他们被分化着，可是他们也在向上流动。这种社会分化导致的向上流动看似为社会带来了积极有效的数字进步，却暗藏着一系列数字陷阱。

四、数字社会陷阱

首先，数字社会的确带来了红利。中国信息通信研究院每年都会向社会大众发布本年度的数字经济白皮书，白皮书数据显示，2018 年，有47 个国家和地区——中国是其中之一——的数字经济总规模超过了30.2 万亿美元，占全球 GDP 的 40.3%，各国产业数字化占数字经济的比重超过 50%。这意味着传统的工业社会在向数字社会转型。

数字红利还体现在另外一个方面。2018 年，中国数字经济总量突破了 30 万亿美元，占 GDP 的比重为 34.8%，名义增速为 20.9%，与 GDP 百分之六点几的增速形成鲜明对比。但 2018 年我国数字经济领域就业人数为 1.91 亿人，占当年总就业人数的比重为 24.6%。高产出行业所卷入的就业人口不是绝大多数，而是少数。

除了总体的宏观经济，还有哪些事情能让我们欣喜呢？那就是数字便利，人们的生活真的变得便利了，衣食住行问题都可以用数字化的方式解决。打开"脑洞"想象一下，假如在这次疫情期间没有数字便利，我们的生活会呈现一种什么样的状态呢？正是由于这些数字便利，今天很多地方的人还可以保持从容不迫。

数字工具、数字社会不仅带来了生活的便利，个体与社会的关系、个体与经济的关系、个体与政治的关系也变得极为便利。

举一个个体与社会的关系的例子：假如我们没有健康码这样的数字工具，那么我们该如何证明我们的健康状况呢？可能首先需要到物业那里开证明，证明在过去的多少天里没有去过危险地区，物业会反问"我怎么知道你有没有去过"，第一步就卡壳了。之后的任何一个环节都有可能让你无功而返。可现在的健康码可以非常清晰地证明你曾接入哪一个基站。

个体与经济的关系也变得数字化了。现在几乎没有多少人（尤其是年轻人）在买东西时数钞票、找钢镚了。不仅获得报酬的形式是数字化的，支付也变成数字化的了。

当然，个体与政治的关系也开始成为数字关系了。举个例子——国务院客户端，这是让我非常震惊的一个客户端，我根本没想到会有国务院客户端这个东西。但现在不仅有国务院客户端，中央各部委的客户端貌似也不稀奇了。

只是在我们享受数字便利的同时，社会个体的隐私和保密属性在让步。任何一个人的行程都能够被轻易地追踪到，然后通过数字工具连成一条线。

我们在享受生活便利的同时，也在享受生产便利。当前，企业组织供应链结构的优化就是通过数字完成的。供应链不是仅仅指物资，而是一个综合性术语。人、财、物、技术、市场……所有与供求相关的结构关系都可以被整合进供应链里进行思考。当下，全球已经被整合到一起，任何变化都牵一发而动全身，这是一个真正全球化的时代、一个全球数字高度互联的时代、一个供应链高度互联互嵌的时代。企业如此，政府也如此。

传统以人为媒的时代已经过去了，我们已经进入了一个以数为媒的时代，组织的变革正在悄然发生。在传统意义上，个人是不可能成为一个组织的，但在今天，个人已经可以被称为个人组织。网红不就是一个个人组织吗？有人可能会反驳，网红是跟平台关联在一起的。那他如果自建平台呢？可以发现，个人已经完全可以整合所有的组织要素，变成个人组织。"个体化社会"成为我们今天不得不面对的社会形态。

数字社会不仅有生活便利、生产便利，还有与人类社会分化有关联的治理便利。治理便利内含三个变量。第一是触达性便利。在国家给个体提供触达性便利的同时，其实个体也在给国家提供触达性便利。这样，个体办事方便了，国家办事也方便了。这反映了当下社会成了作为物理实体和精神实体的个体与组织——不管它是经济组织还是政治组织——相互触达的时代，而不再是一个单向度的时代。第二是控制性便利。现在是一个控制的时代，控制方式从以人为媒的代理性控制转变为以数为媒的直接控制，控制格局发生了改变。第三是操纵性便利。数据的客观性在某种意义上也是数据的可操纵性。在传统观念里，我们认为数据都是真实客观的，但数据确是可以操控的。这种操控在过去的政治选举上就有表现，有一部电影叫《脱欧》，讲的也是数据操控的故事。数据操控的不仅有社会个体的观点，还有个体情绪，甚至是个体的资产。

治理便利性同生活便利性和生产便利性正在数字社会同步发生，数字共振和谐振在生成便利性的同时也产生了两个可能对社会不利的结果：社会上层的富者愈富效应在继续扩展，财富、权力越来越多地集中在极少数社会成员手中；社会下层的理性空间进一步被压缩，下层个体的表达和申诉没有人听、没有人理，他们被迫用非理性的方式来表达理性。在这种情况下，数字极化极易发生。

极化效应的背后其实有三个陷阱：第一个陷阱是"预判陷阱"。所谓预判，是指每个人都会基于自己有限的信息源做出判断。过去如此，今天依然如此。个体是没有办法掌握全局性的数据的，即便是平台公司，也只能掌握一部分信息，因此每个社会行动者都是基于有限的信息做出预判的。

第二个陷阱是"渠道陷阱"。这个陷阱同样是由信息不对称导致的。信息不对称在数字社会中获得了两个乘数效应的放大：它在一部分人掌握的信息和另一部分人掌握的信息那里各自获得了放大，而放大了的信息之间形成了对垒。信息不对称在某种意义上还叠加了散点社会和区块社会的所有信息：某某人告诉我的信息变成了我的可信信息，但我其实不知道他得到的信息是不是可信的，我只是信任这个人。这使得我们所获得的信息在不对称的同时还叠加了信任不对称，进一步扩大了数字社会的信息不对称，使数字素养变成了真正影响数字分化的主变量。数字素养的弱势群体在某种意义上甚至被排斥在参与的广大范围、参与的极深程度之外，成为虚假信息的受害者。数字素养的弱势群体受害有一个经典的例子：老年人买保健品。各类无良保健品公司不断地给老年人推荐各种各样的无效保健品，让这些老年人把自己的养老金花在了无用甚至有害的保健品上。

数字素养的弱势群体有哪些？不仅包括数字难民，即那些还没有加入数字社会的群体；不仅包括数字移民，即那些对数字社会理解不透彻的群体；还包括数字原住民，他们中的一部分叠加了传统社会分化，由于受教育程度低，只能片面地理解数字社会和所获得的信息。中国还有4.96亿人没有使用数字终端，好在中国有家庭社会的传统，这4.96亿人受着数字社会亲属的庇护。但即便如此，也不能确保他们在所有的情境下都不暴露在假信息中；面对海量的真假难辨的信息，他们根本无力应对。拥有数字终端使用技术且真正能用数字技术为自己谋福利的人口，在我们的社会中占比并不大——不仅在中国社会中占比不大，在整个人类社会中占比也不大。

第三个陷阱是"流量陷阱"。"流量为王"的时代使得内容失范成为获取利益非常重要的手段，在行业里被称为"黑产"。其关注社会的普遍关注，运用人们的猎奇心理，运用数字社会的"茧房效应"，以不断攫取利益。比如"10万＋"就是一个极受关注的内容产业领域，很多内容产业的发展者为了获得"10万＋"不惜造假、颠倒黑白。"流量为王"的时代使得内容失范变成了一种不得不防同时又无法完全阻止的事件。

除此以外，算法的加持强化了茧房效应。什么叫茧房效应？就是人们喜欢看符合自己预期的信息，喜欢看支撑自己观点的信息，久而久之，使自己被局限在一个像蚕茧一样的"茧房"中。茧房效应强化了整个内容产业或数字产业对流量的追求，使得各个平台之间必须竞争流量。平台竞争流量的后果就是让用户变成了一堆被扒来扒去的土豆，我称之为"土豆化"，即成为被流量竞争的数字。这时，我不得不说一句让很多人伤心的话：你以为你在获取数字红利，可是数字红利的绝大部分却被平台、被黑产攫取了。因此，流量内容看似让作者和用户获得了信息和数字红利，实则用户获得的可能是虚假的甚至有害的信息，还不如不接触信息。信息的过载、信息的有害，使得流量成为一个巨大的陷阱，让每个人将"我今天读了多少条信息"作为自己骄傲的资本，认为自己从数据中获得了红利，可事实上获得的却是有害的东西。进一步而言，刷屏、热搜、头条……它们在某种意义上成为黑产的推手而助纣为虐。但如何约束流量，让其真正成为促进社会整合、促进数字红利普惠的工具，还没有引起社会的广泛关注。

如此看来，我们的社会可以被简单地理解为数字极化后产生了社会极化的社会。那这是今天才发生的事情吗？其实不是。每一次技术变革都会改变人类社会贫富分化的模式。在数字时代，不仅有财富的贫富分化——前工业社会和工业社会主要围绕生计服务而产生财富分化——还有观点的分化。传统的技术变革改变了贫富分化的模式，甚至加剧了贫富分化，今天还会加剧我们在观点上的分化，并且助纣为虐地加剧社会极化吗？世界各国都在关注这一点。美国国会中一位极具影响力的人物在哈佛大学的演讲中指出，数字经济的兴起定义了这个世纪的商业，正在重塑我们的社会分化，这个分化包括整体的分化——从身份的分化、财富的分化，到观点的分化、认知的分化，在一些人因技术受益的同时，另一些人的确因技术受损。有人呼吁，社会政策必须介入。对人类社会至少是中国来说，数字时代带来了实现社会平衡的新窗口。当前，人们的生计问题基本得到了解决，需要通过对数字红利的进一步分配来解决人类的不平等问题。

确实，即便机器真的崛起了，我们人类也还需要自处，而社会极化绝不是我们的自处之道。当前我们面临一个选择：一个方向是回到过去，不过很显然我们回不去了；另一个方向是勇往直前，要求我们能够利用数字技术带来的数字红利为社会上的大多数人谋福利。一方是固守、怀疑，另一方是开放、信任。我们如果能够秉持开放的态度，让社会全体成员或者绝大多数成员参与其中，那么能不能建构一个各方都获益的数字社会呢？这是今天跟各位分享的我的忧虑所在、我的关注所在。我们的社会已分化到必须或者不得不考虑这些问题的时候了。对此，我简要谈三点数字社会的选择。虽然这不是我的强项，但我还是想谈谈我的基本观点。

五、数字社会的选择

我们可以称现在以及未来的社会为数字社会。如果说前工业社会和工业社会是经济第一的社会，数字社会就应该是社会第一的社会，尽管经济依然是这个社会的基础，但是经济维度的目标不再是使极少数的人获得人类绝大多数的财富。但我们今天发现，数字社会带来了数字极化、数字壁垒、数字对立和数字陷阱，如何才能改善这样的情况呢？

　　我认为第一是要重构社会信任。2020 年 3 月，福山在《大西洋月刊》上发表了一篇文章，提出有人将中美两国之间的抗疫结果的差异理解为制度问题，他认为不要盲目地归结或者至少不要简单化处理。在他看来，两国抗疫结果的差异是政府与社会之间的信任问题，一个信任政府的社会容易取得抗疫成就，而一个不信任政府的社会不太容易取得抗疫成就。很显然，这是在批评美国。沿着这个思路进一步谈一谈我的观点。数字时代存在的攫取个体隐私，滥用私人信息，利用虚假信息开展诈骗、讹诈甚至犯罪的弊端，在消耗着传统社会积累起来的人际信任，被消耗的不仅是社会对国家的信任，还包括消费者对企业的信任、对科学技术的信任。我们需要呼吁建立适用的数字规则，以保护传统社会积累起来的信任，重建数字社会的信任。这是我的第一个考量。

　　第二，数字技术很显然带来了大量的数字红利。比如，世界上市值排在前十的公司，绝大部分是数字公司。数字红利都到哪儿去了呢？数字公司对其入驻商家征收过高费用，向差异化的消费者转嫁成本，垄断数字红利。数字公司市值排名靠前与垄断数字红利有极大关系。数字红利的垄断化不仅没有缓解工业社会由分工带来的传统经济不平等，还叠加了新的经济不平等。在品尝了数字红利后，每一个用户都很快感受到了数字鸿沟：数字时代能使一个人所拥有的财富在极短的时间内得到难以想象的积累，促进了数字极化。而数字技术在促进整个社会极化的同时，也在毁灭着数字红利。我们既无法回到过去的社会状态，也不希望毁灭数字红利，所以数字极化不是我们这个社会的选择，普惠才是有利于数字社会的平等分化、促进数字社会可持续发展的唯一选择。

　　第三，关于社会参与。如果说信任和普惠是维系人与社会之间、人与组织之间和人与经济之间基本关系的基础的话，参与就是基础的基础。信任是有差异的信任，我们每一个人都不会对所有人持同样的信任，每一个行动者也不会对所有行动者持同样的信任。普惠也是有差异的普惠，资本巨鳄拿到的钱不可能分给每一个人。对差异的差异化认知是观点差异的来源，也是社会极化的来源，而它的基础是社会红利的分配。因此，只有让人们参与其中，理解差异，尤其是理解信任和普惠的差异，才能够理解数字社会观点的差异，才能够理解真正的差异。

在极度分化的观点丛林之中，参与是表达不同的观点和诉求、寻求机会公平而不是结果公平的唯一途径。它会顺应整个社会分化的大趋势，顺应社会从生计分化迈向主张分化、观点分化的大趋势；它是寻求新的社会平衡的现实选择。如果任由数字陷阱发展，短期内的确可以聚集大量财富，只要加以实施基本收入保障制度就可以暂时压制社会冲突，可长期来看，这是竭泽而渔。数字时代中的一些人，不只是工作被机器取代了，尊严也被社会磨灭了。因此，除了要克服数字素养的障碍，保障绝大多数人参与信任构建、参与数字普惠，还要实现社会参与，构建适用的数字规则以有效促进社会参与和社会整合。但这个规则绝不应像工业社会那样由一帮精英制定，它需要社会中绝大多数人的参与，至少是有能力参与之人的参与。

六、结论

数字社会之前的分化是依赖于出身的家庭政治地位的分化，依赖于行业、职业的个体经济地位的分化，而数字社会的分化不再只是财富的分化，同时也是认知、观点观念和结构的分化，是传统分化叠加了数字时代个体分化的分化，在这种分化中，数字素养是驱动分化的主要力量。

我们身处的社会正处在数字社会分化和整合的路口：一边是数字社会的极化，以及数字大亨与数字平民之间的对立和数字陷阱；另一边是数字社会的整合，即一个数字信任、数字普惠和数字参与的新社会。我们如何选择？数字社会的整合不仅仅有赖于每一位社会成员的参与，更有赖于社会成员在参与过程中建立信任，实现普惠，缔结规则。

我的分享就到这里，谢谢各位的耐心聆听，也敬请各位批评指正。

流动时代的不确定性及其应对
——以新冠疫情风险的全球爆发为例 *

文 军

    谢谢刘老师的邀请和介绍，也非常荣幸能出席郑杭生社会学大讲堂。我记得去年刘老师就曾经跟我提起过这个大讲堂，无论是出于对郑杭生先生的尊敬、对中国人民大学社会学学科的致敬，还是出于对刘老师本人在社会学理论研究方面建树的崇敬，我都觉得我有义务来参加这样一个学术活动。

    现在是一个十分特殊的时期，最近半年来各种充满不确定性的因素充斥着我们的日常生活。从 1 月份开始，我一直在关注新冠疫情的发展，希望在学术上尤其是在社会学研究方面有所推进。自 1 月份以来，我也先后写过三四篇有关这方面的论文，我一直在想，应该找一个什么样的理论视角来观察、分析和理解当下的这种社会状况。当然我写过风险社会视角下怎么看新冠疫情的论文，把贝克的风险社会理论及其关于风险与不确定性社会学的观点从原来的风险社会学拓展到不确定性社会学。按照贝克的理解，"风险社会"的"风险"所造成的灾难不再局限

    * 此文是 2020 年 6 月 24 日举办的郑杭生社会学大讲堂第二十九讲的内容，讲座由刘少杰教授主持，由学术志提供直播支持。

    演讲者简介：文军，教育部"长江学者"特聘教授，华东师范大学社会发展学院院长，华东师范大学-纽约大学社会发展联合研究中心（上海纽约大学）主任。兼任中国社会学会副会长、教育部高等学校社会学类专业教学指导委员会副主任委员、民政部全国基层政权建设和社区治理专家委员会委员。主要从事社会学与社会工作理论、城乡关系与发展社会学、社会治理与社区发展等领域的研究。

于发生地，而经常产生无法弥补的全球性破坏，而且风险的严重程度超出了民众的预警检测和事后处理的能力。同时，风险发生的时空界限条件发生了变化，各种不确定性不断增加，导致风险结果不仅呈现出多样性，而且无法计算和操作，致使风险预防与控制变得越来越困难。

随着最近一段时间自身阅读的增加，我对这个议题又不断地进行深化。在这次讲座之前我也参加过一些类似的学术研讨会，在有些学术研讨会上我是从流动性的角度来谈的，在另一些学术研讨会上我是从不确定性的角度来谈的，也有时候是从流动性和不确定性两个角度来谈的。今天是最近几个月来我第一次有机会系统阐述最近一段时间的思考，因为之前大都是在学术研讨会上谈，一般只有 15～20 分钟的时间来谈自己的观点，今天我可以用一个半小时的时间来谈一谈最近几个月来我自己关于流动性和不确定性这个理论视角的一些体会。目前，我还没有形成成熟的文章，所分享的内容完全是我近三四个月以来的学习体会和学术思考，其中一定有很多不成熟的地方，也希望各位多多批评。

我今天分享的主题是"流动时代的不确定性及其应对——以新冠疫情风险的全球爆发为例"。我谈三个主要问题：第一是流动性问题，也就是流动时代的流动性问题；第二是不确定性问题；第三是怎么应对流动时代的这种不确定性。如果仅仅做一种理论分析，我担心它过于抽象，所以我还是以当下新冠疫情风险的全球爆发为例来讲这个问题，最后也做一点总结讨论和反思。

2020 年年初开始的新冠疫情是新中国成立以来传播速度最快、感染范围最广、社会影响最深，也是防控难度最大的一次重大突发公共卫生事件。实质上，这次事件的影响已经不仅仅局限于公共卫生领域了，它对整个社会产生了全面、深刻的影响，影响了我们的政治、经济、文化，甚至是体制、制度。尽管我们把它定义为重大突发公共卫生事件，但是就它本身的表现形式而言，已经远不是公共卫生事件可以涵盖的。

但是从整体来看，新冠疫情爆发是人类社会迈入风险社会时代的一次大考，在这样一个过程中，无论国家、民族之间的意识形态差异有多么巨大，社会阶层利益的分化有多么巨大，风险以及风险所带来的生产、再生产、再分配等等都成了我们这个时代主导社会发展、社会形态的一个新的标识。

最新的数据显示，全球感染的人数每一天都在快速增长，尤其是美国，最近几天都是以两万以上的人数在增长。中国这几天也有小幅度的增长。巴西、智利、印度、俄罗斯等国也出现了大规模的反弹现象。在最近一两个月甚至更长的时间里，我们看不到疫情在全球范围内即将结束的迹象。

任何流行病爆发都具有非常典型的社会学特征。我们最近经常听到的一个词是"流调"，即流行病学调查，实际上流行病学调查也可以看作一种社会学调查研究方法在流行病学和预防医学等领域当中的具体应用。2003 年，费孝通先生在谈"非典"防控时说："我们从事社会学的人要站得高、看得远、看得早，要预先看出问题、看准方向、抓住机会、深入研究、坚持下去，就能发挥社会学的实践功能。"我觉得，费先生的这段话对于我们今天观察、研究、分析新冠疫情同样适用。

传染病与人类社会的历史进程一直是密切相关的，很多历史学家特别是做疾病研究的历史学家曾做过相关统计，发现传染性病毒所杀死的人远比战争和其他天灾人祸杀死的人的总和还要多。自从人类社会产生，传染病就伴随着人类社会的历史进程一直存在。21 世纪以来，仅仅 20 年内，人类社会就先后经历了三次较大规模的冠状病毒侵害，印象最深刻的大概是 2003 年的"非典"，当时 37 个国家和地区报告的感染人数达到 8 000 多人，死亡率接近 10%。2012—2015 年爆发的 MERS 病毒虽然死亡人数不是很多，但是死亡率特别高，达到 36%。这表明，21 世纪以来人类社会面临各式各样的病毒侵害风险的频率要远远超过历史上任何其他时期，在 2001—2020 年这短短 20 年间，冠状病毒就有三次较大规模的深刻影响，风险发生的频率越来越高。

病毒所引发的公共卫生灾害具有特殊性，其中一个重要的特点就是隐蔽性。地震、洪水、泥石流等自然灾害都是可见的，但是病毒所引发的公共卫生灾害具有非常强的隐蔽性，病毒游走在广阔的天地之间，穿梭在人群当中，潜伏在人类的身体里。从个体而言，我们与病毒的斗争实质上是跟自己的斗争，是跟人类自身的一场斗争，我们每个人都既是与病毒斗争的勇士，也是保护病毒的堡垒，甚至还是病毒传播的帮凶。病毒是依靠人类的流动而扩散的，这就给我们带来了一个视角：流动时代的这种不确定性。为什么我要找这样一个视角来分析？跟病毒本身的隐蔽性以及它依赖人类的游走和流动来扩散有一定关系。疫情灾害的流动性使疫情在不同时空维度下获得了新的释义，疫情的各种质素在时空分离、脱域机制和知识的反思性运用中，消解了传统意义的边界，使得看似"缺场"的要素之间彼此关联起来，充满了无限变化之可能。

"流动"有很多种解释和定义。比如鲍曼在《流动的现代性》里对"流动"做过一个解释：一切神圣的、坚固的、持久存续的东西都消失了，整个世界都为液态的、偶然的、不确定的和不安全的因素所占领，在这个时代里没有什么东西是坚固不朽的，一切都在变化当中，包括我们的欲望、恐惧甚至亲密关系等，都处于流动当中。流动性就是对原来的那种神圣的、坚固的、持久存续的东西的一种反思取向。可以说，我们现在就生活在一个流动的时代，一切都在流动之中。这是我们对流动的最基本的判定。用后现代的话来讲，我们的知识体系甚至人自身都建立在流沙之上，没有任何可以参考和固定的东西了。

很多社会学家对流动性做了相关描述，比如厄里曾在一本书中写到"流动性"。他说："流动不仅是日常生活的一个核心，也是当代社会的一个基本特征。"法国当代新社会学派代表人物布鲁诺·拉图尔在2005年出版的《重组社会：行动者网络理论》一书中说："人们很多时候并不是归属于某一个既定的群体。"传统社会学对人的理解建立在其隶属的阶层、家族、组织之上，我们看一个人的时候，他不是作为个人存在的，而是作为组织的、社会的、社区的人而存在的。但是拉图尔说，我们现在的人很难归属于某一个既定的群体，因为所有的社会集合体都是流动的，都在不断产生、分类、消失、重置。我们将个人归属于某一个阶级、阶层，而实际上这个阶级、阶层也在流动之中。这是一个很重要的观点。

鲍曼在他的《流动的现代性》一书中指出，流动已从地方性、区域性的发展为全球性的。一方面，流动性给人们带来了前所未有的自由，但是另一方面，那些原本坚固的东西也正在被侵蚀，社会制度、权威等再也无法固化和规范人们的行为。我们原来建构的牢固的或者相对稳定的社会制度、权威等，现在对人的行为的规范和约束也越来越少，个体实质上生活在一个充满不确定性的世界当中。

社会学家卡斯特尔在 20 世纪 90 年代末所作的《千年终结》《认同的力量》《网络社会的崛起》被称为信息时代三部曲。他在《网络社会的崛起》中写到流动性的问题，指出："现代社会是围绕流动而组织起来的，流动不仅是社会组织里的一个要素，还是支配了我们的经济、政治和象征生活之过程的表现。"所以，我们不能把流动仅仅理解为一个元素、一个要素的位移过程，它有一些关系性的生成、结构性的解组，还有整个社会的流变，它是整体性的。所有的事物——甚至事物本身——都是以流动的方式而存在的，并最终进入一个流动的宿命当中。如果没有流动的话，那么事物本身是难以想象、难以生存和存续的。

社会学怎么理解"流动性"呢？我认为至少有两个层面的含义：第一个层面是作为一种社会位移现象的流动性，就是我们通常理解的社会要素的变化，比如在地域空间上的变化、在社会空间上的结构位置变化。其中讨论得最多的是居住地的流动性，比如从北京到上海、从中国到外国这样一种流动；还有阶层的流动性，比如从地位相对低的阶层往地位高的阶层流动，社会学对此有大量的研究。第二个层面是作为一种隐喻的流动性，指向更深层的社会结构生成问题，是一种关系性实践。这恰恰是当代社会——尤其是在风险社会时代——需要密切关注和研究的一个非常重要的领域。

在这样一个关系性实践生产过程中，流动本身就意味着一种巨大的区隔体系，具有风险性。我们通过考察主体的流动状态，可以把握弥漫在一个时代的社会风险话语和实践。但是，每一个人应对流动的方式是不一样的，有些人在流动风险面前可以自主、灵活、自由地组织和管理自己的流动性，但是也有很多人不能自由地对流动性进行组织和管理，这背后反映的就是一种社会地位的标识，因为每个人掌握的资源是不一样的，所拥有的权利关系网络是不一样的。与此同时，每个人实质上在流动性面前所承担的风险是不一样的，对流动性的规避、对流动风险的承担能力也是完全不一样的。所以我们讲，在流动时代，像传染病爆发这种事件是具有社会性、扩展性和全球性（世界性）特征的，这就是流动性给我们带来的一个非常重要的观察视角，尤其是在风险社会时代。

流动时代的特征可以从宏观、中观、微观三个层面来概括：

第一，在宏观层面上，我们看到最多的就是资本移民的全球化。

第二，中观层面上的特征有很多，比如社会联结形式不断灵活化，共同体也变得越来越临时化，建构出来的共同体可能很快就解构了或者被其他共同体替代了，但即便是这样，我们还是要不断地建构不同的共同体。在这次疫情当中，我们实际上就在不断地建构各种各样的共同体，但是很多共同体是临时化的。人际互动方面也一样，我们以前更多是从结构的角度来看的，现在则用"网络"的概念代替了"结构"的概念。用"网络"来代替"结构"的一个非常重要的变化是什么呢？结构更多是静态的，社会学讲的制度的结构、人际关系的结构，更多地是以静态的方式呈现的，但是网络更多是动态的，将静态结构动态化，这是一个非常重要的变化。

鲍曼说流动时代的共同体不应该是"衣帽间式的共同体"。什么叫"衣帽间式的共同体"呢？他做了一个很形象的概括：大家去看演出的时候，都走进一个剧院，大家在冬天都穿着厚厚的衣服，因此要把衣服脱下来放到衣帽间里，在观看演出的过程中，大家觉得演员演得很好，都在鼓掌，发出欢呼声，积极互动，过得很开心，但演出结束后，每个人又穿上自己的衣服回到自己的日常生活中，回到自己的家里，回到自己的工作状态。来看演出的这些人看起来是一个共同体，但是这个共同体只是"衣帽间式的共同体"，演出结束以后，这种关系就不再存在了。所以，这种共同体甚至连社会学所讲的"社会群体"都算不上。社会学所讲的社会群体的最基本构成是共同的认同和归属，这是最重要的特征，它要求有一种相对稳定的社会关系的存在。而"衣帽间式的共同体"没有这种关系的存在，演出结束以后大家就回到自己原来的社会生活空间中去了，这种共同体甚至可能连基本的群体关系都不存在，而只是一种临时性的共同体。

第三，从微观层面来讲，流动时代生活更加碎片化，目标也具有动态化特征。我们确定的目标，可能很快就过时了，或者很快就被新的目标代替了。就像在疫情防控当中，疫情防控手册在不断地进行调整，各个地区对疫情防控的目标也不断地提出新的要求。目标在不断地动态化，人们的日常生活要想确定一个长远的规划变得越来越艰难，因为我们不仅生活在流动时代，而且这个流动时代中的不确定因素大量存在。

不仅全球性的流动在加强，今天中国国内的流动也在前所未有地增加。2019 年，有 36 亿中国人乘坐火车出行，有 6.6 亿中国人乘坐飞机出行，与 2003 年相比，已成倍地增长。中国私人拥有汽车的数量从2003 年的 1 300 万辆增加到 2019 年的 2.06 亿辆，增长了 14 倍以上。中国 2020 年的经济规模是 2003 年的 4 倍。中国在全球供应链中所扮演的核心角色的重要性也在前所未有地提升，任何流通方面的障碍都会对全球产生深远影响。无论从哪个角度来讲，各个要素都在产生前所未有的增长，由此带来整个社会的不确定性因素在增长，这种不确定性因素是人类社会行动领域的一个本质性特征，是跟风险联系在一起的。而贝克所讲的风险社会，用一个最重要的词来概括其特征，就是不确定性，因为这种风险本身就是指向未来的，而未来是具有不确定性的，所以风险与不确定性具有天然的不可分割的密切关系。

当然，对于不确定性，我们也可以从三个不同层面去分析：一是直接将风险等同于不确定性，风险本身就是一种不确定性。二是从结果的角度，风险的结果是有不确定性的，这就涉及跟人类自身的一些严重性结果的不确定性有关系，这种结果既可能是不希望发生的伤害，也可能是期望获得的收益。三是将风险限定为损害的不确定性。今天很多学者认为，我们讨论不确定性并不是讨论收益的不确定性，而主要是从风险带来的损害角度来讨论它的不确定性因素，是主体不希望发生的有害事件或后果出现的概率，这种不确定性更多地聚焦于有害的、受损的风险，是风险的本质，成为风险的首要特征。

在新的流动时代，几种力量对这种不确定性有极大的推动。一是全球化力量的推动。随着全球化的流动性、变异性和复杂性不断增强，不仅传统社会中的预测机制开始失灵，固有的确定性根基也在动摇。因此我们能看到，当一系列全球风险接踵而至时，一方面是"全球一盘棋"的统一行动，体现了"顺全球化而为"的题中应有之义；而另一方面又是大行"逆全球化之道"，在初步构建起的全球系统内进行肆意"撕扯"与"明争暗斗"，凝聚起的全球共同体内部实则暗含着一系列不确定性危机。新冠疫情在世界范围内的发源与发展都在表明，全球化正在对一切现实结构进行着检验，同时也产生了一系列"未预期后果"（unintended consequence）。原来那种基于地域和行政区划的疫情防控模式越来越难以适应流动性、全球性社会了。因为流动性、全球性使疫情爆发风险的规模和范围发生了重大变化，使得原来局部的、地方性的风险与危机越来越扩散为一种区域性甚至全球性的风险与危机。

二是个体化力量的推动。社会学里有很多关于个体化的讨论，传统上一讲个体，就总是认为他依附于一定的阶级、阶层、组织、家庭等等这样一些结构性束缚力量，但是现在，随着有关个体行为框架及制约条件的社会结构逐步走向松动乃至失效，个体从诸如阶级、阶层、组织、家庭等等结构性束缚力量中相对解放出来，甚至形成一种"制度化的个体主义"（institutional individualization）趋势和力量。个体化力量背后存在一种组织化或制度化的力量保障，使其具有合法性，甚至成为某一个时代人们去追求的目标。就像我们现在讲的，我们进入了一个个体化时代，个人的自主性越来越强。中西方的人们对待新冠疫情的态度差别就体现出了个体化力量的影响。在政府发布一定的社交限制政策以后，大多数中国人能自觉配合，但是在西方就很难做到这一点，这跟整个社会的文化、制度化的个体主义趋势是有一定关系的。这种"不再重新嵌入的抽离"（disembedding without reembedding）的个体化也会成为流动时代不确定性风险的重要来源，而风险类型的变化则会加剧流动时代的不确定性。

三是网络化与信息化力量的推动。建立在网络信息技术基础上的虚拟世界，打破了传统社会的时空区隔，快速普及的网络信息技术更是重塑着现代人的生产、生活方式，使其呈现出明显的"脱域"（disembedding）特征，这也直接将现代社会彻底推向了不确定性社会，其结果是在现代社会个体不确定性程度快速增强的同时，客观社会环境的不确定性程度也在与日俱增，并且两者相互交织，使得不确定性已然成为现代社会发展最为重要的表征之一。

1927 年，物理学家海森堡提出了"不确定性原理"。从物理学角度来讲，这个概念是指人们不可能同时知道一个粒子的位置和它的速度，粒子位置的不确定性表明微观世界的粒子行为与宏观物质的行为很不一样。海森堡发现，在微观层面上，粒子是不确定的，它的位置不断变化，它的速度实际上是不可知的，很多物质是我们无法认识的，所以他提出了不确定性原理。当然，我们现在从社会科学角度来看，这种不确定性更多是跟事物发展的非线性、随机性相联系的，社会系统跟自然系统相比，是具有复杂性、动态性、非线性、随机性与不可逆性的超复杂系统，因而具有更多的不确定性。在社会世界，不确定性的复杂程度及其所带来的影响要远远超过物质世界，我们把物质世界的不确定性原理引用过来看社会世界不确定性的变化的确是有用的。我们一直说，人类的本能是不停地追求确定性，但人类社会一直处于一种不确定性状态当中。追求确定性是科学的目标，但是科学怎样解决这个问题呢？它使用了概率，看看有多大概率，比如天气预报。这是解决确定性问题的一种方式，就是说概率是多少，让人们对目标有一个判断。

我们如果实现不了确定性怎么办呢？可能我们只能与这个世界和解。我们没办法理解这个世界的不确定性因素，所以有些人把它交给各种各样的仪式，实际上就是把它交给宗教神学，交给神，由神来做主。

从这个角度，我们有两种方式来分析确定性的问题：一是通过与周围世界和解的方式达成共识，就是说我们自己不行，就把这个问题交给外在神秘力量，也就是宗教神学，让它替我们做判断。二是我们发展科学、发展技术，让科学技术来解决这个问题。人类的本能是不停地追求确定性。追求确定性是科学的目标，科学把它交给了"概率"，而宗教神学把它直接交给了"神"，一切由神做主。就此而言，科学和宗教神学的最终目的没有什么本质上的不同，都是为了降低不确定性，它们在追求人类发展的确定性方面是交汇的。

用鲍曼的《流动的时代：生活于充满不确定性的年代》一书，能够解读我今天晚上讲座的主题——流动时代。我们知道，鲍曼将现代性分为两个阶段：固态的现代性和液态的现代性。但他在分析整个人类社会的时候又把人类社会分为了三个发展阶段：前现代社会、现代社会的固态阶段和现代社会的液态阶段。从确定性角度来讲，前现代社会就是建立在神的旨意和神圣秩序之上、排斥一切变化的社会，前现代社会中的人很少感觉到不确定性，因为所有的东西都是交给神来安排的。但是进入现代社会以后，可以分为两个阶段：一个是现代社会的固态阶段。这种现代社会以强大的秩序设计、以结构性的力量取代了神的神圣安排，甚至创造出了很多生存性的确定性。比如核战争、大屠杀、极权主义、自由窒息等都是由强大的秩序设计和一些结构性的力量推动的。另一个是现代社会的液态阶段。进入风险社会以后，固态的现代性所带来的后果、历史教训，在液态的现代性之下不断受到冲击、排斥，一些规则、规范、管制不断被去除。在后现代社会中，现代性所提倡的东西恰恰是后现代学者所要反思、批判和解构的。把所有的权力下放给市场、交给个体，最终所导致的结果就是神圣的、坚固的、持久的东西都消失了，整个世界为液态的、偶然的、不确定的、不安全的因素所占领。

在三个不同发展阶段，不确定性有很多具体的表现形式。我所能想到的流动时代的不确定性的表现形式至少有五种。

一是人类知识与技术的不确定性，绝对知识和权威不断解组。现在，好像人人都是自媒体，人人都可以发布信息。现在，每个人自己主宰自己的行为，每个人都成为自己的权威中心，绝对知识和权威不断受到质疑。用后现代的话语来讲，在后现代社会，在风险流动的时代，所有的知识都建立在流沙之上，是不牢固的。我们社会学做的经验研究，所用的知识都建立在流沙之上，它的基础是不牢固的。实证主义在这个时候会面临很大的困境，涂尔干的实证主义提倡用一种社会事实来解读另外一种社会事实，但是你找不到现在社会的社会事实，因为它是流动的、碎片化的，那么怎么用一种社会事实来解释另外一种社会事实呢？这是实证主义面临的最大困境，尽管现在占主流的还是实证主义社会学范式，但实际上从 20 世纪 70 年代开始，对实证主义的批判就非常多。

二是人们的社会身份与认知的不确定性。"我是谁"成了人们常常需要回答的问题。在不同的地域、不同的场域、不同的网络关系当中，人们的社会身份是不一样的，同一个人可以承担很多不同的身份角色，这些身份角色甚至是矛盾的、冲突的，人们的自我认知变得越来越困难，人们越来越陷入一种社会身份的模糊化和认知的模糊化状态，带来非常深刻的自身内在困境。

三是人生际遇的不确定性，就是每个人怎么去发展变得不确定。在风险社会中，谁也不知道自己和其他人的人生际遇如何，机会变得不确定，你没办法去规划或者事先描述人生的轨迹。

四是社会关系的不确定性。社会关系包含的内容非常多，其中有两个非常重要的关系：第一个是劳动关系。现在好多企业裁员，造成人们工作岗位等的一系列变化。这说的是劳动关系的不确定性会带来整体性的影响。第二个是亲密关系。有数据显示，上个春节去民政部门登记结婚的人数远远没有登记离婚的人数多。疫情期间，家庭矛盾、家庭暴力的发生率与以往相比大幅增加，离婚率也相应增加。亲密关系正在变得越来越具有不确定性。前两年，美国社会学年会有一个专题，叫"风险与不确定性社会学"，其中有学者谈到，我们现在对风险社会的研究应该拓展到不确定性这个领域，而且这种对风险不确定性领域的研究不应再局限于传统的科学技术带来的风险、环境变化带来的风险，而应该转向人们的健康、人们的生活世界、人们的亲密关系等领域，这是很值得我们社会学去思考的。我们关注的风险不再是传统风险社会学所讲的风险，像制度、技术、知识、环境所带来的风险，我们更多的是回归对生活本身所面临的风险的不确定性的关注。就像持续了很多年的亲密关系在疫情之中突然解体，带来了很大的不确定性。

五是发展环境的不确定性。就像当下中国跟整个世界面临的风险。疫情带来的宏观发展环境的不确定性给我们的政治、经济、文化带来了相应的影响。这种不确定性从来都不是单向的，而一定是叠加的，各种不确定性叠加会带来一些问题。

流动时代的不确定性实际上是对人类迈进风险社会时代后的一种大考，从风险的角度来讲，非常重要的就是一种关于不确定性的判断：一种不断增长的、人为制造的不确定性普遍逻辑在现实社会中全面展开，且具有产生根源的内生性、发展过程的延展性、影响范围的全球性、后果计算的不确定性、应对方法的复杂性等特征。在应对风险的实践中，至少存在风险识别、风险预警、风险决策、风险处置、风险抑制、风险预防等不同环节。任何一个环节出现问题都可能导致风险在更大范围内传播。

贝克在《风险社会》中多次谈到风险。我们今天讲的"风险社会"并不是一个历史分期意义上的概念，而是对人类社会所具有的时代特征的一种形象的概括和描述，同时具有一定的现实性和实践性。风险社会的秩序并不是等级式的、垂直式的，而是网络式的、平面扩展式的。人人都是平等的，无论你地位如何、拥有多少资源，每个人在疫情面前都是平等的。

流动时代的不确定性研究，在风险社会学里已经有很多拓展，主要存在三种不同的风险社会学观点：一是社会秩序文化理论，二是贝克最有名的反思性现代化和风险社会理论，三是卢曼的社会系统理论。最近有一本书叫《风险社会学》，中文版刚刚出版，实际上它的英文版是很早以前的，从社会系统理论的角度来解读风险社会理论。风险社会学的研究也不断拓展到健康、精神、犯罪、法律、媒体、公共政策、生活方式、亲密关系和日常生活管理等众多领域。

如果从这个角度来看今天新冠疫情的爆发，那么可以有一些非常好的观察点：

第一，从风险社会的角度来看，新冠疫情的爆发风险可以说是现代理性极度扩张的一个产物，是人类在各种对无限理性的追求中逐步丧失基本生活伦理的表现。在风险社会里，风险并非源于人类的无知和鲁莽，而是建立在各种理性的实验、判断、分析、比较和论证基础之上。但是，人类知识的扩展、理性法则的不断完满化和防控技术的发展，并没有使人类减少危险和灾难。与此相反的是，知识、法制和科技的发展带来了越来越多的新威胁，使得人们陷入了越来越多的不确定性和风险之中。另外，新冠疫情的爆发风险可以说是人类社会在迈向风险社会的过程中现代性极度膨胀的一种悖论或者说副产品，实质上它在很大程度上源于人们对自身所处的环境风险认知的一种缺失或者不足。在风险社会学里有一句话是"风险意识决定风险的存在"，正如贝克所说，风险本身是由现代化过程所引发的，它出现在对其影响和威胁视而不见、充耳不闻的自主性现代化过程的延续中，与人们对现代社会风险本身认识的不足有关。

第二，从疫情传播的过程来看，流动性、全球化、个体化极大地加重了新冠疫情的风险性。尤其是在新的时空条件下，随着各种社会要素在全球范围内的流动不断加快，原来那些局部的、地方性的风险越来越具有跨越阶层边界、民族边界和国家边界的特征，进而演化为一种区域性甚至全球性的风险与危机。

第三，从疫情爆发的社会后果来看，疫情防控在这一段时间内极大地改变了中国千百年来所形成的大流动、大聚会、大消费的春节年俗和面对面的交往方式，让全体中国人过了一个有史以来最为冷清的春节，这或许是疫情风险所产生的一个未预期后果。

第四，从对疫情防控的响应体系来看，2003年"非典"爆发之后我国迅速出台了《突发公共卫生事件应急条例》，并在2007年讨论出台了《中华人民共和国政府信息公开条例》。但从这次对新冠疫情防控的响应体系来看，我们以往的应急管理体系及其配套制度在面对特大风险时仍然面临巨大的挑战，许多制度还不是很完善，制度建设仍需要继续加强。特别是我们的常规管理体系与应急管理体系之间的结构性矛盾还没有很好地解决。

第五，从应对疫情的社会机制来看，最重要的是重构社会信用体系。在疫情面前，人人自危，甚至人人他危。疫情之后怎么来重建人际交往当中的信任关系特别值得我们思考：哪些疫情防控手段和政策可以延续下来，哪些是需要马上改变的。整个社会停摆，社交中断，个体处于一种焦虑状态，这绝对不是一个正常的社会所需要的。

第六，从疫情防控本身的宣传教育来看，疫情风险教育和及时、公开的舆论引导是维持社会长期稳定的非常关键的环节。的确，在日常生活中，人们的风险防范意识一直严重缺失，日常教育也严重不足。很多人在风险来临的时候，不仅没有基本的风险感知和预判能力，而且不懂基本的个体防范技巧和处置方法。新冠疫情的爆发再次警示我们，人们最缺乏的可能不是知识和技术，而是感知和防控风险的意识。

疫情灾害给风险社会的治理带来了一定挑战，它至少体现在五个方面：一是疫情风险的突发性要求我们加强应急管理，并让它有效地发挥作用。二是疫情发展的不确定性督促我们思考应该怎样去防控疫情。三是疫情防控的紧迫性要求我们快速提高风险管理的时效性，避免因拖延而带来更多风险。四是疫情演变的复杂性给风险管理和综合防控带来了更多、更严峻的挑战。五是疫情后果的危害性增加了社会管理的成本和负担，加重了社会的脆弱性。在面对极端的重大突发性公共事件时，管理者需要在巨大的非常态情境压力和情感负荷下处理不同层面的复杂问题。可以说，这种风险社会管理在某种程度上是在重塑专业管理工作与非常态社会情境之间的关联，而清楚地认识和理解这种非常态的"情境挑战"既是风险社会管理的逻辑起点，也是我们应对风险社会挑战所必须认真面对的首要难题。

从不确定性的角度来讲，我们怎么来应对？很多理论家也在探索这个问题，我们可以站在不同的角度来思考：既可以站在整个社会的层面上来思考怎么应对不确定性，也可以站在微观的个体、家庭层面上来思考怎么应对不确定性，还可以站在中观的层面上从社会网络、组织网络、社区等角度来思考。如果从个体行动的角度来看，那么我们应对不确定性的目的并不是去预设和规划哪些事情、哪些行动会发生，最后我们看看它们是否发生了，这不是我们的主要目的。我们的目的在于，让人们将自身的行为调整到符合自身发展的轨道上来。人类一直在追求确定性，但是从来没有成功过。这种追求是不是没有意义的呢？不是，它的意义恰恰在于，人们可以不断调整自己的行为，将自己的行为调整到有利于自己发展的轨道上来，也就是说在不确定性中寻找一种确定性。当然，这种确定性也有程度上的区分，哪些可以做到，哪些实际上是做不到的，要有所区别。尽管最后总体上是做不到的，但是做不到不代表没有意义。所以，应对不确定性是行动者响应未来的一种途径或者自主选择，它的目的是让人们调整自己的行为，为人们调整自己的社会行为提供一种行动指南。

吉尔特·霍夫斯泰德是组织管理大师，他从文化的组织理论出发为很多大型跨国企业提供咨询。面对企业面临的各种不确定性，他提出了一个规则叫"不确定性规避"（uncertainty avoidance）。怎么来规避这种不确定性呢？有几种方法：当一个社会感受到不确定性或者模糊的情境威胁的时候，可以提供较大程度的职业安全，比如保障人们有工作、有饭吃；或者是建立一种更正式的制度，以制度和规则来尽量减小不确定性；还有就是不容忍偏题观点和过激行为，要相信绝对知识和专家评定，就像在疫情期间这样一个不确定性时期，我们需要绝对知识的存在和专家评定来规避一些问题，这是有价值、有意义的。不确定性规避的强弱怎么判断呢？我们可以建构一种不确定性规避的指数。当然，霍夫斯泰德的这个规则主要是为中观层面特别是为企业组织规避不确定性提供的理论参考，他列出了一系列指标。

美国哲学家杜威在《确定性的寻求：关于知行关系的研究》中讲到，寻求确定性的途径有两条：一条是与四周决定他命运的各种力量进行和解，于是从祈祷、献祭、礼仪、巫祀中发展出了宗教；另一条是发明许多技艺，通过它们来利用自然的力量，于是发展出了科学和技术、哲学和艺术，为人们解惑。虽然杜威提出了两条路径，但是一个残酷的事实是，人类社会似乎从来没有真正成功过，人们永远在寻求确定性的道路上。从充满不确定性的世界中找到确定性，这是一个美好的愿望。

布鲁诺·拉图尔在《重组社会：行动者网络理论》一书中表示，社会科学研究应当实现三个基本任务：一是展开（deployment），即如何通过追踪生活世界中的各种不确定性来展现社会世界。这是我们社会学研究的一个非常重要的任务，实际上我们一直在通过追踪生活当中的各种各样的不确定性来展现这个社会世界，这是所有学术研究的一个兴奋点、一个最有价值的地方。二是稳定（stabilization），即如何跟随行动者去解决由不确定性造成的争论，并且寻找一种处理方法，使社会能够继续运行下去。三是合成（composition），即如何将这个社会重组为一个新的共同世界。这就是为什么这本书叫《重组社会：行动者网络理论》——通过一种联结的方式来重组这个社会，使之成为一个新的共同世界。

怎么重组呢？拉图尔认为，在社会学研究里存在两种不同的范式：一种是"社会的社会学"，另一种是"联结的社会学"。所谓社会的社会学，就是指我们传统的那种社会学实际上都是研究社会的社会学。比如，我们把社会作为一个特殊的研究对象或者一个视角。像滕尼斯把社会类型分为社区的、社会的，涂尔干把社会团结分为机械团结、有机团结。所以拉图尔认为，传统的社会学都是一种社会的社会学，这种"社会的"是一种特殊现象，是跟生物的、心理的、法律的、政治的有所区别的一种特殊领域——并不是所有领域都是嵌入社会当中的，社会只是各种不同领域当中的一个领域而已，只是这个领域相对来说有自己的一些特殊性。一旦某个领域当中有什么特殊问题解决不了，我们就总是求助于另一个领域来解决这个问题，涂尔干说的用一种社会事实解释另一种社会事实就是这么来的。为什么要用一种社会事实来解释另一种社会事实呢？因为我们研究的是一种社会的社会学。这种社会的社会学解决不了的时候怎么办？我们就找了另外一种社会的元素，用另外一种社会的元素来解释这种社会的元素，这就是涂尔干所讲的用社会事实来解释社会事实。所以拉图尔讲，这实质上等于一种同义反复，并不具备解释力。怎么能用社会事实来解释社会事实呢？这是有问题的，是不够的。当然他也讲了，社会的社会学也有价值。它的价值在什么地方？可以让我们看清某个事物的基本元素是什么，就是让我们至少知道它的状况如何，它的困境在什么地方。但社会的要素是不断流动的、变化的，社会的群体边界是不确定的，如果你要研究变化的甚至是还没出现的社会现象，这种传统的社会的社会学就是苍白无力、无能为力的。尽管承认这种社会的社会学有一定价值，但是一旦社会现象发生变化或者不确定，这种社会的社会学就会面临很大的困境。由此，拉图尔提倡建立一种联结的社会学。在社会秩序当中，本来并没有什么独特的东西，也没有所谓的社会维度、社会情境，没有一个独特的现实现象能够被表示为"社会的"或者社会的元素、社会的要素。从行动者自身来讲，每个人都有对自己行动的判断，都有自己的行动性存在，所以社会本身恰恰是最应该去解释的，是解释的终点。就像我们现在讲理论，老是用一种理论来衡量另一种理论，但是理论本身就需要得到解释和论证，社会也是这样。

　　拉图尔把他的联结的社会学命名为行动者网络理论，就是站在行动者自身的立场上进行研究，这才是实在的。他的社会学就是关于如何研究或者如何不研究，以及如何让行动者来表达自己的一种理论。每个人都生活在社会当中，每个人都可以自主地表达自己，我们应该研究行动者怎么表达自己。就像有时候我们做经验研究，我们都是站在外部帮这些行动者解读，而不是让行动者自己来表达。就像不同地区人们月收入的不同与生活质量的不同之间并没有必然的逻辑联系，如果用这个社会事实去解释那个社会事实，是有问题的。这就是我们所讲的，行动者要表达自己，这是行动者不断寻求确定性的过程，也是从不确定性逐步走向确定性的过程，这就是它非常有意义的地方。

不确定性构成了对行动主体决策以及社会秩序的根本挑战，同时也造成了行动主体决策对制度的依赖。制度通过对行动主体的建构来引导他、保护他，甚至给行动主体提供在不确定性中寻求确定性的社会建制和保护。因此，制度是应对不确定性的非常重要的手段。这是从制度层面来讲。

法国哲学家布迪厄有一句话：如果有机会去解决社会上产生的问题，那么解决方案只能是集体层面的，而不能是个体层面的。为什么？我们要应对那么多不确定性因素，靠单一的个体行为是非常难的，解决方案只能是集体行动。这就是鲍曼所讲的，流动时代的不确定性的根本困境在于"社会系统矛盾的个人传记式解决"。因此，鲍曼反对个体凭一己之力来承担和解决社会（系统）造成的困难和痛苦，尤其是对那些资源和力量严重不足的个体而言，世界只可能是难以理解的、无法控制的、液态的、不确定的。因此，从"不确定性"思维开始，以"制度创设"为基础，构建一种"共同体"的社会建制来应对流动时代的不确定性及其社会风险，就成为一种重要的选择。

怎么应对风险呢？要形成社会治理共同体。社会治理共同体不仅仅是一个联结形式的工具性的共同体，更是一个具有实质内涵的价值性的共同体。从学理上来分析，中共十九届四中全会通过的《中共中央关于坚持和完善中国特色社会主义制度推进国家治理体系和治理能力现代化若干重大问题的决定》，在社会治理方面首次提出了建设"社会治理共同体"，要求建设"人人有责、人人尽责、人人享有的社会治理共同体"。社会治理共同体不仅仅是一个包含着各种主体、客体等"一核多方"联结形式的工具性的共同体，更是一个具有情感、文化和心理认同的价值性的共同体。疫情风险的有效防控不仅仅有赖于一系列体制机制的建设，更依托于有效的社会治理共同体的建构。从有限的"一核多方"向更具凝聚力和包容性的社会治理共同体的提升，是疫情联防联控和共生共享的过程。这种共同体对于我们今天建立对疫情风险的防控依然是有帮助的。

关于共同体，社会学领域有大量的研究，其中大家非常熟悉的是滕尼斯在 1887 年提出的"共同体"概念。滕尼斯所说的共同体是一个由同质人口组成的关系密切、休戚与共、出入相友、守望相助、疾病相扶持的具有共同意识和情感的社会生活共同体。今天，共同体的形式和内涵都发生了很多变化，不仅出现了"地域共同体""职业共同体""利益共同体"等带有外在取向的实体性的共同体概念，还出现了"情感共同体""文化共同体""想象的共同体"等带有内在取向的价值性的共同体概念。像我们今天讲的社区，实际上从某种意义上来讲更多的是一种地域共同体，即大家居住在一个地方，它是一个居住区的概念，而与认同感、归属感不一定有关系。特别是城市社区，社区居民除了居住在同一个地方，没有什么其他的联结形式。由此而言，农村的社区建设比城市的社区建设要更容易一些。尽管农村的资源少，但是农村居民有利益的联结（比如有共同的资产）、有情感的联结、有归属感，城市里的这种联结要相对淡化很多。所以我觉得城市的共同体建设，最重要的是对带有内在取向的价值性的共同体也就是情感共同体、文化共同体、想象的共同体的建设，这非常重要。

共同体的发展出现了很多变化，因为今天不是专门讲共同体，我就不详细展开了。以下这些我们都可以去思考、去研究，甚至都可以写文章去探索。比如，共同体的发展总体上呈现出从"有形的共同体"到

"无形的共同体"、从"封闭的共同体"到"开放的共同体"、从"地域的共同体"到"脱域的共同体"、从"断面的共同体"到"历史的共同体"、从"一体化的共同体"到"多样化的共同体"、从"工具性的形式共同体"向"情感性的价值共同体"等的拓展和深化。包括中共十九届四中全会提出的"社会治理共同体",如前所述,我觉得它不仅仅是一个联结形式的工具性的共同体,更是一个具有实质内涵的价值性的共同体,从这个角度来理解共同体,应该会更有意义。《中共中央关于坚持和完善中国特色社会主义制度推进国家治理体系和治理能力现代化若干重大问题的决定》在阐述有关"共同体"的观点时,提出了"中华民族共同体""社会治理共同体"和"人类命运共同体"等共同体概念。这三个"共同体"可以被看作从相对微观的个体与社会到更为宏观的国家与世界的联结形式。

英国社会学家鲍曼在其《共同体:在一个不确定的世界中寻找安全》一书中,明确表达了共同体最核心的就是要像家一样温馨、相互依赖,它给我们提供的是在一个不确定性世界当中的安全感。从这个意义上来说,无论是哪一种共同体形式,情感归属与心理认同实际上都是共同体最本质的特征所在,否则就成了"衣帽间式的共同体",即那种缺乏关系、缺乏情感和归属的共同体。

社会治理共同体或者说疫情防控共同体的核心就在于它是一种价值共同体。这种共同体包含很多治理客体,由治理主体与治理客体共享治理过程。社会治理共同体所内含的"人人享有"的倡导不仅较好地表达了共同体的参与感、认同感与归属感,也充分表达了共同体成员的获得感和幸福感,而这正是社会治理的价值旨归。因此,从社会治理共同体建设的内涵来看,"人人有责"要求在抗击疫情的过程中培育民众更强的社会责任意识,"人人尽责"要求增强民众积极参与疫情联防联控、履行社会责任的能力,而"人人享有"则是人人有责和人人尽责的自然结果和价值追求。所以,无论是对治理主体还是治理客体来说,疫情防控共同体最终都体现出一种"人人享有"的价值回归,它是价值共同体的最终体现。

在疫情防控共同体建设方面，可以从人们的日常生活和工作出发来建构地域性的社会生活共同体和职业性的劳动与工作共同体，在具体操作层面有两个维度的工作：第一个维度是在组织形态（实体形态）的共同体上，一个是生活共同体，一个是职业共同体，这两个组织形态形成的共同体是我们当前最需要关注的，这也是为什么中央多次强调疫情防控的重心在社区，社区是疫情防控的底线，就是这个道理。第二个维度就是价值和精神文化形态的共同体，最终要回归到价值和精神文化、心理认同层面上。从共同体的演化来看，就是从地域共同体慢慢演化为一种社会生活共同体、政治共同体、价值和情感共同体——当然中间还可以加上组织形态共同体。

下面对今天的讲座做个简短的总结：

（1）制度建设和共同体建构是人类在充满不确定性的流动时代应对各种重大风险的有效方法。

（2）新冠疫情的全球爆发在很大程度上是对全世界社会治理共同体建设的一个新挑战。如果说在疫情风险防控过程中，社会治理共同体建设的社会化活力来自人们自觉自愿的组织化行为，那么，各种社会文化、情感与心理的认同就是这种自觉自愿行为的精神动力，是社会治理迈向现代化的动力源泉和价值追求。这是非常重要的。人们不是靠强权推动和利益诱惑才参与共同体的，而是靠自我内在的自觉自愿的认同。这不仅是防控疫情风险的社会治理共同体建设的关键，也是其核心价值之根本所在。

（3）我们可以从宏观（制度与政策）、中观（社区、社会组织、社会关系）、微观（家庭和个人）三个层面去探索，建立疫情防控共同体。当前，党委政府、社会组织、人民团体、利益群体甚至居民个体，需要达成共识，一起努力构建这种应对突发公共卫生事件和重大社会风险的社会治理共同体。而且，这种共同体可能是通过政府依法管制、社区居民有序自治和社会力量参与共治三种治理形式来共同建构的，并且需要设计一个合理的架构来应对流动性的疫情防控。

（4）由于疫情风险的隐蔽性和特殊性，从疫情爆发初期的防控准备到疫情扩散时期的各种各样的联防联控，再到疫情得到基本控制以后的恢复重建，在每一个阶段我们都可以建立一种共同体应对机制，但是它在不同阶段的表现形式是不一样的。

（5）后疫情时代怎么办？在防范上，我们要加快建立常态与非常态治理相衔接的应急管理体制。我们现在的应急管理体制都是适用于常态情境的管理体制，在面对这种重大、突发的非常态情境的时候，我们应该怎么办？常态与非常态社会治理怎么有效衔接起来？这是疫情之后我们需要去思考的问题，最后的目的是让人们回归日常生活共同体。这里最重要的要义就是通过各种社会服务，使社会经济发展的功能、价值和意义回归居民日常生活。我们不能总是处于隔离状态，总是处于社会停摆、中断的状态，还是要回归正常的日常生活，并由此来推动社会经济的可持续发展。

新冠疫情爆发，是人类社会迈入风险社会时代的一次大考。事实证明，中共十九届四中全会提出的"党委领导、政府负责、民主协商、社会协同、公众参与、法治保障、科技支撑的社会治理体系"架构，对应对重大突发公共事件而言具有十分明显的制度优势和组织优势。

最后，我想以鲍曼的一句话结束今天的讲座。鲍曼曾经以"写作社会学"的名义大声疾呼：社会学在今天比以往任何时候都更为被需要，原因就在于社会学能帮助人们获得力量、效率和理性。但是社会学需要完成一场思想启蒙，它必须理解个人所在的真实世界的新的运行规则，以增强人们的选择自由。

疫情发生之后，在当下中国社会，我们更需要社会学来回应一些重大问题。由此我认为，社会学的发展前途一片光明，社会学也应该更有所作为。

我的报告到这里就结束了，谢谢大家。

中国现代化进程中的风险与治理*

宋林飞

各位老师、各位同学，大家下午好！首先谢谢中国人民大学邀请我来参加郑杭生社会学大讲堂，今天我想跟大家交流的题目是"中国现代化进程中的风险与治理"。

我们正在推进中国现代化的进程，在这个进程中，有什么样的风险，如何去治理，这是国家发展和国家治理的重要课题。作为社会学者，应该关注它们，进行理论性的探讨和实际对策的研究。

"两个一百年"是中国现代化最重要的里程碑。中国共产党建党百年，实现初步现代化；中华人民共和国建国百年，将实现更高水平的现代化，建成社会主义现代化强国，实现中华民族的伟大复兴。在这一进程中，既有内生的风险，也有外来的风险，既有传统的风险，也有非传统的风险，国家治理面临形形色色的挑战。

为此，要及时与正确地识别、预警、防控、化解各种风险，制定和实施相应的政策与措施，推动中国现代化事业不断向前发展。现从实际出发，围绕中国现代化进程中面临的风险问题，提出一些理论解释与对

---

* 此文是 2021 年 3 月 11 日举办的郑杭生社会学大讲堂第三十讲的内容，讲座由刘少杰教授主持，由学术志提供直播支持。

演讲者简介：宋林飞，南京大学社会学教授、博士生导师，曾任江苏省社会科学院院长，江苏省人民政府参事室主任，中国社会学会会长，国务院学位委员会第四与第五届政治学社会学民族学学科评议组成员，全国哲学社会科学"八五"至"十三五"规划社会学学科组成员，第九、第十、第十一届全国政协委员，教育部高等学校社会学类专业教学指导委员会副主任，等等。

策构想。

一、中国式现代化的阶段性与特征

现代化是中国共产党人的一贯追求，对现代化的最初表述是工业化。早在新民主主义革命时期，毛泽东同志于 1945 年在党的七大上指出："中国工人阶级的任务，不但是为着建立新民主主义的国家而斗争，而且是为着中国的工业化和农业近代化而斗争。"在 1949 年 3 月召开的党的七届二中全会上，毛泽东同志提出稳步地由农业国转变为工业国的任务。

新中国成立以后，毛泽东同志在 1954 年 9 月召开的第一届全国人民代表大会第一次会议上指出："我们的总任务是：团结全国人民，争取一切国际朋友的支援，为了建设一个伟大的社会主义国家而奋斗，为了保卫国际和平和发展人类进步事业而奋斗。"周恩来同志在 1954 年的《政府工作报告》中提出："如果我们不建设起强大的现代化的工业、现代化的农业、现代化的交通运输业和现代化的国防，我们就不能摆脱落后和贫困。"1956 年，党的八大将"四个现代化"的目标写入党章，将党的重要任务确定为使中国具有强大的现代化的工业、现代化的农业、现代化的交通运输业和现代化的国防。1957 年，毛泽东同志在《关于正确处理人民内部矛盾的问题》中将"科学文化"纳入现代化范畴。1964 年的《政府工作报告》强调"科学技术"，同时提出了实现"四个现代化"的任务："在不太长的历史时期内，把我国建设成为一个具有现代农业、现代工业、现代国防和现代科学技术的社会主义强国。"

此后，"四个现代化"提法定型。作为党与政府的文本语言，"四个现代化"指工业、农业、国防和科学技术的现代化。1977 年党的十一大将"四个现代化"的目标再次写入党章。党的十一届三中全会决定实行改革开放，"把全党工作的着重点转移到社会主义现代化建设上来"。邓小平同志强调，要"一心一意地搞四个现代化"。他跟外宾解释，中国要走出一条"中国式的现代化道路"。至今，我们在这条道路上已经走了几十年，实践探索和理论探索都取得了丰硕的成果。

（一）中国式现代化的三个发展阶段

1. 初步现代化（全面建成小康社会）

社会上、理论界有一个误解，认为全面建成小康社会以后就要谈论现代化了。其实，小康社会建设就是现代化建设的一个阶段——初级阶段。从邓小平同志的观点来看，这是初步的目标，也就是说水平不高。2020 年，标志性的成就是我国绝对贫困人口全部脱贫，全面建成了小康社会，也就是说实现了初步现代化。

对现代化进程可以使用指标体系进行监测。我曾使用由经济现代化、社会现代化、生态现代化、人的现代化 4 大类 30 个指标组成的现代化指标体系，对 31 个省（自治区、直辖市）进行评估，论文发表后，《新华文摘》全文转载。

联合国衡量一个国家或地区是不是实现了现代化、是不是发达国家或地区的标准是人类发展指数，只有 3 个指标：人均 GDP、人均预期寿命、人均受教育年限。下面，用人类发展指数来看看我们国家目前的状况如何。

（1）人均 GDP。

联合国先后公布了一批发达国家，这些发达国家新进入时的人均 GDP 一般在 1.2 万美元左右。所以，可以判断这是一个初步现代化的门槛，也就是说，人均 GDP 达到 1.2 万美元左右，就开始进入发达国家行列。当然，刚进去时水平不高，是低度发达的国家，所以叫初步现代化。

2020 年，中国人均 GDP 是 1.05 万美元，接近这个门槛。在全国各个省（自治区、直辖市）里，有的走在了前面，如北京市人均 GDP 达到 2.43 万美元，上海市人均 GDP 达到 2.31 万美元，江苏省人均 GDP 达到 1.84 万美元，福建省、浙江省人均 GDP 均达到 1.60 万美元，广东省人均 GDP 达到 1.39 万美元，天津市人均 GDP 达到 1.31 万美元，等等。这些省（自治区、直辖市），率先跨过了初步现代化的门槛。

1979—2012 年，中国经济年均增速达到 9.8％，比同期世界经济年均增速高 7 个百分点。2010 年，中国超过日本，成为世界第二大经济体。从 2011 年以来，中国对世界经济增长的年均贡献率达到 30％以上，超过美国、欧盟、日本的贡献率之和。

（2）人均预期寿命。

2020 年，中国人均预期寿命超过 77.3 岁，这个指标值比较高，美国人均预期寿命因新冠疫情从 78.8 岁降低到 77.8 岁。在这个指标上，中美水平相似。

（3）人均受教育年限。

中国劳动年龄人口平均受教育年限，2020 年提高到 10.8 年。世界发达国家劳动力平均受教育年限达到 12 年以上，美国为 13 年以上。只看新增劳动力，2017 年我国新增劳动力的平均受教育年限达到了 13.3 年。我国教育的总体发展水平处于世界中上国家水平。

2. 中度现代化（基本实现现代化）

从我国"十四五"规划来看，到 2035 年，就要基本实现现代化，即达到中度现代化。邓小平同志提出，基本实现社会主义现代化就是要人均国民生产总值达到中等发达国家水平。这个"水平"怎么理解？有多种观点，我的主张是首先要进入发达国家行列，同时在发达国家中间处在中等水平，用这个标准来测量。

联合国已经宣布了一些发达国家名单，这些国家的起点是人均 GDP 1.2 万美元左右；人均 GDP 2.5 万美元左右处于中间状态，可以被界定为中等发达国家水平；人均 GDP 到了 4 万美元左右，是主要发达国家的门槛。假设把标准提得很高，那么现在的一些发达国家也做不到。就人均 GDP 来说，美国现在比较高，突破了 6 万美元，德国为 4.5 万美元，加拿大为 4.2 万美元，法国为 3.9 万美元，英国为 3.9 万美元。为此，我界定 4 万美元左右为主要发达国家的标准，2.5 万美元左右为中等发达国家的标准。

2013 年，经国务院同意，国家发展改革委印发了《苏南现代化建设示范区规划》，现在已经实施多年。我已出版了《苏南现代化建设示范区进展评估》一书，还组织编写了五本书，分别对苏州、无锡、常州、镇江、南京五市的现代化特色进行了研究和总结。2020 年，苏南五市按规划如期基本实现现代化。这个规划有 44 个三级指标，从 2020 年这些指标的实际值来看，绝大多数已经达到了目标值，因此总体上苏南五市已经跨进了基本现代化的行列。上海人均 GDP 的水平与苏南五市的平均水平相近，北京略高，也跨过了"基本实现现代化"的门槛。

3. 高度现代化（建成社会主义强国）

从 2020 年开始，我国将经过 15 年时间基本实现现代化。到 2035 年以后，再花 15 年时间，即到 2050 年，要将中国建设成为社会主义现代化强国，这是中国共产党的战略决策部署。全面建成社会主义现代化强国，即进入世界最发达国家行列，既可以造福全体中国人民，也可以为世界人民做出更多、更大的贡献。

（二）中国式现代化的发展特征

我国学者研究现代化，一般使用西方两分法分析框架：一种是"内发式变迁"，另一种是"外发式变迁"。用"外源现代化"概念与命题来解释中国现代化，其解释力如何？我认为解释力很有限。历史事实告诉我们，外来因素并不是推动中国现代化的主要因素，反而阻碍了中国的现代化进程，因为外来因素主要是世界列强对中国不断的武装侵略与财富掠夺。它们搞工业化、搞现代化，但是强大以后就开始对中国发动战争，第一次鸦片战争、第二次鸦片战争、甲午中日战争、八国联军侵华、日军全面侵华……频繁将战争灾难强加在中国人民身上，打断了中国近代化和现代化的进程。

有研究报告指出，1842—1919 年，外国帝国主义列强共迫使中国签订了 709 个不平等条约，其中英国最多，为 163 个，日本是 153 个，沙俄是 104 个，法国是 73 个，德国是 47 个，美国是 41 个，等等；赔款 19.53 亿银圆，相当于清政府 1901 年财政收入的 16 倍。中国近代化、现代化的经济基础被这些侵略者挖空了。中华人民共和国在成立时就宣布，我们要废除帝国主义国家在中国的一切特权，废除强加给中国的一切不平等条约。这为中国启动现代化进程排除了主要障碍。

中国共产党领导的中国现代化是主动现代化，但是西方发达国家对我们进行遏制与打压，所以我将中国现代化进程称为"内发外阻型"。20 世纪 50 年代到 70 年代，西方发达国家对我国实行全面的封锁政策，只有苏联对我国启动工业化进程有所支持，使我们奠定了重工业基础。改革开放以后，我国参与经济全球化，努力融入国际市场，使经济发展与科技创新进入快车道。但是，近几年来，来自外部的对华遏制与打压不断加剧，"内发外阻型"特征再现于世。

当前，世界面临百年未有之大变局，这个变局包括可能打断中国现代化进程的外来因素。美国及其他一些西方国家拉帮结派，以这样或那样的形式试图遏制中国的发展。特别是在中国经济发展取得重大进展以后，它们违背国际公认的准则，实行单边制裁，干涉中国内政。正如《美国生活中的反智主义》一书所说的那样，根植于美国历史与文化的反智主义，表现为民粹主义、意识形态领域的傲慢与偏见。新冠疫情爆发以后，美国政府不断对中国进行甩锅、打压，贸易战、科技战，什么都来了，这就是一种反智主义的表现。所以，国外有些分析人士说，美国政府正在沦为"反智主义政府"。

将来中国要进入世界主要发达国家行列，这对中国人民来说是一个福音，也是全体中国人民共同的理想与追求，但是美国等发达国家却视之为不可容忍的"挑战"。对此，美国的焦虑越来越强烈。也就是说，美国强大了，却不准中国强大，找出种种借口试图排斥中国的发展权，这是一种典型的霸权主义。这种霸权逻辑还没有结束，仍将延续。可见，中国式现代化进程不可能一帆风顺，来自外部遏制的压力可能还将延续。

二、防范化解中国式现代化进程中的重大风险

我国改革开放 40 多年来，已经经历过、今后还将经历的重大风险

究竟是什么？《邓小平文选》三卷里"风险"的概念出现了30多次，我曾发文阐述过邓小平的社会风险理论。他强调的是改革开放过程中风险的多样性，同时强调中国改革开放不要怕冒风险。

在新的历史阶段，习近平总书记指出，我们要"增强忧患意识，提高防控能力，着力防范化解重大风险，保持经济持续健康发展和社会大局稳定，为决胜全面建成小康社会、夺取新时代中国特色社会主义伟大胜利、实现中华民族伟大复兴的中国梦提供坚强保障"。重大风险究竟有多少？既然是重大风险，我们就要给予高度关注。

（一）社会稳定风险

"文革"动乱的教训极其深刻。"文革"动乱的突出问题是社会不稳定，社会不稳定影响经济发展与社会发展。1989年2月26日，邓小平同志指出："中国的问题，压倒一切的是需要稳定。没有稳定的环境，什么都搞不成，已经取得的成果也会失掉。"群体性突发事件是影响社会稳定的重要风险形式。我在《天津日报》上发表过《社会风险与早期警报》一文。同时，我在《青年学者》上发表的文章中提出社会风险预警指标体系、应急、钝化矛盾等概念，将预警引入群体性突发事件的研究与处置。

"稳定""改革""发展"是这几十年来党和政府文件、媒体报道中频繁出现的重要概念，同时也是我们实际工作中的主题词。目前，对社会稳定风险仍然不能忽视。从毛主席到习近平总书记，都重视"枫桥经验"，就是要求将矛盾化解在基层，维持社会稳定。从改革开放到全面建成小康社会，我国保持了长期的社会稳定，这是一条重要的经验。

（二）经济发展风险

几十年来，我国遇到的经济风险比较多，有的风险是内生的，有的风险是外来的。东南亚金融危机、美国次贷危机、欧洲主权债务危机，都是给中国经济带来负面影响的外来风险。中央金融工作会议多次提到金融风险，要求防范金融风险（主要包括金融杠杆率和流动性风险、信用风险、影子银行风险、违法犯罪风险、外部冲击风险、房地产泡沫风险、地方政府隐性债务风险、部分国企债务风险等），特别是要坚决打好防范、化解重大金融风险攻坚战，牢牢守住不发生系统性金融风险的底线。

目前，我国经济发展面临的风险仍然存在，特别是美国的单边制裁等，给我国经济发展带来了突出的风险因素。为此，习近平总书记指出："我们既要保持战略定力，推动我国经济发展沿着正确方向前进；又要增强忧患意识，未雨绸缪，精准研判、妥善应对经济领域可能出现的重大风险。"

（三）生态安全风险

改革开放以来，我国加快了工业化的进程，有力地推动了经济发展，但生态环境破坏的代价一度过大。环境污染，特别是空气、水、土地污染严重，成为全面建成小康社会的短板，也是攻坚战的主要目标。我曾出版《小康社会的来临》一书，指出空气污染、水污染、土地污染，都是影响人民身体健康的安全风险。清新的空气、洁净的水、无污染的土地应该成为公共产品，政府必须保证供应，用制度来保护生态环境。

按照党的十九大要求，全面建成小康社会的重点是打赢防范化解重大风险、精准脱贫、污染防治三大攻坚战。习近平总书记指出，要有效防范生态环境风险。生态环境安全是国家安全的重要组成部分，是经济社会持续健康发展的重要保障。要把生态环境风险纳入常态化管理，系统构建全过程、多层级生态环境风险防范体系。要加快推进生态文明体制改革，抓好已出台改革举措的落地，及时制定新的改革方案。

（四）公共卫生风险

新冠疫情爆发以后，我们深刻体会到公共卫生风险是国家治理、国家应急管理的重要对象和难题。在防控新冠疫情的过程中，我们已经取得了重要的成绩，也暴露了一些短板与不足。习近平总书记强调，我国是一个有着 14 亿多人口的大国，防范化解重大疫情和重大突发公共卫生风险，始终是我们须臾不可放松的大事。要立足当前、放眼长远，研究和加强疫情防控工作，健全相关体制机制，尽快提高我国应对重大突发事件能力和水平。

公共卫生重大突发事件是重大风险，我们要把这个风险因素关注好，能够有效防范，发生以后能够有效应急处置。新冠疫情爆发以后，我在《社会学研究》上发表了《国家公共卫生应急管理原则与指标体系》一文，提出了公共卫生风险预警与应急管理的十个原则，并对我国的疫情预警与防控进行了评估——既肯定了成绩，也指出了大数据使用带来的个人信息泄露等风险。

（五）政治安全风险

政治安全主要是指保障中国特色社会主义政治理念、政治价值和政党制度的安全，其中的风险主要是西方国家对我国政治价值观念与制度的抹黑、诋毁与破坏，比如搞"颜色革命"，拉拢盟友联合"抗中"，标榜它们的价值、维护它们的政治制度。我们要把维护国家政治安全特别是政权安全、制度安全放在第一位，提高对各种矛盾问题加以预测预警预防的能力。

意识形态领域是政治安全的重要组成部分，有些西方政客越来越多地强调他们的意识形态，试图将他们的意识形态推广到世界上的每一个角落。其实，不少西方知识分子对西方政治现实不满，持批判态度，同时想寻找"好社会""理想制度"。现在，互联网已成为舆论斗争的主战场。也就是说，我们要坚持理想信念，掌握意识形态领域斗争的主动权，以科技为支撑，将意识形态的话语权牢牢地掌握在我们自己手中。

（六）国家安全风险

近几年，美国依靠美日军事同盟支持日本侵占中国钓鱼岛、专属经济区和东海大陆架，介入南海岛礁主权争议，等等，是中国周边安全环境的重要隐患。国际恐怖主义、民族分裂主义、宗教极端主义，是我国构建周边稳定环境的严重威胁。维护国家安全的根本目的，就在于保障人民的生命和财产安全，保障国家的领土安全。

国家安全工作很重要，必须有足够的能力来防控国家安全风险。习近平总书记强调，国家安全工作要适应新时代新要求，一手抓当前、一手谋长远，切实做好维护政治安全、健全国家安全制度体系、完善国家安全战略和政策、强化国家安全能力建设、防控重大风险、加强法治保障、增强国家安全意识等方面的工作。要加大对维护国家安全所需的物质、技术、装备、人才、法律、机制等保障方面的能力建设，更好适应国家安全工作需要。

（七）暴力恐怖风险

这也是一种重大风险。1990—2016 年，在国外反华势力的支持下，新疆发生了数千起恐怖袭击事件。自 2009 年以来，新疆涉暴涉恐案件一度明显增加。反对恐怖主义在世界上是有共识的，但是一些西方政客"双标"地看问题，同样性质的事情发生在他们国家就是恐怖主义，发生在我们国家就变成了所谓的"一道亮丽的风景线"。当时，面对严峻形势，新疆依法打击暴恐活动，设立职业技能教育培训中心，是落实联合国《全球反恐战略》《防止暴力极端主义行动计划》等国际反恐和去极端化倡议的实际行动。涉疆问题不是民族、宗教、人权问题，而是反暴恐问题；不是如西方媒体讲的侵犯了少数民族，而是维护了新疆社会稳定，保障了各民族人民的合法权益。

新疆打击恐怖势力、恐怖活动，已经取得了明显成效，但是国外媒体又散播谣言，指责新疆实行"种族灭绝"。这根本没有发生过。根据历次全国人口普查数据，新疆维吾尔族人口 1953 年为 360.76 万人，1964 年为 399.16 万人，1982 年为 595.59 万人，1990 年为 719.18 万人，2000 年为 834.56 万人，2010 年为 1 000.13 万人，2020 年为 1 162.43万人。每两次普查间净增人口分别为 38.4 万人、196.43 万人、123.59 万人、115.38 万人、165.57 万人、162.3 万人，年均增长率分别为 0.92%、2.25%、2.38%、1.5%、1.83%、1.52%。上述数据表明，新中国成立后，新疆维吾尔族人口总体保持较高增长水平，与新疆人口发展的趋势基本一致。进入 21 世纪以来，新疆维吾尔族人口从 2000 年的 834.56 万人增长至 2020 年的 1 162.43 万人，年均增长率为

1.67%，远高于同期全国少数民族人口年均增长率 0.83%的水平。哪有"种族灭绝"问题？这种谣言、抹黑，严重毒化了国际舆论场域，中国必须及时澄清事实真相。

（八）国家分裂风险

"台独"是我国国家分裂风险的主要来源。2020 年 6 月，台湾民进党当局公布所谓"香港人道援助关怀行动项目"，企图干预香港事务。"台独"与"港独"合流，目的是破坏"一国两制"、分裂国家。

"台独"为什么能够存在？它是美国等西方国家支持的结果。新中国成立以后，美国等西方国家对华长期封锁、拒不建交。中美建交以后，美方一直打"台湾牌"、搞"以台制华"，试图阻挠中国完全统一。美方说一套、做一套，一方面说坚持"一个中国"原则，不支持"台独"，另一方面强化与中国台湾地区的军政勾连，并且不断出笼售台武器计划，严重危害台海地区和平稳定。美方歪曲"一个中国"原则，给台海局势带来重大风险。

2016 年 11 月，习近平总书记在纪念孙中山先生诞辰 150 周年大会上的讲话中指出："一切分裂国家的活动都必将遭到全体中国人民坚决反对。我们绝不允许任何人、任何组织、任何政党、在任何时候、以任何形式、把任何一块中国领土从中国分裂出去！"讲得好！台湾问题纯属中国内政，不容美方干涉。无论美台如何勾连，都无法改变台湾是中国的一部分的事实。我们要坚决防范国家分裂风险，坚定不移地加快两岸统一的进程。

（九）贫富分化风险

20 世纪 80 年代初，我国代表国民收入差距的基尼系数在 0.3 左右，说明收入比较平均，但当时收入水平较低。当收入水平提高以后，出现了收入差距扩大的问题。基尼系数 2003 年上升到 0.479，2008 年达到 0.491，以后逐年下降，2014 年的基尼系数为 0.469。近几年的基尼系数基本上都处于这个水平，略有下降之势。按照国际理论界的共识，我国居民收入分配处于"差距较大"的区间，接近"差距悬殊"的警戒线。

我们应该找到贫富分化的原因。我找到了两个原因：一是"三个口袋"。也就是说，国民收入在居民、企业和政府三者间怎么分配？实际情况是，居民的份额下降，现在偏低；企业的份额明显上升，现在偏高；政府的份额基本稳定，大体适中，现在行政性支出占比过高。二是城乡二元结构。中国有近 3 亿农民工，他们至今没有完全市民化，也就是说他们没有完全享受市民待遇。这个问题应该得到尽快解决，应该加快农民工市民化的步伐。习近平总书记要求不断推进全体人民共同富裕。防止两极分化是我们的任务，路径是加强政府宏观调控，我们要通过财政转移支付等多种有效的政策工具，缩小区域、城乡、不同人群的收入差距。

（十）科技安全风险

近几年，我们面临的科技安全风险增加了。在科技领域，从引领、跟随角度来看，美国在引领方面走在世界前列，但中国现在不完全是跟随了，正在从跟随为主、引领为辅向引领为主、跟随为辅转变。现在，我们既有跟随方面，也有引领方面，比如在 5G 领域我们拥有大多数专利，处于引领位置。美国不高兴了，就采取单边制裁，将中国的一些先进科技企业、大学列入制裁清单；还拉拢一些盟友国家将芯片等科技产品对华"断供"，实施"卡脖子"围堵。

核心技术不在自己手上，科技发展就会面临受制于人的重大风险。核心技术是国之重器。关键核心技术是要不来、买不来、讨不来的。我们必须增强忧患意识，紧紧抓住和利用好新一轮科技革命和产业革命的机遇，把创新主动权、发展主动权牢牢掌握在自己手中。

三、关注新科技革命带来的新风险

近几年，数字化、网络化、智能化融合趋势显著。世界面临百年未有之大变局，其深层次的根源在于新一轮科技革命与产业变革。科技应用也会嵌入这样或那样的安全风险。

（一）个人信息泄露风险

数字化、网络化、智能化风险，首先是个人信息容易泄露，容易造成侵犯个人隐私权的问题。这个问题在国外经常被提到，在国内也越来越多地被人们强调。比如，中国消费者协会 2018 年的调查显示，85.2％的人遇到过个人信息泄露的情况，经营者擅自收集个人信息成为泄露的主要途径。2019 年，当时的国内"大数据行业第一股"数据堂违法出售包含公民个人信息的数据 60 余万条。人脸识别等新技术带来"隔空盗刷"等新风险。现在，人们对数字技术、网络技术、智能技术的使用越来越广泛，随之而来的个人信息泄露的风险也越来越突出。

（二）新媒体传播风险

现在，在地铁上、校园里，甚至在课堂上，都可以看到很多人在埋头看手机。人们从早到晚都被淹没在手机信息的汪洋大海之中，其中包括一些谣言与虚假信息，造成了新媒体传播风险。新媒体与自媒体的融合速度很快，网络不实信息的泛滥问题、网络低俗色情信息问题等增加了，而且新媒体与自媒体从信息"把关人"的角度来说控制力比较差。我曾经写过一本传播学方面的书，我觉得现在要当好"把关人"，比过去传统媒体时代难度更大。现在，数字鸿沟扩大，防范新媒体传播风险成为新时期的重要任务。

（三）网络突发舆情风险

网络突发舆情也是网络化带来的一种新现象。网络舆论已经成为社会舆论的重要组成部分，尤其是在重大突发事件发生时，网络舆论安全需要倍加关注。发生重大突发事件时，网络舆论中会或多或少地出现谣言滋生、蔓延甚至肆意传播的现象，从而误导不明真相的网民和群众，给社会生产生活带来负面影响。我们必须增强网络舆论安全危机意识，善于及时运用科学技术手段防范化解可能出现的网络突发舆情风险。

（四）网络犯罪风险

在西方国家，网络犯罪已经超过贩卖毒品犯罪成为主要的犯罪类型。目前，我国在刑事犯罪数量总体下降的情况下，网络犯罪数量仍然保持高增长。2019 年，网上诈骗的比例从 26.6％上升到 28.1％。网络犯罪成为第一大犯罪类型，未来多数犯罪可能会借助网络实施。据不完全统计，最易、最多被骗的人群是"90 后"年轻人，在某城市全部被骗人口中占比达到 50.22％；诈骗类型集中在商品交易、贷款、兼职刷信誉、冒充客服和征婚交友等方面。独居高龄老人也是被骗较多的人群，骗子以冒充亲友借钱、冒充公检法机关查案等诈骗手段，骗走老人的养老金。

网络犯罪具有跨越地域与空间的特征。只要能够连接网络，任何一台电脑、任何一部手机都可能不受地域限制而成为犯罪工具。

（五）人工智能伦理风险

人工智能技术出现以后，引起了理论界的关注。人工智能技术是一项新兴技术，它的发展与应用不仅大幅提高了社会生产效率，也使人类生活更加便捷、高效。但由新兴技术引发的争议事件增加，出现了新的伦理与法律问题。美国生命未来研究所和英国剑桥大学生存风险研究中心相关学者认为，人工智能的高度发展对人类具有潜在的灾难性风险甚至是存在性风险。我们应当从这种认识中获得一种关于颠覆性技术发展过程中潜在风险的危机意识。我们需要研究出新的算法，确保人工智能做出的决策与现有的法律、社会伦理一致。现在有很多细分领域值得研究。

2017 年 7 月，中国政府发布的《新一代人工智能发展规划》指出，要初步建立人工智能法律法规、伦理规范和政策体系，形成人工智能安全评估和管控能力。我们要构建符合人类伦理与价值观的人工智能伦理理念与原则，人工智能技术的发展与应用，必须做到透明、可解释、安全可控、可验证、可追责，不引入智能技术加深性别、种族、文化等偏见，尊重个人隐私，促进公平公正，倡导和谐发展的人工智能伦理与治理原则。

联合国发布的《机器人伦理初步报告草案》、标准制定组织国际电气电子工程师学会（IEEE）发布的《合伦理设计：利用人工智能和自主系统（AI/AS）最大化人类福祉的愿景（第一版）》等文件，对人工智能带来的伦理问题进行了深刻分析，主张人工智能设计从算法一直到应用都要合乎伦理。欧盟委员会发布了一份人工智能道德准则，提出了"值得信赖"的人工智能应当满足的 7 个条件：受人类监管；技术的稳健性和安全性；隐私和数据管理；透明度；多样性、非歧视性和公平性；社会和环境福祉；问责制。这些倡议都是积极的探索。

（六）人工智能引起的失业风险

人工智能已在制造、交通、医疗、金融、新闻等行业得到应用，赋能传统产业转型发展。人工智能是否会引起结构性失业？这两年我调查了一些先进制造业企业，发现它们一般用五年规划或更长的时间，用机器人取代 80％以上的直接作业人员。2019 年，中国工业机器人密度达187 台/万人——日本为 364 台/万人，德国为 346 台/万人。工业机器人的使用会导致一些岗位的失业，也会创造新的就业机会。但现在看来，在一段时间内，创造的新就业机会不如失去的就业机会多。中国工业机器人密度与发达国家的差距仍然很大，但近年来发展速度很快。对于人工智能引起的失业，既不要太悲观，但也不能太乐观，这是一个风险问题，应该要有对策。智能化浪潮也带来了一些收入分配问题，有些学者担心，收入是不是会越来越多地集中在少数设计人工智能、使用人工智能的人群手里，而其他人群的收入会相对减少。这种预测是否正确需要实践来验证。

（七）智能决策失误风险

使用数据、算法等进行决策容易引起一些失误。智能算法根据输入信息和从信息中提取的模式来进行预测。由于人们存在一些偏见，因此有关数据集也会表征这些偏见。算法就像镜子，其学习模式会反映社会中的偏见——无论是显性的还是隐性的，偏见总是存在的。《人民日报》曾经连发 3 篇文章，批评"算法推荐"导致的乱象。

（八）人工智能武器化风险

这个问题我一开始以为不会发展得太快，实际上不是这样。2016 年美国国防部的一份设想未来战争方式的报告显示，人工智能和自动化机器系统将成为美国国防战略的重要组成部分，美国国防部将使用人形机器士兵、全自动布雷车和隐蔽的微型间谍机器人改变战争走向。2017年美国国防部启动"Maven 计划"，目的是加速美国国防部对人工智能与机器学习技术的集成，将美国国防部海量可用数据快速转变为可用于行动的情报。一些民用企业如谷歌等，参与了美国国防部的这一计划——在员工们反对、社会上有些专家也反对的情况下。

2020年8月，在美国人工智能系统与王牌飞行员之间的模拟空战中，经过多轮博斗，美国空军王牌飞行员无一取胜，这是人工智能武器化的一个案例。另外一个案例是，一个全副武装的智能机器人战士，从加入材料到走下生产线可能只需要40秒；而一个全副武装的人类战士，从呱呱坠地到走向战场，起码需要18年以上成长与训练的时间。智能机器人战士具有生成速度、集群规模与打击能力方面的强大优势，可能对人类社会造成严重威胁。

（九）人工智能失控风险

现在，计算机专家把人工智能分为三个阶段：弱人工智能阶段、强人工智能阶段、超人工智能阶段。到最后，人工智能可以像人一样思考问题，可以自己决定自己的行为，人类能不能控制住它？这对人类提出了挑战。我们现在处于弱人工智能向强人工智能过渡的阶段，部分技术已经非常先进，但整体上还没有进入强人工智能阶段。而超人工智能阶段，现在只能在科幻电影里看到。在人们的想象中，超人工智能尚有不少未知的风险。所以，人类对人工智能的发展与应用必须保持控制权、具有控制能力，否则就会给人类生存带来巨大的威胁。

（十）社会排斥与疏离风险

过去，我们往往把社会疏离看成是弱势群体所普遍面对的社会问题。现在，非接触方式加大了社会疏离也成为一个社会问题。由于网络技术的发展，网上购物、社交，线上会议、交流、上课甚至外交等等，经常发生，这有利也有弊。面对面沟通、互动是人类传统交往的特点。

但是现在，人们越来越依赖网络虚拟世界，人际关系距离拉大，形成了前所未有的社会疏离的风险，值得社会学和心理学研究。短视频、游戏论坛、直播间、弹幕视频网站等是年轻人交流的平台。年轻人的交流和表达越来越小众化，学生群体的热词不同于主流媒体的热词，社会主流的关注点往往不是年轻人的关注点。人们从"网上的狂欢""微信圈层化"发展到"现实的孤单"，潜藏着社会排斥与疏离风险。

四、自反性现代化的理论解释与现实治理

"当今世界正经历百年未有之大变局"——这是中共中央做出的重大判断。这个大变局，是指国际力量对比深刻调整，是指美国的单边主义、保护主义、霸权主义对世界和平与发展构成威胁，更深层次是指新一轮科技革命和产业革命。美国为什么针对我们搞单边主义、保护主义、霸权主义？害怕我们在新一轮的科技革命和产业革命中赶上它，这是深层的根源。

（一）社会学"自反性现代化"理论的意义及局限性

对于世界百年未有之大变局深层的根源带来的风险，从社会学理论方面来解释，国外有一个概念是"自反性现代化"（reflexive modernization）。贝克把现代化分成两个阶段："简单（传统）现代化阶段"和"自反性现代化阶段"。西方现代主义讲的是第一个阶段，后现代主义讲的是第二个阶段。第二个阶段究竟是怎么回事呢？是风险社会，与其对应的是初级科学化以后的自反科学化阶段。在工业社会中，人们相信人的理性力量可以控制自然和社会，使人类社会有秩序、有规则地发展。但是，随着科学技术的高速前进和全球化的迅速发展，世界已经开始进入一个新的充满不确定性的风险社会阶段。

贝克指出，"自反性现代化"这个概念，首先是指"自我对抗"（self-confrontation），"自反"就是"反自身"，现代化的进一步发展挖了自身的墙角。我认为，这个观点值得关注。你们看，联合国、世界贸易组织等国际组织及其规则，美国是参与制定与实行过的，但现在它却

搞单边制裁、发动战争，这就是"反自身"，就是挖自身的墙角。用这种理论来分析当今世界，有一定的启发性。但是，我觉得它还没有找到解决自反性问题的答案，也就是说，它的解释力还不够。世界社会学理论的新视角是，既要描述两个阶段的特点，又要为解决"自反性现代化"问题寻找路径。在推进中国现代化的进程中，中国社会学者也要思考我们有没有自反性问题，如果有的话，要怎么解决。这是社会学理论创新的重大任务。

总体来说，我们必须承认，世界各国不论大小应该一律平等，我们要反对霸权主义，建立公正、平衡、多边的新世界秩序。习近平总书记关于构建人类命运共同体的倡导与中国方案，是解决"自反性现代化"问题的根本出路。费孝通先生提倡的"美人之美、美美与共"，应该成为全球治理理念之一。

（二）智慧社会中风险的实际应对

"十四五"期间，我国将大力推进人工智能、量子信息、集成电路等前沿领域的核心技术创新。智能时代正在到来，应对的思路是什么呢？作为社会学者，我们提倡确立技术与社会的良性互构，发展负责任的人工智能，及时、精准地实施敏捷治理，建立好的人工智能社会。

1. 构建数据安全技术防护体系

目前，针对新科技革命带来的一些风险问题，应该构建数据安全技术防护体系。大家动不动就说要进行大数据分析，动不动就说掌握了多少海量数据，但大数据往往涉及个人、企业的信息，信息（特别是个人信息）怎么能够得到保护等，应该是各个学科要重点关注的，特别是要在技术上解决这个问题。《世界人权宣言》中提到要保护个人隐私。我在《国家公共卫生应急管理原则与指标体系》一文中提出，中国疫情期间个人行动轨迹是"健康码"平台收集的数据，这种个人信息的收集在疫情期间是临时赋权、有限赋权的，有关平台不得将这些信息用于商业盈利目的。

2. 有效应对非传统网络安全威胁

网络安全是指确保网络数据的可用性、完整性和保密性。从个人、企业的角度来看，凡是涉及个人隐私或商业利益的信息在网络传输过程中受到机密性、完整性和真实性的保护，就是实现了网络安全。否则，就是网络安全受到了威胁。在数字化、网络化、智能化越来越广泛深入融合的社会经济生活中，我们面临网络安全威胁越来越大、发生越来越频繁的风险。这种风险是非传统的，因此我们缺少经验，怎么应对是一个新的课题。我国政府已经将公共互联网网络安全突发事件视为人类面临的共同挑战。工信部出台了《公共互联网网络安全突发事件应急预案》，明确了监测预警、应急处置措施。这是一个有效的办法。

3. 严密防范网络犯罪特别是新型网络犯罪

习近平总书记强调：要严密防范网络犯罪特别是新型网络犯罪，维护人民群众利益和社会和谐稳定。对于网络犯罪，我们社会学研究队伍薄弱，研究成果有限。加大对网络犯罪的理论研究与应用研究，是社会学在新时期的重要任务。现在的网络犯罪团伙有些躲在国外，有些隐藏在国内，其中网络金融诈骗最为频发，最为严重侵害人民群众的利益。怎么有效防范与及时有效打击新型网络犯罪呢？既要对犯罪案例进行理论研究，又要从技术层面提供有效支撑，只有这样，才能有效遏制网络犯罪扩张的势头，切实保护人民群众的利益。

4. 提高预测预警预防各类风险能力

预警问题，在新冠疫情爆发时就被提到了重要的位置。习近平总书记要求："提高预测预警预防各类风险能力。"从新冠疫情防控实践来看，对疫情确定性与不确定性的把握最为关键。对重大风险的预警，困难在于对确定性与不确定性的认知，但是如果等到完全确定了再发出预警，就迟了。所以，关于对突发公共卫生事件以及其他重要风险的预警，自然科学与社会科学工作者和政府有关部门，必须科学把握确定性与不确定性。

5. 建立人工智能敏捷治理模式

"敏捷治理"这个概念现在是国内研究人工智能治理的专家的共识。人工智能社会是敏捷社会，治理它时也要使用敏捷治理。2019 年，中国国家新一代人工智能治理专业委员会发布《新一代人工智能治理原则——发展负责任的人工智能》，明确提出和谐友好、公平公正、包容共享、尊重隐私、安全可控、共担责任、开放协作、敏捷治理等 8 项原则。什么是敏捷治理？"尊重人工智能发展规律，在推动人工智能创新发展、有序发展的同时，及时发现和解决可能引发的风险。不断提升智能化技术手段，优化管理机制，完善治理体系，推动治理原则贯穿人工智能产品和服务的全生命周期。对未来更高级人工智能的潜在风险持续开展研究和预判，确保人工智能始终朝着有利于人类的方向发展。"也就是说，敏捷治理首先要及时发现人工智能风险。在敏捷治理中及时识别风险、及时发出预警，就显得非常重要。

在敏捷治理方面需要建立新的理论，社会学者应该进入这个领域。社会学者需要研究正在到来的人工智能时代、智慧社会，使我们能够及时发现科技革命和产业革命带来的红利，同时及时识别、预警和处置随之而来的风险，尽量把红利最大化，尽量把风险化解，缩小或避免负面影响。

社会学面临很多新的课题，应创新话语系统。我写过《西方社会学理论》，觉得西方社会学话语系统对于描述与解释现在的社会实际而言不够用。面对智慧社会的很多新的事件、新的问题、新的矛盾和新的风险，我们恢复与重建的社会学理论的解释力、话语体系都显得不足。这是对我们社会学者的挑战。我们应该从中国特色社会主义现代化的实际出发，科学地提炼新的社会学概念，科学地建构新的社会学命题与理论，争取在研究现代化进程、新的风险及其化解方面，在理论方法和实务、政策策略方面，都能够有所创新、有所前进。

6. 尽早达成智能武器风险防控的国际共识与公约

人工智能出现以后，我就开始担心军事武器智能化。现在看来，军事武器智能化已经成为世界军备竞赛的新形式，下一代战争可能是智能化战争。现在我们能够做的，是探讨如何应对智能化战争的风险。我们要吸取过去的历史教训，在智能化战争还没有蔓延开来的情况下，尽快达成一些共识，设计一些国际公约、国际规则，来引导军事武器智能化的理性发展与有效控制，把军事智能安全风险扼杀在萌芽状态。要在联合国范围内限制智能武器的生产范围，禁止违背伦理道德的误杀滥杀，界定智能武器的反人类罪责，也就是说要建构人工智能军事行动的国际规范，共同应对军事武器智能化的新挑战。

目前，这方面的研究成果很少，希望以后能看到军事领域的一些学者研究军事武器智能化风险。社会学者在研究军事武器智能化风险防控时怎样多一些人文关怀？我们怎样建设人类命运共同体？20 世纪 60 年代，法国社会学家雷蒙·阿隆在《和平与战争：国际关系理论》一书中发问："冷战与核武器造成的恐怖与恐惧，能使我们发现和平共处的真正意义吗？"和平共处五项原则是由中国首先提出的。智能武器发展以后会不会形成新的恐怖平衡以及在此基础上的和平？应该制定国际规则。新领域的风险比传统领域的风险更难研究，社会学现在针对这个领域的理论研究成果与解释力缺乏，需要发展。

今天就讲到这里，不足之处，请大家批评。谢谢大家！

中国人的人情与面子：框架、概念与关联*

翟学伟

各位老师、各位同学、各位听众，首先谢谢人大所举办的郑杭生社会学大讲堂给我一次机会，在这样一个空中平台和大家一起交流。

今天演讲的话题，在了解我的人看来，好像是一个老话题，我早在二十多年前就已经在这方面做过一些研究。但实际上我这次选择这个题目是比较慎重的，因为我自己的观点在中国社会学本土化的意义上，还是需要往前推进的，但是这个推进不是说只要你的研究对象是一个中国社会现象或一个中国社会问题，你做的研究就是社会学的本土化研究。本土化更多地看的是你在理论和方法上的本土化思考，而不是零碎的经验研究。我们现在做研究的思路是，许多人会无意或有意地通过他们的经验研究回到理论思考上来，但从中国人的生活当中寻求到一种生活现象，然后提炼为自己的理论，是不多见的，因为这方面的思考基本上是从教材或者译著中得到的，也就是说，这类研究属于用书本理论结合现实问题再回到书本理论的研究。而我说的理论思考则是把一个生活现象

* 此文是 2021 年 3 月 18 日举办的郑杭生社会学大讲堂第三十一讲的内容，讲座由刘少杰教授主持，由学术志提供直播支持。

演讲者简介：翟学伟，南京大学社会学院社会学系教授，兼任中国社会心理学会副会长。长期致力于社会学与社会心理学的本土化研究。曾任南京大学社会学院社会学系主任。主要作品有《中国人行动的逻辑》《中国人的关系原理》《人情、面子与权力的再生产》《中国人的脸面观》等。在《中国社会科学》《社会学研究》等学术刊物上发表论文 60 余篇。曾主持国家社会科学基金重大项目"我国社会信用制度研究"，现为国家社会科学基金重大项目"儒家道德的社会化路径"首席专家。

变成一个社会学概念，从而建构起自己的理论的研究。显然，这种研究会遇到学术上的很多困难。面对这些困难，我们要一步步克服它们，否则建立自己的理论是不可能的。

这样就表明了我的一个立场，即当我们可以用自己的研究框架来看待和解释自己生活中的某种行为时，是不需要再回到西方社会学理论的。这时我们更关心的是这样的理论框架如何与西方的某种理论进行对话。所以我想通过今天的讲座，让大家感受一下，如果我做到了这一点，那么是不是有可能会比直接借用或者套用西方的概念来解释中国人和中国社会更加贴切、更加说明问题，或者解释得更好、更合理。表面上看，我今天讲的话题是中国人的人情与面子研究，但是我背后想实现的目标是在理论上做到上面说的那一点，这是我今天讲这个话题设定"框架、概念与关联"这个副标题的主要原因。

在讲述人情与面子的具体概念之前，我想先与大家共同思考几个比较关键的问题：

我们为什么喜欢用西方的概念和理论？我想这里在操作上有一个很重要的原因，即很长一个时期，中国社会学没有自己建立的概念。如果建立了会怎样呢？答案是建立了也不好用，所以研究者一旦号称要建立本土概念，就等于给自己的研究添加一些麻烦，让研究者觉得这条路走不下去或者难度太大，失去信心而决定折返。

那么，中国的本土概念到底有一些什么样的麻烦呢？我就个人的思考，从下面几个方面与大家进行交流。中国人有中国人的生活，但如果直接拿一个西方的概念或者理论来谈中国人的生活，那么可不可以？当然可以，但是从抽象度和契合性来讲，是有距离的。大多数社会学专业学生在写论文时经常会拿一个非常大的西方理论来套自己所关注的小问题，但是我们应该想一想，用一个那么大的理论去分析一个那么小的事，能不能行呢？行是一定的。就好比你有一个关于人的理论，想用来研究张三做的事。难道张三不是人吗？张三当然是人。既然你有一个关于人的理论，张三又是人，那么当你拿这个大的理论来解释张三时，自然无论张三做了什么，肯定都离不开是人做的。这样来看，解释是没有问题的，但是这里的解释距离过大了。契合性太弱，就等于没有解释。这时候你就会理解，像默顿那样把结构-功能主义"下沉"为中层理论是很有必要的。其实本土理论也有这样的作用，我们不希望在研究中国人的社会生活时一下子跳到一个大理论上去，而是希望找到一个适合的理论。这就使得我们在研究中国人和中国社会时先要把理论往下沉，沉到一个更加适合我们所关注的、要研究的那些人的人格、角色、地位、阶层、流动性及文化和社会情境等的程度。

当然，这种有针对性的理论并非一定要是本土理论，我们首先肯定社会学里有一些一般理论，有一些非常抽象的理论，也有一些宏观理论，它们可以被用来解释很多社会现象。但是我们如果想要把关注的现象解释得更好、更合理，就不能直接套用那些大的、抽象的理论，而是要找到一个下沉理论——当然也不能沉得太低。那么，到底下沉到什么位置合适呢？这似乎可以从社会学的调查技术上进行讨论，但有的问题不是技术上的问题，而是我们如何看待理论的解释范围的问题。此外，我们在理论下沉的过程中也发现有些议题不是一味下沉就可以的，而是存在文化类型差异。比如同样研究城市、农村、阶层、流动等，为何我们会想到南北差异？这反映出南北方人在生活环境与生活方式乃至性格及价值观上存在差异。所以，下沉到什么位置，通常也会考虑文化类型。以我们所从事的中国人和中国社会研究来看，通常文化类型考量是儒家文化所涉及的范围，当然从历史环境上看也是农耕文化的类型。本土概念最容易受到挑战的地方，就是那些率先实现了工业化和城市化的地方。但那些地方的变化更多地体现在物质方面，而在人的观念、心理和行为方面的变化还是相对缓慢的。

所以，本土概念的使用，大致有三个方面的意义：

（1）给想做的研究划定一个层级和范围，这样有助于我们进入本土生活的某一方面。那么，使用一个一般概念，而不使用本土概念行不行呢？当然行。使用什么样的概念取决于你想研究什么问题，有的问题是大多数现代社会所共有的，有的问题是有特殊性的。你选择了一个一般概念，说明你关心的是共有问题。如果你想研究一个本土问题，却用了一般概念，那么你沿着这个概念，会把一些本来很重要、有价值或者真正发挥机制作用的方面搞没有了。由于你概念使用不当，一些由自己的社会文化生发的重要问题就失去了，比如你想研究中国人的关系，你用的概念是课本上的"人际关系"，那么你对关系的认识就会失去很多。所以，本土概念更有助于研究者进入中国人的生活。

（2）本土概念在学术上的重要性表现在什么地方？你要研究一个社会当中的一群人或者现象，你又在这个社会中找了一个反映这群人或者这个现象的概念，这样一来，你的契合性就不会有问题，就不存在拿了一个不贴切的概念来说明这样的事。

（3）如果你有能力在本土概念基础上构建理论，那么这个理论本身就是本土理论。当然，这背后有很多方法论问题。而今天我只是就我开场的话引出大家的新的想法甚至疑问，但受讲座时间限制，我在很多地方不能展开去讲，仅先把这些思考提出来。

既然本土概念有助于研究者进入中国人的生活，在研究上又有契合性，而且可以帮助研究者建构理论，这三点自然就会让我们不再满足于做一些经验研究或实证研究，而是要在理论建构方面思考一些问题。

比如，关于本土概念的来源问题，我需要分成三种类型来讨论：

本土概念的第一种来源是传统思想经典。例如，儒家思想非常重视"伦"这个概念，它本身就很值得研究，我们可以好好地在理论上比较它与角色、互动、人际关系是不是一回事。有的儒家概念既重要又具体，比如"孝道"，它既是一个儒家经典概念，又是中国历史上的一个很核心的具有实践性的概念，影响到中国的政治、社会、教育、心理、风俗等各方面。儒家思想经典中论述了很多类似概念，当然我并不认为这些论述可以直接成为社会学理论，但它们可以作为理论参考资料。

本土概念的第二种来源是到社会生活中去寻找大家耳熟能详的日常用语。虽然这样的日常用语不胜枚举，但它们并非可以随便处置的。作为本土概念，我们需要从中挑选那些的确对揭示这个社会、揭示人的日常生活非常重要的词语——有时这个重要性也不是一下子就能够看得到的。比如，在 100 年前我们想研究中国人的国民性时，也许找到了一堆词语，而"人情""面子"是湮没其中的。但是我们通过研究——有时是通过外国人的提示，慢慢发现其他概念好像没有"人情""面子"概念重要，或者"人情""面子"概念可以覆盖其他概念，这时候我们的重心就转移到了"人情""面子"上去——既然这两个日常用语这么重要，我们就要重点关注它们。但必须指出的是，经历了这么多年的研究和思考，我自己认为把日常用语提炼成概念是非常艰难的。因为越是众所周知的，你越是没有胆量去提炼它，因为你所付出的努力在同样熟悉这些内容的人面前，更容易遭到否定。相反，一个大家都不熟悉的东西，你怎么说都行。可见，这是一个难点。

传统思想经典概念的提炼难度也很大，但日常用语概念的提炼难度与它不一样。其共同的麻烦是下定义很难。但是给传统思想经典概念下定义是难在中国的思想家在讨论概念时不倾向于给出定义，所以我们在把它们用于现代研究时，很多情况下使用的是心知肚明的表达，而不是通过定义去表达。而日常用语当中的那些说法，本来就有大家共享和默认的含义，如果我们再去定义它们，就很可能出现我们的理解与其他人的理解有差距的情况。一个本来大家都明白的东西经过我们定义之后反而让大家听不懂了，这有故弄玄虚之嫌，这样的研究也会出现偏差。

本土概念的第三种来源是学者的创造。学者创造的概念相对独特一点，它的独特性表现在哪里呢？比如这个概念是你提出的，既然你自己创造了一个概念，你的定义权就会比较大。这一点看起来可以摆脱上述两种情况中出现的麻烦，但构建一个概念不是灵机一动的事，词不达意、深奥难懂或者让人不知所云都是常见的情况。所以，要想构建一个被学界认可的概念，你还得学习一下科学哲学、形式逻辑等。

那么，在中国人和中国社会研究中有没有中国学者自己创造的概念呢？我认为是有的，众所周知的概念就是"差序格局"——传统思想经典中没有，日常用语中也没有，中国的社会学前辈费孝通创造了这样一个概念。可他偏要留下一个尾巴，也就是说，"差序格局"概念是他创造的，需要他下定义，而问题是他没有下定义。这似乎继承了中国传统学术的特点。费孝通不像西方学者那样，谁创造的概念，谁就得给它下定义。这就带来了后面很多人在使用"差序格局"时会有不同的理解。关于这一点，我在《中国社会科学》上也发表过论文：我们对差序格局的解释倾向于多样化了，这个学者说它想表达这个，那个学者说它想表达那个，一个概念就有了理解上的诸多差异。如果当年费孝通自己很清楚地对差序格局下个定义，那么这个问题虽不能说不再有争议，但是争议会减少。所以，无论你想从哪个来源来建立本土概念，我认为都是非常复杂的，难度都很大。这方面的讨论会涉及方法论，不是我今天要讨论的问题，我只想把其中的难度告诉大家。

我们固然可以说中国社会学者很喜欢从西方社会学理论中借用一些概念，这好像在说，有一种外部力量让他们折服于其学理及概念的严谨，但关键问题在于，即使对那些想做本土研究的中国社会学者来说，用西方概念也是没有办法的事情，因为本土概念的建立难度还是太大了。既然难度那么大，那么还不如直接套用现成的西方概念。西方人从理论到量表都弄好了，你就翻译一下，找一些人填答一下，何乐而不为呢？想想从本土概念开始研究，有那么多麻烦事，还被学界诟病，何苦呢？所以，看起来大家都知道，深入、细致、系统地研究中国人和中国社会非常重要，但是大家又不得不承认，自己连第一步都做不到。

一些学者对西方理论心服口服，不赞成本土化；还有一些学者内心想做本土研究，但认为太难、做不了，就表现出不屑一顾。这样一来，你就会被逼到一条路上——那就是西方的路——来思考中国人和中国社会。即使这样的方法让你多少看懂了中国，但你看懂的也只是这种方法让你看到的那一面，其实还有其他面，因为你没有进入社会，所以你始终看不到。我觉得研究本土化的重要性主要是在这个地方。当然，我们也不能走向另一个极端。有时我们为了摆脱西方的影响，动不动就创造一些新说法，比如：本来是失业，你说是"待业"；本来是穷人，你说是"待富人"；一个警察因喝酒把枪弄丢了，你说是"枪支暂时失控"；桥梁质量不好，发生断裂，你不想承认，发明一个说法叫"垂直错位"；等等。这种动不动就换一个新鲜的说法而不研究的行径，也是很可怕的。

接下来，我准备回到人情与面子这一主题上来，看一看我们如何来讨论本土概念的问题，以及本土概念最终能否建构出可以对话的理论。

一讲到人情、面子，我自己认为有一个最大的理论障碍，即黄光国早在 20 世纪 80 年代中后期发表的《人情与面子：中国人的权力游戏》。这篇论文曾发表在《美国社会学杂志》上，似乎也同时宣告了这个研究已经做完了。我个人认为黄光国的主要贡献在于，他在那个那么崇尚西方理论的时代，勇于从中国人的日常生活中挑选出这两个概念，把它们作为认识中国人和中国社会的基础概念，这是很了不起的。可是他的这项研究有没有很好地解释中国人和中国社会呢？我认为没有。当然你要问：你凭什么说人家没有？我认为他最大的问题就是没有回到中国自身的社会文化中来建构理论，而是借用西方理论来重构这两个概念。如果你细读他的这篇论文，就会发现他解释这两个概念，是为了跟西方对话，为了在西方的杂志上发表，他已经让人情、面子西化了——我想这一定是西方学者非常喜欢的。在西方学者看来，虽然你说的这两个概念我们不懂，但是你用西方理论来支撑这两个概念，我们是欢迎的。将本土概念与西方理论结合，会让读者觉得两个原本土里土气的中国日常词语，经过西方理论的包装，一下子就升华了。我可以很明确地说：这种做法本身就是一种不自信的做法。

那么，我们为什么不能从这两个概念本身提炼出一种理论呢？问题正出在人情与面子无法定义上。如果你接受了很好的社会科学训练，你就会认为要有理论就得先有概念，有了概念就要下定义。但回到中国人的生活里去，如果你发现这些重要概念无法定义，那么你要么放弃，要么借助西方理论来说明。可我们能否深究一下，就我个人的观点，一个概念越抽象，越可以下明确的定义，它的语境就会越弱。弱到什么地步？我从一个语境中把它抽离出来一样可以理解，而不用再回到那个语境中去。但是中国人所用的概念通常都要回到它的语境中去。如果在语境中也不能明白，我们还倾向于举例说明。举例就是让你回到更真切的情境中去，回到生活中去，回到词语的上下文中去理解这个概念的意思。所以，抽象地讨论人情与面子，我们想急切连接的西方理论就是面具、角色、自我、自尊、荣誉、炫耀、表演、资源、互动、交换等等。由此一来，你最后都不知道自己研究的还是不是人情与面子，通常很多人还对此表示赞赏。但这样一堆概念能够说清楚人情与面子吗？没有人关心这个问题。

可见，研究中国人的人情与面子也是要回到中国人的文化脉络、语境、情境、生活事例当中去考察的。或者讲得简单一点，我们先要从中国社会文化的脉络中获得一种理解其运行的视角和架构。这就等于我明明知道有西方理论摆在那儿，但我还是希望回到中国社会中去寻找人情、面子的理论到底在什么地方。为此，我画了一幅面子、人情与社会网络构造图（见图1）：

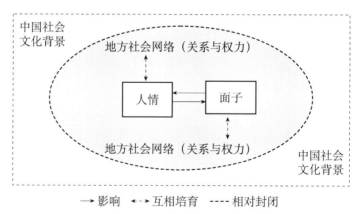

图1　面子、人情与社会网络构造图

在面子、人情与社会网络构造图中，最外面比较虚的架构就是中国社会文化背景。它作为一个背景，衬托着人情、面子在这个背景中发生。当然，这个背景是复杂的，我希望用著作的形式——也许一篇论文还不够——把这种复杂性慢慢呈现出来。但今天我不讨论复杂性，我只讨论人情与面子是什么含义。

所谓要以中国社会文化为背景，就是这个社会文化背景会催生人情和面子现象，我在这里用一个椭圆形把它圈出来，说明在这个大背景中还有一个小背景，这是人情、面子直接发生的背景，它叫地方社会网络。人情、面子一定是发生在地方社会网络里面的，如果把地方社会网络去掉，那么虽然这个社会中还会发生人情和面子，但我们不知道它们是如何发生的。

或许你们又要说，地方社会网络也太大了，无所不包，更何况西方的社会资本理论还在虎视眈眈，你怎么能够确定人情和面子只是在中国地方社会网络中形成的呢？所以，为了不受社会资本理论影响，我要括注"关系与权力"，表明我们不要一讲到地方社会网络就马上拐到西方社会学理论所谈的社会资本或社会网络那里去，因为那些理论中没有中国人在社会网络中所关注的关系与权力，而研究中国人的地方社会网络却应当重视关系与权力，这样一来，人情、面子才能得到理解。地方社会网络是个结构性的表达，至于它如何运行，我下面结合人情与面子的定义问题一起来讨论。

我们发现，人情与面子好像是交织的，人情也是面子，面子也是人情，这两个词到底是什么关系呢？这给一个想从事社会科学研究的人带来了一个挑战：是把人情与面子混起来说能说清楚呢，还是只说面子而不拉扯人情能说清楚呢？那我就专门写一篇文章或一本书，只谈面子的事，再专门写一篇文章或一本书，只谈人情的事，可不可以？可以是可以，但问题还是没有解决。我们现在要回答的问题是：在中国文化中，谈面子的时候为什么会牵涉到人情，谈人情的时候为什么会牵涉到面子？这一点说明，中国的概念不仅难以定义，还有交叉和相融现象。

既然两个概念都没有定义，我们就先采取脉络观，从背景中一步步把握它们的含义：

　　地方社会网络结成的最重要因素是关系与权力，其中，关系是网络形成的基础，而权力说明了这样的关系不是简单的人际关系或社会互动。你在学习符号互动论或学习社会心理学时学了人际关系，老师把课讲完了，你依然理解得朦朦胧胧的，这就是因为你错把人际关系当成了中国人的"关系"，错以为符号互动论能够解释中国人的交往，而它的解释力是远远不够的。也就是说——我在这里提醒你——如果此时你套用了西方社会学理论去研究，你想寻求的东西也就消失了。所以，中国人的关系也好、权力也好，不像西方教材那样简单地告诉你什么是人际关系、什么是社会互动，实际上这样一个社会网络充满了等级、权威和张力。等级、权威和张力是如何形成的呢？我没有时间跟大家讲了，你们可以去看我写的《伦：中国人之思想与社会的共同基础》一文。

　　如果你说这样讲有点模糊，我不是太明白，不知道你讲的等级是什么意思，那么我可以把它说得通俗一点。在中国人的交往当中，你在家庭交往中会意识到辈分很重要。那朋友交往中没有辈分怎么办？你又会知道年龄大小很重要。比如你是一个受个人主义影响很深的人，你认为你在任何时候都有表达自己意见的权利，而你所处的社会中的人根本不想听你想表达什么，他们只说一句话——"有你说话的份吗？"——就够了。这个"份"是哪里来的呢？没有等级怎么会有"份"呢？"我是一个人，你是一个人，凭什么你能说话，我不能说话呢？"你这样问，是在人际关系和社会互动理论里问的。而中国人认为有没有说话的"份"得看你是谁、我是谁。这时，你如果不仅是一个西方理论概念的应用者，还是一个观察者、研究者，那么别人的每一个细小的动作都在启发你。你就会意识到用西方社会学理论来说明中国人的复杂关系，有点空洞、有点远。你开始想能不能找一个更好的理论，这时你找到了关系理论。你或许认为，关系理论好像也显得大，能不能再找一个更贴切的理论？那么，人情、面子理论就出来了。如果你明白了中国人在日常生活中所建立的等级制、辈分体系，你就慢慢地走进了中国人的真实生活，你这时就会认为固守符号互动论或人际关系模式是不行的。

下一个我想解释的是，因为中国的概念没有定义，比如儒家的概念理解起来最明显的特点是要有上下文、要有语境，所以你会发现本土概念没有西方概念意义上的微观与宏观，这一点在经济学中更加突出。你一学经济学，只要一接触理论，马上就会遇到微观经济学和宏观经济学。但是你要做中国研究，而且要用中国概念，就会遇到一个大麻烦，那就是中国的概念是不分大小的。比如"关系"这个概念只能用于微观社会吗？符号互动论在西方社会学里是一个微观理论，但问题是，你如果套用西方微观理论，认定关系研究属于微观社会学研究，那我举个例子你看看如何解释。比如中国汉儒倡导三纲五常，三纲五常里讲君臣、讲父子、讲夫妇，你套用西方社会学理论认为这些都是微观的人际关系，那是不是说中国用于治国、平天下的理论也是微观理论？所以，中国人的关系、人情与面子等也可以从宏观层面说。这里有太多的学术问题需要重新研究。如果不重新研究，中国的文化理念之火一出来，你马上用西方社会学理论把它扑灭，认为这不对、那也不对，本土理论也就消失了。

再来说权力。这个权力也不能回到西方。西方讨论权力时主要是在政治学意义上谈，在国家层面上谈。如果你想用西方的权力概念来研究中国人的权力，那么差距是很大的。在中国，权力无孔不入，辈分、年龄、性别或者职位等等，都与权力有关。当然，你也可以接受福柯的观点，福柯的观点就是把权力谈得非常有日常性、弥散性。对，很好。但是福柯可以说，你也可以说，为什么非要等法国人说不可？法国人说完了，你说你没有必要说了。大家都生活在自己的社会里，你作为一个中国人，对权力的认识也可能比福柯更多。比如中国人喜欢谈权谋，而且中国人的"权"首先不来自压制力，而来自平衡术——中国汉字"权"本来是秤砣的意思，而中国人对权力的敏感性、中国人对权力的使用，真的非常具有研究价值。权力在很大程度上影响着人情与面子的运行。

既然人情与面子的背后有关系网络中的等级、权力等的影响，现在我就可以做四个方面的说明：

（1）理解人情与面子需要将其放在一个半封闭、半开放的社会网络中去认识。在大多数情况下，只要缺乏相对稳定的社会网络，人情与面子的意识就会稀释。当我们处在流动的社会当中时，也不能说里面没有网络，但是网络中的人进进出出，在这样一种网络中，我认为人情、面子是建立不了的。

这就牵涉到又一个比较中国的概念，就是人情与面子是熟人社会的概念。什么叫熟人社会的概念？就是生人社会不讲人情与面子。当一个人意识到自己在一个流动性的陌生社会时，他讲人情与面子干嘛呢？但同样一个人，只要他回到了自己所熟悉的社会，讲起人情与面子来又很熟练。因为熟人社会会催生、启动人情与面子的运行。

（2）社会网络中的人情与面子彼此之间也有联系。你一看"联系"可能就晕了，但是不要紧，后面我会让你清醒过来。人情可以产生面子，面子也可以产成人情。一个人没有面子，很难讲什么人情，一个人没有人情，也很难讲什么面子。很多时候，面子是通过人情体现的，人情也是通过面子体现的。显然在现实社会中，一个人既没有人情也没有面子是完全可能的。因为既然中国人的社会网络中是有等级的，那么就会有最低等的人，他们通常没有人情与面子。但是由于他们依然处于该社会网络中，因此他们即使没有人情与面子，依旧有机会通过天然的关系寻求到第三方辅助他们获得人情与面子。这就非常中国化了。比如说我承认自己没有人情与面子，但我特别想办成一件事，那怎么办呢？没有关系，我可以通过寻求网络中的另一个人的辅助来得到人情与面子，也就是"看在另一个人的面子上"。我们中国人经常在办事时说"看在某某某的面子上""不看僧面看佛面"，这都是在说互动不是双方的，而是有网络的。关系网络在支撑人情与面子的运行。

（3）看起来，从以上表述很难区分人情与面子，这是由两个概念的多义性和彼此的交叉关系导致的。就像仁和义，你可以说仁和义不一样，但它们又好像联系得很紧密，怎么办？它们有多义性和交叉关系，怎么办？如果你做社会科学研究，它们的多义性你知道，它们的交叉关系你区分得了，那么你就算是把中国本土概念搞得比较清楚了。所以，我在后面会给出这样的交叉关系如何发生的图示，我们需要有逻辑地研究这样的图示对建立人情与面子理论的重要性，这里我先忽略。

（4）处在地方社会网络中的人一旦获得了面子，是无法独享的。如果你有面子，你想在社会网络中独享你的面子，可不可以？不可以。在社会网络中，没有人可以独享面子，因为面子的含义本身就是得到网络成员的共享或捧场，网络成员不跟你共享你的地位、你的成就、你的资源和你的权力，你的面子就会消失。或者说，你明明是一个有本事的人，在西方所谓的自我实现的人的框架中，你的确做得很好，你很能干、很有成就，但是大家都不捧你的场，那我只能说你是个有成就的人，但不能说你是个有面子的人。这时候如果共享或捧场发生了，人情就在里面了，这就是人情与面子纠缠的地方。在一个不讲人情与面子的社会中，我们说某某人很有成就，某某人很有能力，某某人做某某事情很棒，都是对他成绩的肯定。这一点在任何社会都适用，因为每个社会都有能力很强的人，每个社会都有很能干的人，每个社会都有很杰出的人，但问题是你不能用人情与面子去形容他，因为他的成绩是他自己的，他不需要别人给他捧场、给他面子。可回到中国来看，事情没有那么简单。如果你虽然有本事，但不经营关系，没有人给你面子，你的本事本身也就消失了。

通过上述的讨论，我们的问题越来越多，框架、概念及其关联性纠缠在一起，还是说得不太清楚，所以我们还要一步一步往下走。怎么走呢？为了整理一下上面的思考，我先提供一段从网上摘录的文字，然后对这段文字进行分析。

"近年来，浙江某村庄拔地而起多栋装修气派的别墅。这些别墅都占地 300 平方米以上，高达 5 层，造型似宫殿，外墙精美的瓷砖熠熠生辉，可这些装修花费逾百万的别墅竟然大都无人居住，院子布满杂草，鸟鼠做窝，甚至小偷光顾的次数都比主人要多。据了解，别墅的主人大都在外地打工，租住在地下室里，每天省吃俭用，没日没夜地赚钱，只是为了还建造和装修别墅借的钱，或者让空着的别墅再奢华一点。那么我们不禁要问，为何大家即使负债累累，也要争建别墅（即便自己一年住不了几天）呢？"

我觉得这段文字很有意思，这是一个记者做的报道。在学社会学时，我们不要满足于把社会学当成新闻报道或者是记者的调查。对于这段报道，我们有很多社会学问题：一个人在外地打工时吃白饭、咸菜，这样的生活有面子吗？当然没有。那为什么还要过这样的生活呢？因为外出打工者已经不在自己的地方社会网络中了，所以不存在面子问题，但他一回到家乡，面子问题就又出现了。可见，面子只有在地方社会网络中才有意义。

在中国乡村，普通人家能盖一栋漂亮的房子，就很有面子。但如果该家庭的经济实力不够——我们的例子都是经济实力不够的——向亲朋好友借了钱，特别是出借方不急着要账的话，就出现了中国人最常见的人情债，也叫欠人情。欠钱要账，本来是天经地义的事，但那样做是绝情的。怎么叫有人情呢？你知道我没有钱，你也知道我平常都吃白饭、咸菜了，但你知道这一切绝不意味着我不能盖这个房子。可见，人情与面子的逻辑是，即使我砸锅卖铁，也得盖这个房子，否则我在这个地方社会网络中没法生活。那么，没钱怎么办呢？我可以向你借，我也会还给你。但是如果你知道我现在还不了还逼我还，我俩之间的人情就没有了。可见，人情是在借了不急着要账甚至不好意思提醒对方的过程中产生的。

为何没钱还要盖房子呢？我的结论是：人情与面子的运行逻辑与经济理性完全不相符。西方经济学理论告诉我们人是理性的，住豪华的房子说明中国人过上了富庶的生活。能用这个理论来解释中国人的生活吗？但是如果你真的搞出了人情与面子理论，你就可以重新解释中国人的生活。

所以说，人情与面子问题并不符合经济学的任何原理，只显示出社会学意义，也就是一个人的一生都要活在可表现自己的社会网络中。而一个人在他的社会网络中活得是否有意义，是靠人情与面子来证明的。若一个人放弃了对人情与面子的追求，比如平时吃得不错，不欠钱，不欠人情，不外出打工，但就是不盖房子，那么虽然他过得很潇洒，但他的人生意义感很弱。

房子盖成什么样，关乎此家庭的面子。城里人不能自己盖房子，那就把钱都花在装修上。搞那么多灯，你在生活中真的需要那么金碧辉煌吗？你说平时也不开。那你什么时候开呢？有客人的时候开。这不是用面子思维在装修吗？

现在，我先做一初步的小结。人情与面子到底是什么含义呢？中国传统社会是一个由家、族、宗及村落所形成的网络社会。聚族而居的人构成了网络社会中的成员。也就是说，成员彼此之间都有血缘或地缘关系。当然，有血缘或地缘关系并不意味着互相之间就没有矛盾或冲突，但因为该网络突出人情与面子的重要性，所以矛盾或冲突发生的方式出现了改变，比如讲人情、重面子的社会很少发生正面冲突，也很少发生公然决裂，而更可能出现面和心不和。即使双方平时有很多积怨，但不到万不得已，双方会始终维持表面的和谐。关系、网络、权力、人情、面子非常复杂地纠缠在一起，这是我们初步能看到的一些有助于我们理解中国人生活的概念。我们已经慢慢地把这些概念找到了，但是本土概念的麻烦之处就在于它们不清楚，还纠缠在一起。接下来我们要做的事，就是把这些纠缠的概念慢慢分别剥离出来，看它们之间是怎么发生联系的。

我们先来看"人情"这个内涵丰富的概念到底在表达什么。我认为在中国文化的脉络当中，人情是从情感到亲情再到世情的演化和扩张，其源头在于每一个人作为高等动物都有的情感。人天生有情感，中国人用家的方式把这种情感培养成亲情，然后再把亲情扩张到家庭以外变成世情，当然亲疏远近也就在这个过程中体现出来了。所以，人情更适用于表达更多场景中的关系运行。人情其实也是一种交换方式，只是这样的交换方式不是理性的，而是充满"情"的，或者是被"情"绑架的。

因为交换中有"情"的加入，交换规则也就随之发生了变化——关注如何维持关系，而不是如何谈成一笔交易。

相比较而言，"理性"一词是在西方社会学、西方经济学乃至整个西方社会科学中用得最频繁的词，几乎所有的西方社会科学理论对于人的讨论都是从这个词出发的，所以我们要在这儿做一个比较。理性首先是一个充分化了的个人的概念，什么时候理性能够回到人身上去、回到社会民众身上去，就可以形成一种理论来解释充分化了的个人以及由这些个人所构建的市场、社会或国家等等。也就是说，当社会行动的主体回到个人时，我们才有可能研究人的理性和非理性，可如果社会的运行还原不到个体身上，理性这个词就基本上失效了。

即便理性失效，也不能说中国人活在一个没有道理的社会、不讲道理的社会、不考虑付出与收益的社会里面。这时，我们需要另外寻求一种对于人的假定，这个假定就是"情理"。我们这样的社会在讨论人与人的交往时，理要不要呢？当然要。但只有理不够，还得有情。我们的社会制度、法律审判、社会纠纷解决办法、处罚条例，在制定的时候就加入了人情。当然，情是不能代替理的，但也不能得理不让人。那怎么办？只能情理交融，所以有个词叫酌情处理。在情理社会，一个人投资人情是不能预测其收益的。如果能够预测，那就是市场交易，就是等价交换，就是西方社会科学讲的理性行为。它怎么操作化呢？在理性社会，投资前要计算收益，如果收益低，就不干。可是在情理社会，即使一项人情投资从理性上已经预测出有去无回了，但还是需要投资，因为这样的社会在根本上不讨论个人的收益，而只关心彼此的关系。如果一个人不想破坏彼此的关系，他就得用人情去处理他的关系，而不会过于关注收益。但你现在为什么认为人情与面子问题似有似无了呢？因为你离开了家乡，你和你的地方社会网络维持了一种若即若离的关系。比如你家乡有人要结婚了，你知道你送的红包再也没有机会回收了，那你还送不送呢？很清楚，如果你想和地方社会网络继续保持联系，这个红包你就得送。如果你认为你再也不会回到地方社会网络中去了，你就可以不送。

或许你会认为，依照这个理论，人不总是吃亏吗？或者是有的人占便宜、有的人吃亏吗？不对。我们也有理由认为，由于理性计算的消失，很多时候人情投资所带来的回报是不可估量的。比如你读大学时帮过一个人，当时大家都是穷学生，但是等大家都工作了，你帮的那个人飞黄腾达了，也许他对你的回报是你在大学时从来没想过的。但是这个回报是人情的回报，跟任何经济学原理、任何经济往来一点关系都没有。人情不可计算的另外一层意思是中国人对人情的理解很宽，不是说我拿钱给他，他拿钱还我，或他给了我一个跟这个钱价值相当的礼物，不是这样。金钱上的帮助是最容易计算的，但即便如此，中国人也要把它归到人情里去，然后用模糊化货币价值的方法来获得一种人情的感觉。如果大家都在利益上斤斤计较，搞 AA 制，那么中国人都清楚，算得越清楚，人情就越淡。

刚刚我大概讲了一下"人情"的概念，现在讲一下"面子"的概念。

面子同人情具有交叉关系，比如面子有时也叫情面，那不就是人情与面子混在一起嘛，现在要单独研究面子，不想谈人情，怎么办？所以我现在要把它们拆开。

面子在讨论什么呢？我先把它简单化，面子在中国语境下是面孔的转喻。中国人发现人不但有一张面孔，而且这张面孔有害羞的表情，脸颊会发红，耳朵根还会发热，说到一些事情时会不好意思，还会低下头来不正视对方。中国人对这些行为做了一系列转喻，发展出了"面子"这个概念。

这个时候问题就复杂了。复杂在什么地方？就是你在研究面子时，把不把脸放进去？这个问题在西方语境下不存在，如果你告诉一个美国人中国人重视 face，那么大家就来研究 face，这很清楚。但是如果你告诉一个中国人你想研究面子，他就会问你，这个面子带不带上脸呢？或许你会不假思索地回答：它俩不是一回事吗？！这是没有下定义时会发生的。但如果我们想下定义了，那么我们究竟是给出一个定义还是两个定义呢？所以，在中国文化的脉络和语境下，我们研究这个问题时面临两种选择：一种是不带上脸，专门研究面子；另一种是两个都研究，但必须回答它们是一回事还是两回事，或者研究它们之间是什么关系。当然，我在这里不讲这些麻烦，因为每一个点都有大量的话要说。

经过我的研究，我就脸和面子的关系做了一个图（见图 2），让大家来体会一下。我研究的答案是，脸和面子在我的研究中既不是一回事，也不是两回事，它们之间构成一种关系。这个关系是什么？我经过大量词组排列，得出脸是自己塑造的，而面子是他人塑造的，也就是"脸是自己挣的，面子是别人给的"。一个人没有能力靠自己来塑造面子，但是一个人有能力靠自己来塑造自己的脸。这样一来，如果我们想纯粹研究脸的问题，就跟西方理论有所合并，西方理论有"人格"概念、有"面具"概念，我们可以在西方的"人格"和"面具"概念的意义上去讨论中国人的"脸"的含义，但是中国社会中更重要的概念是"面子"。所以我认为，当你认为用"人格"和"面具"这些概念可以解释中国人的时候，你又开始套用西方理论了，因为中国人不是靠人格和面具来生活的，中国人是靠面子来生活的。

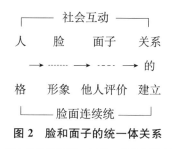

图 2　脸和面子的统一体关系

资料来源：翟学伟. 中国人的日常呈现. 南京：南京大学出版社，2016：115.

关于脸的研究是可以还原成心理学中的人格研究的，微弱的区别在于脸是由人格塑造的，因此用形象来表示更加准确。这一点说明"人格"完全是个体化的概念，而"脸"已经部分地包含了互动的含义，也就是说，形象是需要有真实的或想象的他人在场的。如果没有别人在你身边，没有他人在场，没有别人欣赏，没有别人关注，那么你一个人在那儿展示形象有什么意义呢？一个人展示形象一定是他意识到了有人在看。用西方的话讲：我有自我，我看人；别人也有自我，他也可以看我。但是中国文化的复杂性在于"我看人看我"，在这里，我先是塑造了我，再看别人怎么看我塑造的我，面子就出来了。就是说，我单单考虑我怎么塑造我还不够，到了别人那儿我还对别人怎么看我很敏感。中国人敏感到什么地步？有人见人就要问：有没有人在说我的坏话？有没有人在背后议论我？听说你们昨天在饭桌上趁我不在把我贬了一通，什么意思？你那么敏感干什么？因为你的面子很重要，别人评判你，你吃不消了。

所以，像图 2 显示的，人格形成脸，脸在互动中建立面子，最后促成了你跟那个互动中的他人的关系的建立。这个"关系"绝不意味着是好的关系，也不意味着是坏的关系，两种可能都有。你塑造得成功，你面子大了，你的关系就好了。你塑造得失败，面子被人讥笑、挖苦、瞧不上，那你的关系就坏了。所以，关系的建立只表明脸面一有了，关系就会建立，有好的可能，也有坏的可能。

你这时突然有所醒悟，提醒我道："我怎么突然发现你口口声声地说西方理论解释不了中国人的行为，但这个东西恰恰就证明了西方理论可以解释中国人的行为啊！"这种解释表现在什么地方呢？就是戈夫曼提出了戏剧理论，戏剧理论是完全可以和我上面构建的从人格到关系的建立的模型在同一个逻辑上运行的，既然是在同一个逻辑上运行的，我们难道就不可以用戈夫曼的戏剧理论吗？可见，本土的理论还是出不来。

长话短说，我在这里对戈夫曼的戏剧理论做一个最简短的评价。我认为戈夫曼的戏剧理论是要求我们从理论的视角出发的，它是一套说给研究者听的、帮助研究者解释社会互动的框架，就是人在做，研究者在看、在解释。戈夫曼给出一个理论，教研究者怎么看。但是请注意，发生于中国人生活中的脸面观的含义是，任何一个没学过戏剧理论的普通中国人，都知道"戏剧"的重要性。戏剧理论不关心表演者是否明白"戏剧"，而要求研究者学会通过"戏剧"去认识社会。而中国人虽然不是人人都是社会学家，但因为人情与面子，每一个人都明白生活是需要"戏剧"的。所以中国有一句至理名言：人生如戏。而且中国人今天对这个"戏剧"用了一个特别本土的字来表达，叫"装"。每个人都在装。这就不是戈夫曼想表达的意思了吧？戈夫曼是说：我发现了生活中的人都在装。但生活中的人却说：我们是认真的。显然，戈夫曼给的是一种观察视角和框架。中国人并不是因为学了戈夫曼的戏剧理论才懂得装的，没有这回事。你或许会辩解道：就算你这样说也没多大意义，反正戈夫曼把你刚刚讲的脸面逻辑已经说清楚了，这不就结了吗？不行。戈夫曼没有说清楚，只是你太崇拜西方学者，认为他说清楚了。他说清楚了吗？没有。他哪儿没有说清楚呢？我现在告诉你，如果你从个人的角度去看脸面连续统，就会认为戈夫曼说清楚了。你相信每个人都是从人格、从自我出发的，那么戈夫曼的理论就很顺畅了。但中国人不是从个人出发的，中国人是从关系出发的。一旦有了关系的框架，这时候你发现戈夫曼的理论的毛病就显现了，因为戈夫曼的理论是从自我出发的。

怎么来表达中国人的关系不是从自我出发的呢？从关系的视角去看脸和面子的统一体，可以发现如果此时的人格塑造停留在荣耀的含义上，那么它和人情没有多大关联。我自己有钱，我自己盖房，我自己吃得好，我自己穿得好，我自己买个名牌包，我乐意。是的，这里面只有脸的表现，不涉及面子和人情。可中国人的问题不在这儿，这个时候的根本关键不在自我，或者说，在一种强烈的做给他人看的动机驱使下，中国人的社会框架不是那么强调自我，不是认为人人都需要有确定的自我，并以此在社会互动中构成社会，而是认为关系才是社会建立的基石。也就是，从逻辑上讲，当血缘、地缘、家乡共同体优先于个人的表现、优先于我时，我怎么办？把最好的房子盖到家乡去，让父老乡亲们看，但我自己躲在一边，我过什么样的生活你们不要管。

这番话说明，一旦关系重要，人情就重要，一旦人情重要，脸面的关系就会发生翻转（见图 3）：

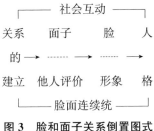

图 3　脸和面子关系倒置图式

资料来源：翟学伟 . 中国人的日常呈现 . 南京：南京大学出版社，2016：119.

其实，中国人是从关系回到人格的。关系一建立，面子的优先性就会出来，一旦面子的优先性出来，脸的重要性就会被削弱，人格就有萎缩的可能性。

当然，这个问题非常复杂，要真正去谈这个理论，我在最近出的书和写的论文中已经多次表达了它翻转了以后会怎么样，可以通过阅读它们来详细看它是怎么翻转的、翻转以后会怎么样。

所以，结果怎么样呢？我在这里只讨论两个词，就能把刚才的模型说得比较生动，即中国人的两个日常用语——一个是"不要脸"，另一个是"给面子"。在中国人的脸面观里，说"不要脸"的频率非常高；在中国人的关系运行当中，"给面子"的使用频率也非常高。看起来这两个词是分别用于不同的社会情境的，但如果把它们放在相同的社会情境中，就可能面临两难。怎么难？如果一个人的人品或表现好坏是由他自己承担其结果的，就等于说脸的问题很重要。是我做的，我自己认；我有本事，我表现我的本事；我没能耐，丢脸了我认。但如果一个人因其人品或表现不好，做了丢脸的事，在"给面子"的情境中会发生什么呢？人们不会去谴责他。为什么？因为人们会给他面子。这个时候，就变成了面子的重要性压过了脸的重要性。所以，如果一个人的脸的获得不来自他自己而需要他人抬举，人情就发生了。当在你的社会网络中，你的脸已经不足以支撑自己的形象，需要借助他人给面子来支撑你的形象时，人情就进来了。

我们现在来把它们剥离一下。人情与面子指向情感或利益上的交换。我们什么时候用"人情"这个词呢？现在可以说，当人情表示情感或利益上有交换时，我们用"人情"这个词。而"面子"的含义，如果要剥离人情，那么它只用来指个体单位的名望或地位所引起的客观评价。从中国概念不分宏观和微观来看，个体单位可以指一个人或一个家庭，可以指一个家族，也可以指一个地区，还可以指一个国家，等等。那么，人情与面子的相互纠缠性表现在什么地方呢？就是当个人的名望或地位不来自个人的努力，而来自他人给的面子时，人情就同面子发生了纠缠。另外一个可以区分的地方是，人情是交换关系，所以它是封闭的或者说闭环的，但面子主要是荣耀、表现、传扬等，所以它不是封闭的，而是开放的。

但是，如果脸面的获得动机本身就是与他人相关的，并且面子与他人共享，那么面子与人情就很难区分了。这句话是什么意思？我们通过研究发现，在中国，脸面的发生动力一开始就是与他人有联系的，这就跟戈夫曼的理论不一样。比如一个人考上了大学或者出了书、出了名、当了官，我们认为他是光宗耀祖，是为全村人争了光。他一争光，怎么可能是一种个人行为呢？所以，中国人脸面的发生动力一开始就没有在自我上，而是跟他人有关。

我们把它们分清楚以后，再简单讲几点结束今天的讲座。

人情与面子这样一个被西方学者、被中国文学名家关注的中国社会现象，为什么在中国学术界展开不了研究呢？我认为有以下几个原因：

大家要知道，在中国文化中，研究儒家思想的学者有很多，但研究人情与面子的学者极少。前者很高大上，后者很下里巴人。但我们如果研究《论语》就会发现，孔子很强调名实，也很在意它们的关系。人都是想出名的，孔子自己也渴望出名，但是孔子强调一个人要名实相符、实至名归。人要出名，但是不要出虚名，不要为了出名而不择手段。所以，儒家讲了脸和面的统一性。还有，儒家强调耻。面子要回到脸，脸要回到耻上去。但是儒家很讨厌"乡愿"这个概念。乡愿是什么呢？就是为了做好人、为了讲人情，脸不考虑了、耻没了，这还得了？虽然人情与面子是老百姓的话，但是它和儒家有深厚的联系，这个还需要研究。

那么，它为什么不太受现代学者关注呢？现在很多学者有一个观点，就是觉得它太传统。很多人把我的研究归结为研究传统中国人，这太奇怪了。你每天都生活在人情与面子里，为什么老认为它是个传统而非现代概念呢？当然，它是从传统来的，但是它今天还在——不但在，而且很重要。重要到什么地步？实际上，在整个中国社会，人情与面子是无孔不入的。它的无孔不入提醒我们，不要以为研究人情与面子就是在研究传统社会，而是要认识到这是一个看中国人与中国社会的视角。这个视角和你从课本上学习的其他社会学视角——宏观的、微观的、互动的、交换的、结构的、变迁的——是平行的。所以我认为，从这个视角去看，无论中国的现代化现在已经发展到何种程度了，中国人依然讲究人情与面子，这是一个长期的话题，不会因为现代化社会的到来而有所削弱。

如果你非得把人情与面子归于传统社会，你对社会学的认识就显得有点浅了。你还是在用二分法、二元对立来划分社会。社会要是真的这么简单，我觉得就用不着社会学家了。

我今天的讲座就到这里，谢谢大家！

乡村发展与转型研究的理论传统 *

叶敬忠

非常感谢刘少杰教授和赵延东教授的邀请，使我有机会跟大家一起交流，也非常感谢各位听众今天下午花时间跟我一起交流。非常期待大家对我报告的内容发表批评意见。

我今天报告的题目是"乡村发展与转型研究的理论传统"，不过我首先想说明一下本人对社会科学研究基本定位的理解。2020 年 10 月 22 日，华中师范大学的徐勇教授在我们学院举办的一场讲座中谈道："现今有些学术研究跟民间议论没什么两样，对知识生产没什么贡献。"我非常赞同他的这一观点。我也曾在 2019 年 5 月 29 日发表了一篇题为《学者表达需要脉络与逻辑，而不是我执与任性》的短文。我想强调的是，社会研究必须重视理论脉络和知识传统。在如今的乡村发展、"三

---

　　* 此文是 2021 年 3 月 25 日举办的郑杭生社会学大讲堂第三十二讲的内容，讲座由赵延东教授主持，由学术志提供直播支持。

　　演讲者简介：叶敬忠，中国农业大学人文与发展学院教授，国家级人才计划特聘教授，兼任中国社会学会副会长、北京市社会学学会副会长、《中国农业大学学报（社会科学版）》主编。曾任中国农业大学人文与发展学院院长。研究领域包括国家发展与农政变迁、劳动力流动与留守人口、小农农业与土地制度等。享受国务院政府特殊津贴，入选教育部"新世纪优秀人才支持计划"和北京市新世纪社科理论人才"百人工程"。获教育部高等学校科学研究优秀成果奖（人文社会科学）一等奖、北京市哲学社会科学优秀成果奖一等奖等多项奖项。主持国家社会科学基金重大项目"从脱贫攻坚到乡村振兴的有效衔接与转型研究"。主要著作包括《发展的故事》《别样童年》《阡陌独舞》《静寞夕阳》等。译著包括《遭遇发展》《农政变迁的阶级动力》《新小农阶级》等。

农"、扶贫、乡村振兴等领域，一点也不缺少观点和看法。例如，农业应该采取现代化的大生产方式还是小农农业生产方式？未来农业应该走资本集约型的道路还是家庭经营型的道路？再如，农地应该采取什么样的权属安排？承包权、经营权是应该统一还是分离？应该实行完全自由流转还是有限度的流转？这些方面的问题频繁出现在主流媒体和自媒体笔下，各种各样的说法和提法层出不穷，一直都热闹非凡。参与热议的主体主要包括学者、官员和一些行动者，而农民作为具体的农业、农村发展主体却较少发声，经常处于失语的状态。

我认为学者要明白，学者去谈论这些问题、表达相关观点的时候，应该与官员有所不同，应该与行动者有所不同。比如在2017年10月，党的十九大报告将乡村振兴摆在至关重要的位置，在此背景下，乡村振兴和之前的扶贫成为大家讨论的焦点。我本以为学者的声音应该会和其他群体有所不同，然而，目前有一些学者在媒体上所表达的基本都是"朴素的观点、直白的说法"，就像是徐勇老师所说的"民间议论"，看不出任何理论脉络、学术逻辑。我觉得这就是一种我执，就是一种任性。

我认为社会科学的精髓未必在于发明、创造出什么新的观点或者说法，而是在于理论脉络的梳理和知识传统的积累。我们社会科学学者的任何看法、任何观点都必须有深厚的理论脉络和知识传统作为基础，我们的任何分析和研究都必须有严谨的学术逻辑和方法论体系作为支撑。假如没有这些，发声在很多时候就是言之无物、言之无味的，甚至部分学者对有些概念或者术语一知半解，还可能会出现矫揉造作、附庸风雅的情况。因此，作为一名社会科学研究者，我们围绕"三农"、扶贫、乡村振兴等现实问题发表的观点一定要建立在全面而坚实的理论脉络、知识传统、学术逻辑和分析方法基础上，要说清楚是什么、从哪里来、到哪里去，我认为这比表达的观点本身更重要。

例如，在平时的学术交流中，我们常常会遇到关于"三农"问题这一概念的问题。我自己对"三农"问题这个概念做了一些梳理，也发表了文章。"三农"问题其实就是农业问题、农村问题、农民问题的简称，但其中农业问题到底指什么，似乎很难有人给出明确的定义。它可以指与农业相关的任何问题。所以我认为，"三农"问题这个概念在社会传播的意义上做出了很大的贡献，但是作为学术概念来说，它没有什么实质的意义。不过有学者会说："'三农'问题是我们的本土概念，还是很重要的。"然而，当这些学者仅仅表达这种观点，而不对我提出的问题做出回应的时候，就只不过体现出了一种我执和任性。这是我对社会科学研究基本定位的理解，今天的讲座就是基于这样一个基本定位。

因为要讲的内容比较多，我会根据时间适当讲述，这里先说明我要阐述的主要观点。我认为，乡村发展与转型领域中的重大政策和行动，如乡村建设运动、社会主义新农村建设以及乡村振兴战略等，都旨在探索国家现代化发展进程中农业、农地、农民、农村应该如何成功转型。围绕这种探索，马克思主义有长期的理论传统，并创立了"农政问题"和"农政转型"的概念框架。"农政问题"聚焦的是国家发展进程中农业、农地、农民和农村的重大结构转型和变迁，尤其关注农业生产方式、农地所有权形式、农民分化和无产阶级化、农村的治理和动员四个方面的转型变迁。围绕着"农政问题"和"农政转型"，学术界已经形成了五大理论传统，包括马克思主义、实体主义、新古典与新制度经济学、后现代与后结构主义和生计框架。百余年来，这些理论传统一直保持着密切的对话与互动。因此，我们的乡村发展与转型研究，尤其是今天的乡村振兴研究，也应该在马克思主义理论指导下充分汲取其他理论传统的优势元素，构建具有中国特色的乡村转型与发展理论。这是我想传递的一个基本观点。也就是说，这个领域已经发展出了非常成熟的理论传统，当我们讨论"三农"问题或乡村振兴时，不能从理论空白出发而直接表达自己的朴素观点，不能没有任何传统，不能没有任何脉络——这应是学者的定位。

我今天讲的就是马克思主义所创造的"农政问题"与"农政转型"的概念框架和理论体系，以及围绕它形成的五大理论传统。我的报告分四个部分：第一，agrarian question 是被中国学术界忽视了 122 年的学术概念；第二，agrarian question 作为学术概念到底是怎么来的、怎么用的；第三，"农政问题"的含义，以及围绕这个概念有什么样的理论论争；第四，重拾"农政问题"，构建中国农政转型理论。

一、agrarian question：被中国学术界忽视的学术概念

在这一部分，我会向大家分享最近十几年来我关于 agrarian question 这个概念的困惑、纠结以及研究。大家在做这个领域的研究的时候，可能会涉及一些期刊、著作以及系列书籍：如有一个期刊叫 *Journal of Agrarian Change*；再如，我参与的一个国际小组编写了名为"农政变迁与农民研究"（Agrarian Change and Peasant Studies）的系列书籍，用 20 余种语言出版，其中很多书籍直接在标题中使用"agrarian question""agrarian change"等术语。

在多年以前，当我最初接触到 agrarian question 这个概念的时候，其实是一头雾水的。我想，既然叫作 agrarian question，是不是需要思考如何回答这一"问题"？在参加国际学术讨论会的时候，我发现很多人围绕 agrarian question 讨论得热火朝天。他们非常兴奋，但我却很难理解这些人到底为何兴奋。在撰写英文文章并投稿时，一些审稿专家也常提出来："你的文章应该去回应 agrarian question。"我自己一直不明白，我写的不就是农业问题、农村问题、农民问题吗？为什么还要我回应 agrarian question 呢？带着这些困惑，我不断阅读相关文献，并不断与很多国际学者进行交流。

在这十余年里，我不断地纠结、不断地思考、不断地向其他学者请教、不断地与其他学者交流，并进行研究和总结，希望能够理解这一概念的本质内涵。

一个偶然的机会，我发现在中国人民大学出版社出版的《政治经济学百科全书》中就有 agrarian question 这一词条。这本书是由来自世界各地的 218 名著名学者历经 4 年半的时间完成的，全书精选了 450 个政

治经济学词条，其中之一就是 agrarian question。我发现，agrarian question 是政治经济学中的一个概念，是国际学术界广泛使用的、通用的、固定的并且非常重要的学术概念。我在 2011 年首次将其译为"农政问题"。

那么，在中国的语境和文献里，这个出现在《政治经济学百科全书》里的词条是如何被使用的呢？围绕这个问题，我做了一些文献考古。我发现，agrarian question 在中文文献里经常以四种翻译方式出现，即"土地问题""农业问题""农村问题"和"农民问题"。其中，"土地问题"的译法最为普遍。例如，考茨基曾出版题为 *The Agrarian Question* 的名著，而在 1936 年和 1955 年出版的两个中文译本均将之翻译成《土地问题》。《列宁全集》第 56 卷的标题 *Notebooks on the Agrarian Question* 被译为《土地问题笔记》。但我还发现，《列宁全集》里还有一些其他文章的标题叫作 Land Question，在中文中也被翻译成了"土地问题"。

另一种常见译法是"农业问题"。最常见、最有代表性的就是《政治经济学百科全书》将其译成"农业问题"。还有其他文献也采用了这种译法，如恰亚诺夫的《农民经济组织》一书中提到了两位俄国教授于 20 世纪初写的书，书名叫作 *The Agrarian Question*，结果被翻译成了《农业问题》。

还有一些中文文献把 agrarian question 用"农村问题"来表达。如在 1931 年陈翰笙与蔡元培共同主持编写的国立中央研究院"农村经济参考资料"系列第三册中，专门推出了考茨基的 *The Agrarian Question* 一书的第 5 章和第 8 章，而陈翰笙在序言中把它翻译成了"农村问题"。陈翰笙后来于 1936 年写了一本英文著作，其副标题被翻译成"华南农村危机研究"，其实这里的"农村危机"在英文里对应的是 agrarian crisis。另外，《农业的政治经济分析》一书也把一些重要的、在历史上很有代表性的文章中所使用的 agrarian question 翻译成了"农村问题"。

除此以外，中国学术界还有很多文献将这一词条译为"农民问题"，我不再赘述。

我们可以发现，对于这个在英文世界中固定的概念，中文读者经常会读到很多种不同的译法。然而，将其译作"土地问题""农业问题""农村问题""农民问题"的翻译方法，实际上会把一个严肃的学术概念转化成一个较为随意的日常用语。例如，当我们看到考茨基的《土地问题》一书时，就很可能以为这是一本关于土地管理或土地技术的书，而不一定能想到这是一本关于政治经济学的书。另外，"农业问题"也经常会被大家理解成一个有关农业生产技术的问题，或者被理解成农业部门作为一个行业存在的各方面问题。因此，不管是把 agrarian question 翻译成"土地问题""农业问题""农村问题"还是"农民问题"，都很难有确切的含义。

此外，当读者在中文语境中面对"农业问题"或"农村问题"此类标题时，很可能以为所读文献是关于某一个特殊方面的作品，例如，题为"农业问题"的文献很有可能被认为就是关于农业的。然而，当我们阅读考茨基的 *The Agrarian Question* 上下两卷内容的时候就会发现，上卷大约占了全书的三分之二，标题为"资本主义社会中农业的发展"，它重点论述的内容不仅是土地，还包括了农业生产方式、农地所有权形式、农民分化和无产阶级化、农村的治理和动员等。列宁对考茨基的这本书评价很高，他认为在考茨基的这本书出版之前，马克思主义还缺少一部系统考察农业中的资本主义的著作，而考茨基的这本书恰好填补了这个空白。

列宁在 1899 年年初完成了他的著作《俄国资本主义的发展》，这本书也考察了资本主义发展过程中农业、农地、农民和农村的转型问题。当时的欧洲无产阶级面临一个同样的问题，即如何对待农业、农地、农民、农村以及争取同盟军的问题。列宁在其著作的序言中提到，他最大的遗憾就是在《俄国资本主义的发展》付印之前没有看到考茨基的这部著作。因为等列宁收到考茨基著作的时候，《俄国资本主义的发展》一书已经完成排版并等待付印了。后来我还发现，列宁在阅读考茨基的这本书之前，从来没有使用过 agrarian question 这个概念。列宁在 1899 年年初收到考茨基这本书以后，于 3 月下旬撰写了书评，后来又再次写了评论。直到 1899 年年底，列宁在《我们党的纲领草案》当中第一次正式使用了 agrarian question 这个概念；1901 年 6 月，列宁第一次在文章的标题中使用 agrarian question；此后，这一概念大量出现在列宁的著述中。以上就是这个概念的发展过程。

总之，假如按照目前这样一种中文翻译方式，将 agrarian question 这样一个英文固定概念——《政治经济学百科全书》中的一个重要词条——有时译作"土地问题"，有时译作"农业问题"，有时译作"农村问题""农民问题"，未免显得过于随意了。这些译法可能会误导读者只去理解 agrarian question 概念的某一个方面，而不会想到我们所看到的不管是考茨基的《土地问题》，还是《政治经济学百科全书》中谈到的"农业问题"，其实对应着同一个英文固定概念。同时，我们还会在很多国际文献中发现，当作者想要表达土地、农业、农村或农民的时候，会使用 land、agriculture、countryside 或者 peasant 等概念。

在以上第一部分我想向大家说明的是，agrarian question 是马克思主义政治经济学中一个重要且通用的概念，是国际学术交流中一个固定的学术概念，它有着确切的含义。尽管我们可以根据特殊的文本情境进行灵活翻译，但是对这个具有确定内涵的英文学术概念来说，如此多变的译法很难使它在中文世界中成为一个通用的概念。因此，中国学术界必须面对一个严肃的现实，那就是在 agrarian question 被提出 122 年之后的今天，我们仍然没有认识到这个在国际上常被简称为"AQ"的概念，原来是一个具有深厚马克思主义传统、在国际学术界已经被广泛使用的概念，而我们对这一概念的忽视竟已超过百年。

二、agrarian question：作为学术概念的由来和使用

我通过这些年的研究，以及跟很多国际学者进行确认后发现，agrarian question 作为一个学术概念，是在 1899 年由正统的马克思主义

者考茨基正式提出的，考茨基将这个概念用作书名，也就是我们看到的《土地问题》，英文是 *The Agrarian Question*。当然，我把它翻译为"农政问题"，所以后面我会用"农政问题"来代替。

这一概念一经提出，便在德语、俄语、英语中有了严格对应的、没有任何歧义的术语。比如德语的表达是 agrarfrage，俄语的表达是 аграрный вопрос，我跟很多德国学者、俄罗斯学者进行了多次确认，没有任何歧义，而在中文中却一直缺乏固定的翻译。经过对英文、德文、俄文世界的国际文献进行考证，我发现英文 agrarian question 以及它对应的德文、俄文的词语使用频率变化基本一致，都在 19 世纪末 20 世纪初开始快速增加。

事实上，在 19 世纪最后 20 年的德国社会中，尤其是在德国社会民主党内部，agrarian question 已经被当成一个政治方向选择，并引发了激烈的辩论，辩论形成的很多文章发表在当时由考茨基担任主编的杂志《新时代》（*Die Neue Zeit*）上，所以早在 19 世纪末，agrarian question 的德文概念就已经有了非常高的使用频率。德文概念提出之后，马上被翻译成俄文，在 1920 年前后的 20 年间，俄文概念的使用频率迅速增加，这应该跟十月革命前后围绕 agrarian question 出现的两大理论之间的辩论有关，即马克思主义与实体主义之间的辩论。而在 20 世纪 40—50 年代，agrarian question 这个概念不管是在德文还是俄文当中的使用频率都有一定的回落，这可能与第二次世界大战导致的学术出版减少有关。自 20 世纪 80 年代开始，agrarian question 概念的使用频率再次大幅度减少，这可能是由于世界范围内新自由主义以及新古典与新制度经济学的盛行导致了马克思主义政治经济学的式微。不过我认为，从当前国际学术界关注的研究主题来看，有重拾马克思主义传统的趋势。

以上是 agrarian question 概念在英文以及它所对应的德文、俄文中的使用情况。那究竟该如何翻译它？我们首先需要明白 agrarian 到底是什么意思。

假如纯粹从语言的角度去谈 agrarian，我们发现它确实可以指很多意思，比如农地的、农业的、农民的、农村的，还可以指支持农民的那些人（支农者）。然而，据文献考证，agrarian 这个英文词语最早出现在1593 年，但它最初的使用频率并不高，直到 18 世纪末 19 世纪初，它的使用频率才开始慢慢增加，并在 19 世纪末 20 世纪初真正得到快速传播，于 20 世纪 70 年代达到使用高峰。可见，agrarian 这个词的使用频率变化跟 agrarian question 及其所对应的德文、俄文的使用频率变化是一致的。即在 18 世纪之前，agrarian 一词并未被大量使用，直到后来考茨基撰写了 *The Agrarian Question* 这本书，它才开始在英文、德文、俄文中被大量使用。那么我们基本可以判断，正是 agrarian question 这一概念的使用频率的提高，才带来了 agrarian 这个词的使用频率的提高。所以，agrarian 这个词的含义一定与马克思主义所提出的 agrarian question 中的 agrarian 的含义相同，因此我们就要考察马克思主义中的 agrarian 到底是一个什么概念。我在与这一研究领域中的很多位重要国际学者进行确认后发现，agrarian question 中的 agrarian 就是指来源于马克思主义传统的，关于农业、农地、农民和农村这四个方面涉及生产与再生产、物质资料与政治权力等的社会关系或阶级关系。

那么，我为什么把它翻译成"农政"呢？这还要回溯到 2011 年，我在翻译伯恩斯坦的 *Class Dynamics of Agrarian Change*（即《农政变迁的阶级动力》）时，第一次把 agrarian 翻译成"农政"。当时我在阅读这本书的时候发现，不管是用"土地"还是"农业"，都根本没法去表达伯恩斯坦书中 agrarian 的真正含义。我到底怎么想起用"农政"这两个字的呢？我的灵感来源于《农政全书》。《农政全书》中的"农政"两个字不光是指农业技术，还涉及一些涉农事务以及有关政府政策的意涵，因此我借用了这两个字。需要特别说明的是，我只是灵感来源于此，但并不意味着《农政全书》中的"农政"就是 agrarian 的意思。所以当很多人说"农政"二字也不一定合适时，我可以同意。但是当我们发现 agrarian question 有时候被翻译成"土地问题"，有时候又被翻译成"农业问题""农村问题"或者"农民问题"的时候，我们十分有必要找到一个对应的中文学术概念，这是中国研究者必须解决的一个现实问题。

后来我对"农政"两个字进行了定义。这里的"农"指的是农业、农地、农民、农村四个方面，"政"主要取的是马克思主义政治经济学以及政治与政策意涵上的"政"，所以才叫"农政"。我认为 agrarian 的含义和 agrarian question 的概念构成了马克思主义政治经济学对农业、农地、农民、农村的研究的核心话语，它既可以归为我们社会学研究的内容，也可以归为政治经济学研究的内容，还可以归为政治学研究的内容。因此我认为，在马克思主义以及与马克思主义进行对话的那些学术文献当中，agrarian 不能被简单地翻译或理解为土地、农业、农民或者农村，而应该被理解为农政。

三、"农政问题"的含义与论争

在第一部分我想说明 agrarian question 在中文文献中出现了各种各样的译法，并没有被中国学术界当作一个重要的概念加以对待。在第二部分我想说明 agrarian question 在英文、德文、俄文中是如何被使用的，我是如何把它翻译成中文的，以及我为什么要这么翻译。在第三部分我想给大家介绍 agrarian question 的含义到底是什么，以及围绕它有什么样的论争。

这个部分主要包括六个方面：第一，"农政问题"是在现实政治辩论或者说国家发展策略辩论的背景下提出的；第二，"农政问题"是以社会向现代化发展、社会形态从低级向更高级进行转型作为基础目标的；第三，对"农政问题"的研究内容的界定涉及五个层面和四个维度；第四，"农政问题"不仅仅是一个理论概念，它在政治、政策和行动上具有明确的选择和方向；第五，"农政问题"具有深厚的马克思主义理论传统；第六，虽然"农政问题"具有深厚的马克思主义理论传统，但是围绕"农政问题"以及"农政问题"中的马克思主义立场，很多其他的学术视角也进行了论述和分析，形成了其他理论传统。

"农政问题"到底指什么？其实考茨基在 1899 年出版的 *The Agrarian Question* 一书的序言当中就非常简洁地给出了答案。他说："'农政问题'关注的是资本主义生产方式下农业的所有变化，包括资本是否以及如何掌控农业，如何彻底改变农业，如何捣毁旧的生产方式和土地所有权形式，并创造出新的生产方式和新的所有权形式。"2019 年，一位欧洲学者在跟我们交流时说："什么是'农政问题'？其实很简单、很清楚、很直接，它就是指在社会形态向资本主义或更高形态转型的过程中，农业、农地、农民和农村都发生了什么、应该发生什么。"

我们对考茨基的著作 *The Agrarian Question* 进行梳理分析后发现，他的整部著作就讨论了四个方面的内容，分别是农业生产方式、农地所有权形式、农民分化和无产阶级化、农村的治理和动员。根据我对这部著作的分析及国际学者的论述，我认为我们可以把"农政问题"这个概念更详细地表述为：为了建立向共产主义社会过渡的经济、政治和社会基础，在资本主义发展进程中，农业生产方式、农地所有权形式、农民群体和农村社会是否以及如何发生转型、变化，发生哪些转型、变化，需要采取什么样的政治动员，以及制定什么样的国家政策，来促进农业、农地、农民、农村的转型和发展。这个概念有点抽象，大家可以思考一下，不管是乡村建设运动还是社会主义新农村建设，包括我们的"三农"问题、乡村振兴战略，我们一直讨论、思考和面对的正是这些问题。农业生产应该怎么办？主体是哪些？我们提出农地三权分置，经营权怎么办？所有权怎么办？如何进行土地流转？农民群体应该怎么办？农村应该怎么治理？我们国家应该采取什么样的政策促进这些转型？等等。所以当我们今天讨论乡村振兴的时候，并非没有学术理论的传统，任何现实中的问题一定都会有一些学术根源。接下来，我将从六个方面给大家展示"农政问题"的具体含义。

（一）政治与策略辩论的背景

考茨基最初提出"农政问题"的概念就是为政治辩论或者说国家发展策略辩论服务的，只不过最后以学术的形式呈现了出来。在 19 世纪下半叶，欧洲的工业和城市无产阶级运动发展得非常快，但是农村问题并没有引起太多关注。马克思逝世以后，面对争取同盟军的革命任务以及农民贫困、农业危机的现实问题，欧洲资产阶级政党和无产阶级政党开始重视农民问题、土地问题和农村问题。例如，在19世纪末的德国、法国、俄国等国，农民占了人口的大部分，资本主义统治集团为了政治选举的需要，对小农施以小恩小惠，如支持小农拥有小块土地的所有权。对具有社会主义性质的德国社会民主党来说，它首先要团结、聚集无产阶级革命力量，否则怎么能取得推翻资产阶级的革命的胜利呢？因此，它一定要把农民作为同盟军争取到革命的一边。但应该如何对待农民？是否应该支持农民拥有一小块土地？农业是应该采取小农户的生产方式还是大资本占有大农场的大规模农业生产模式？这就是"农政问题"，是德国社会民主党必须面对的问题，这一问题导致了德国社会民主党内长达20多年的大辩论——主要是正统马克思主义（比如考茨基）同修正主义、机会主义（如爱德华·伯恩施坦和爱德华·大卫等）之间的辩论。而这场大辩论的核心就是如何处理农民分化、土地制度、农业生产方式、农村动员等问题。

我们如果更详细地回顾一下德国社会民主党的辩论就可以发现，1894年在法兰克福召开的德国社会民主党代表大会上就出现了正统马克思主义同机会主义的辩论。正统马克思主义者沿着马克思的传统，认为小农一定会随着资本主义的发展而消亡；而机会主义者则认为农业不同于工业，小生产不一定会马上消亡，因此要关心农民问题，保护农民的利益，支持农民拥有小块土地的权利。在这里需要提醒的是，恩格斯在1894年写了一篇著名的文章——《法德农民问题》，这篇文章虽然是他对法国工人党发布的《南特纲领》的回应，但其实是写给德国社会民主党人看的，旨在回击德国社会民主党内部的一些机会主义思潮。恩格斯的立场是：不仅要赢得农民的支持，还必须坚持无产阶级原则，反对小私有制，并断言在资本主义条件下小农经济将不可避免地灭亡。在这个时候，考茨基也积极加入了这场论战，他在《新时代》上发表了很多文章，认为无产阶级政党的性质和纲领要求德国社会民主党不应该为农民提供特殊利益，农民只有变成无产阶级才能够推翻资产阶级，因此他坚决反对小农的小块土地私人占有。这就是发生在 1894 年的第一次论战。

1895 年，在布雷斯劳召开的德国社会民主党代表大会上，正统马克思主义者与机会主义者之间又展开了一次辩论。正统马克思主义者认为大规模农业是一种有效率的农业生产方式，而小农农业则是一种低效率的时代残余。机会主义者却认为，德国社会民主党应该代表各阶层受苦的人民，所以保护农民符合它的宗旨。在这次辩论中，考茨基的观点得到了支持。但这次大会还通过了一个提案，该提案承认农业与工业之间的差异，认为农业有它自身的规律，为了在农村地区开展工作，社会民主党要重视这些问题。此后，越来越多围绕"农政问题"的社会研究和理论探讨得以开展，很多文章发表在《新时代》上，所以在 19 世纪末的时候，"农政问题"这一概念在德文中的使用频率有所增加。也正是在这个时候，考茨基开始撰写他的那部重要著作——*The Agrarian Question*，并在 4 年以后的 1899 年出版。自此，"农政问题"作为一个学术和理论概念正式诞生了。

1898 年，在斯图加特召开的德国社会民主党代表大会上又出现了考茨基同修正主义、机会主义代表爱德华·伯恩施坦、爱德华·大卫之间的辩论。这次辩论进入了更高的理论斗争阶段，不仅仅是表达不同的观点，更是完全将辩论带入了理论斗争当中。

以上就是三次辩论的过程，我们可以发现，"农政问题"的产生基于社会发展过程当中的政治辩论，具有明确的政治背景与国家发展方向背景。

（二）社会发展与转型的目标

"农政问题"的讨论以社会发展和社会转型为目标。我的观点是，"农政问题"源于政治辩论，建立在社会经济发展与社会形态转型的假设基础上，体现了一种基于经济基础和社会发展的进步观，在一定程度上是进化论的、现代化的和发展主义导向的。它的方向很明确，不管是正统马克思主义还是机会主义，都是建立在一种社会形态向更高的层次转型的基础上的，体现在经济增长和社会进步的目标上。不管是正统马克思主义还是机会主义，都遵循了马克思主义的唯物史观，相信社会经济的发展是决定整个社会发展方向的基础。

考茨基在他的书里也非常明确地呈现了他的观点。他强调社会民主党永远是无产阶级的政党，是经济进步的政党，是社会发展的政党，它的目标是将整个社会从现代资本主义阶段发展到更高级别的形式。他还提出，为了社会的进步，我们绝对不能阻止、阻碍资产阶级生产方式的发展，只有这样才能奠定建立社会主义的物质基础。而对于机会主义者提出的"一定要理解农民的苦情""一定要保护农民的利益"等观点，考茨基认为，在资本主义生产方式下，虽然经济的进步对人民群众来说是贫困和退化的根源，但假如抵制进步则会导致更坏的结果，因为这种进步是人民群众最后得到地位提高、得到解放的基础。他还说，社会民主党必须促进社会发展，必须把社会的发展置于无产阶级利益的前面。因此，考茨基认为，社会民主党在农村的政策一定要有利于大农业和现代农业的发展，因为只有经过资本主义生产方式的发展才能最终实现社会主义。所以，"农政问题"是基于社会进步观和进化论的，是发展主义导向的，它归根结底是为了社会经济的发展和社会形态的变迁。

（三）理论与学术研究的内容

我们要想真正理解"农政问题"，就必须知道它在理论与学术上有非常具体且明确的内容指向，并不是一会儿说"农业问题"，一会儿又谈"土地问题"，导致研究者搞不懂它究竟是个技术问题还是个管理制度问题。在考茨基的 *The Agrarian Question* 中，"农政问题"的内容非常明确，共涉及五个层面和四个维度。五个层面指的是宏观层面、中观层面、微观层面、具体层面和操作层面。宏观层面就是以社会形态变迁为背景，包括经济进步和社会发展等；中观层面主要指某阶段某个国家的特定社会形态；微观层面就是指农业、农地、农民和农村四个方面；在具体层面，农业指农业生产方式，农地指农地所有权形式，农民指农民分化和无产阶级化，农村指农村的治理和动员；操作层面更为具体，在考茨基的书里有详细说明。下面，我将主要以考茨基的相关论述为例，来具体呈现"农政问题"的内容指向。

在农业生产方式方面，考茨基认为，马克思主义原理既适用于工业与城市，也适用于农业与农村，资本的势力绝对不会只限于城市工业，它的力量会不断加强并逐渐征服农业，农业变革的力量根本不是来自农业和农村，而是来自城市。因此，对农业生产来说，无论是大生产还是小生产，都会受到资本主义生产方式的支配。他认为，在农业发展转型的过程中，资本主义大生产必然会取代小生产，虽然小生产有时会抗衡大生产，但这种抗衡所依靠的是劳动者最大程度的勤劳、努力以及无限的节俭，考茨基对这种抗衡及其所依赖的条件给予了非常负面的评价。而在恰亚诺夫的代表作《农民经济组织》当中，恰亚诺夫把农民的自我剥削和勤劳看作小农得以存续的一个重要优势。

在农地所有权形式方面，考茨基也有非常具体的论述。他说，农业大生产需要土地的集中，只有通过集中许多小块土地才能促成向大生产方式的转变，所以说小生产的削减是大生产出现的必要前提。他认为农民对小块土地的产权私有是农业向现代化大生产发展的一个重大障碍，所以他坚决反对小农对小块土地私人占有的愿望。

在农民分化和无产阶级化方面，他认为，随着商品化进程的推进，农民手工业会逐渐被城市工商业排挤，最终走向消亡，农民也会因此成为纯粹的农业生产者，农民原本在封建共同体中所依赖的那些所谓的生活独立性、保障性和自主性也会逐渐消失。另外，考茨基还认为，农民会逐渐增加对市场的依赖，而放高利贷者和商人则会在这一过程中结合起来，这会使农民陷入更深层次的依赖当中，并因此遭受剥削。这会进一步导致农民不得不出卖土地，或出卖其唯一的商品——劳动力，而一旦农民开始出卖劳动力，雇佣劳动现象也就随之产生了。在雇佣劳动方面，他认为现代资本主义大农业本身没有办法制造出它所需要的雇佣劳动力，而正是那些小生产者自己生产了资本主义农业大生产所需要的劳动力，因此，现代资本主义大生产与传统小生产在一定时期内是相互需要的。

在农村的治理和动员方面，考茨基认为，城市和农村的往来会随着交通的发展而愈发便利，农业劳动者对城市越熟悉，就越容易跑到城市中去，而且跑到城市中去的人是那些身体健壮、有能力、有知识的人，而留在农村的人是那些相对来说身体、劳动能力等方面不如外出的那些人的儿童、妇女、老人等等，这不仅会导致农村的虚空化，还会增加城市和农村间的智力鸿沟，使城市和农村在文化条件上的差异越来越大。在农民动员方面，考茨基认为要团结无产阶级群众，团结具有无产阶级性质的小生产者，建立无产阶级政权。要让农民认识到，只有社会主义才能使他们参与社会进步，与资本主义的社会改良思想相比，农民从社会主义制度中将收获更多，生活水平和社会地位将得到彻底提高，农村也将最终成为人民居住的乐园。

以上我给大家展示的就是"农政问题"在五个层面、四个维度方面的内容，这些内容有着很详细且确定的指向，并不像我们所谈的"三农"问题那样，很难说清"三农"问题到底指的是哪些方面。

（四）政治、政策与行动的选择

"农政问题"研究不仅仅是为了服务于政治与政策的辩论，在马克思主义那里，"农政问题"还意味着非常明确的政治、政策以及行动的方案和立场。

考茨基在 *The Agrarian Question* 的第二部分中，明确说明了社会民主党关于农业、农地、农民、农村的政治方向和政策选择的农政方针。比如，在农业方面，他认为，虽然农业遵循自己的规律，但农业发展与工业发展的目标是一致的，所以我们应该制定与工业发展政策完全一样的农业发展政策，而不应该制定一些特殊的政策。在农地方面，考茨基说，虽然农民对小块土地的私人占有抱有迫切的愿望，但这是农业向现代化大生产发展的障碍，因此社会民主党不能制定保护农民现时利益的特殊政策。此外，在农民和农村方面，考茨基也都有明确的方案和选择。

（五）马克思主义理论的传统

为了更为全面地理解"农政问题"这个概念，我们还需要知道，"农政问题"有明确的马克思主义理论传统。考茨基在长期的正统马克思主义研究基础上，才将其作为一个正式的概念提出来。因此，我们必须理解马克思主义分析的起点和基本逻辑。

马克思在《1844年经济学哲学手稿》里研究了前资本主义的小农耕作、小商品生产和农业资本之间的关系。在《资本论》中，他论述了工业与农业的关系以及农业资本主义的发展，他认为农业要发展就要消灭"农民"，将他们变成雇佣工人，从而可以用资本主义的生产方式撕断农业中的封建宗法式纽带。在《论土地国有化》中，他分析了反对农民所有制而支持土地国有化的逻辑。在《路易·波拿巴的雾月十八日》中，他分析了作为一个阶级的小农的性质。在《资本论》中，他讨论更多的是地租及农业生产的组织形式问题。这些是马克思的相关论述。

恩格斯在《法德农民问题》中对农民、农地、农村方面有明确的观点论述，而考茨基则在马克思、恩格斯论述的基础上，结合19世纪末德国社会民主党的政治辩论背景，以著作（*The Agrarian Question*）的形式，让关于农业、农地、农民和农村的讨论上升到了理论和学术的高度，并促成了"农政问题"概念的正式使用和普及。其实列宁在《俄国资本主义发展》当中也有明确的关于农业生产方式、农地所有权形式、农民分化和无产阶级化以及农村的治理和动员的判断、观点和立场。由于时间关系，我不再详细介绍列宁的观点。

20世纪中后期，新近独立的国家亟须解决发展过程中的原始积累和社会转型问题，也需要面对一些新的"农政问题"，因此，国际学术界在近几十年来也开展了很多关于"农政问题"的讨论，其中最具代表性的就是"拜尔斯-伯恩斯坦辩论"。特里·拜尔斯认为，"农政问题"的核心就是资本积累，是为了解决资本主义工业发展的积累问题。所以他认为，任何一个成功的国家都必须找到一条农政转型的路径，且必须成功地转型，否则解决不了工业发展的积累问题。他还指出，对落后或者不发达的社会来说，并非只有资本主义一条转型路径，还包括社会主义路径和实体主义路径。而伦敦大学亚非学院的亨利·伯恩斯坦则认为，经典马克思主义政治经济学强调农业资本主义转型，其实它的目的就是为城市资本主义工业化提供剩余劳动力，为工人提供廉价的生活资料。他认为，当今世界经济不断走向开放，流动的无国界资本早就可以为任何一个国家的工业发展提供支持。因此，他认为在当前全球资本主义发展背景下，已经不存在所谓的"资本的'农政问题'"了，当代"农政问题"主要表现为"劳动力的'农政问题'"。因此他认为，我们不需要再去考虑农业、农地、农民和农村到底存在什么障碍因素，也不需要在国家层面去考虑如何解决"农政问题"了。

以上就是马克思主义理论传统中的"农政问题"。可见，虽然考茨基在 1899 年提出了"农政问题"的概念，并给出了详细的内容，但它是建立在马克思、恩格斯、列宁等马克思主义者的研究基础之上的。在考茨基之后，"农政问题"还有更多的发展，从未中止过。

（六）其他理论的立场与观点

在"农政问题"的学术谱系当中，虽然是马克思主义者提出了这个概念框架，但围绕这个概念框架的最大辩论发生在马克思主义与实体主义（恰亚诺夫主义）这两个理论之间，它们对"农政问题"持有完全不同的立场、观点和方向。此外，除马克思主义和实体主义之外，还有新古典与新制度经济学、后现代与后结构主义、生计框架等理论思潮，这些思潮构成了"农政问题"概念框架下的各种理论传统，而各种理论传统都是在不断对话、不断辩论当中形成的。

实体主义起源于 19 世纪 50—80 年代俄国的社会主义运动，关注发展进程中的民生和生存元素，以及农民群体与乡村共同体的重要价值。新古典与新制度经济学起源于 20 世纪 50—60 年代西方经济学在资本主义制度框架内对自由市场经济的分析，它强调的是市场要素的作用，并致力于降低交易费用。后现代与后结构主义起源于 20 世纪 50 年代，当时以法国学者为主要代表的人文社会科学领域展开了对现代主义的反思批判，倡导一种对人与自然、人与人之间关系的重新审视。生计框架起源于 20 世纪 80—90 年代国际发展组织对国际发展行动失败案例的分析，倡导一定要立足自身优势和可及资源来创造多元的生计策略。这四种理论视角对于农业、农地、农民和农村的转型都有一系列的判断。

例如，在实体主义当中，恰亚诺夫出版的《农民经济组织》被视为最经典的理论成果，形成了"恰亚诺夫-列宁/考茨基论辩"或者说"实体主义-马克思主义论辩"。在农业方面，实体主义特别重视小农农业生产方式的独特性和纵向一体化的组织方式。在农地方面，该理论视角重点探讨了土地社会化的分配形式以及土地合作制的未来形式。在农民方面，该理论视角探讨了农民"贫富循环"的分化形态以及农民未来得以稳固存续的命运。在农村方面，该理论视角主要探讨了在社会转型中乡村价值的留续。当然，在恰亚诺夫之后，实体主义还有很多学者关注农民的生存伦理、"再小农化"过程、社会反向运动等。

新古典与新制度经济学主要把农民作为理性个体，并把个体当作分析单元，进行微观的或微观与宏观相结合的分析，这个理论视角并不关注马克思主义对阶级和权力关系的分析。

后现代与后结构主义有两个理论来源：在宏观上来自对社会进化论和现代化理论的合法性批判和客观性反思，在微观上来自对发展主义路径的分析性解构。如在农业方面，它强调应该避免工业思维的改造，倡导"地育万物，量力而出"和永续农业、有机农业、生态农业等，提倡发展小农农业与新技术手段有机结合的混杂型农业方式。

生计框架理论视角是把个体农民和农户家庭作为分析单位进行微观层面的行动分析，其出发点是研究"农民现在有什么"，而不是"农民现在没有什么"。生计框架不太关心宏观的社会形态是资本主义制度还是其他社会制度，不关心阶级、政治和权力关系，它关心的是当下可以采用的实用性生计改善行动和策略。

以上是第三部分的内容，这一部分梳理了"农政问题"被正式提出时的政治与策略辩论背景，指出了其关心的社会发展与转型目标，说明了这一概念所包含的五个层面、四个维度的理论与学术内容，以及理论辩论中所蕴含的政治与行动方案，最后展现了"农政问题"所具备的深厚马克思主义理论传统，以及学术界围绕"农政问题"形成的其他四个理论视角。

四、重拾"农政问题"——构建中国农政转型理论

在最后一部分，我想建议研究者重拾"农政问题"的概念框架，来构建中国的乡村发展与转型研究的理论。

（一）"三农"问题：被夸大的学术概念及其局限

我曾经发表过一篇题为《"三农问题"：被夸大的学术概念及其局限》的文章。我在这篇文章中提到，"三农"问题这一概念自 1996 年左右被提出后，一直作为重要的政策话语、社会话语和学术话语，并做出了巨大贡献，主导并影响了中国关于农业、农村、农民问题的政策设计、大众讨论和社会研究长达 20 多年。但"三农"问题不就是农业问题、农村问题和农民问题的合称吗？具体的农业问题、农村问题、农民问题到底指什么呢？农业问题是指生产问题还是流通问题？是指产量问题还是质量问题？作为一个学术概念它其实并不明确。

另外，当我们参与国际交流的时候，该如何使用"三农"问题这一概念与国际学者进行对话呢？我们发现，中国学者发表的涉及"三农"问题的文章基本上有三种处理方式：第一种方式是避免使用这一概念，在英文中直接将相关信息表达为"农业问题""农村问题""农民问题"。第二种方式是用汉语拼音"san nong"来指代"三农"问题，然后在脚注里说明"三农"指的是农业、农村、农民。第三种方式是使用其他一些翻译方式，比如 three dimensional rural issues、three agricultural problems 等。

可见，"三农"问题似乎包括了有关农业、农村和农民的各种问题，这一概念的复杂性导致一千个人可能会有一千种不同理解。因此我在上

面提到，作为一个政策话语、社会话语，"三农"问题毋庸置疑做出了巨大贡献，但作为一个学术概念，它缺少实质意义。另外，"三农"问题这一概念并没有被国际学术界接受，导致我们的研究难以与国际学术界进行对话，这是我提出的问题。

（二）"农政问题"的概念框架明确具体

"农政问题"是和"三农"问题密切相关的另外一个概念，却被我们忽视了122年。它的框架非常明确。它指农业、农地、农民和农村的结构转型和变迁，具体指农业生产方式、农地所有权形式、农民分化和无产阶级化以及农村的治理和动员。

（三）"农政问题"研究有长期的学术传统

"农政问题"研究具有长期的传统，在国际上只要提到"农政问题"，大家都会想到在马克思主义内部形成的"考茨基-伯恩施坦/大卫论辩""正统马克思主义-修正主义/机会主义论辩"（或者叫"大生产-小生产论辩"），以及当代的"拜尔斯-伯恩斯坦论辩"等，这都是"农政问题"的理论积累。

此外，在马克思主义与其他理论视角之间还形成了很多理论论辩，比如"恰亚诺夫-列宁/考茨基论辩"。哪怕是在实体主义之内，还存在"道义经济学-理性小农之争"（或者叫"斯科特-波普金之争"）。

可见，"农政问题"研究有长期的学术传统，而且有这么多概念和理论视角。假如我们不在这些传统的基础上开展研究，而只是去朴素地、直白地、民间议论式地表达观点，那么我认为这对学者来说没有太大的意义。因此，我们的乡村发展与乡村转型研究，应该在多年来"三农"问题研究的基础上转向"农政问题"框架，因为这是一个与中国"三农"问题本来就可以建立起一定关联的、具有深厚马克思主义政治经济学传统的、在国际上通用的一个学术概念。

（四）从"三农"问题转向"农政问题"

这里我还想强调，这一转向并非否定社会科学本土性概念的重要性，也绝非一味地将西方概念生搬硬套在中国的现实之上。我认为有必要从学术需要、学术传统以及学术脉络的角度来看待我倡导的这一转向，我们不能为了保持本土特色就不考虑与国际学术传统接轨。当然，我也并不是说要彻底取代"三农"问题这个概念，因为从政策和社会讨论层面来说，"三农"问题已经是大家普遍接受的一个通俗概念。但是从学术研究的角度来说，假如我们因为"三农"问题具有社会影响力，而忽略具有长期学术传统的"农政问题"概念框架，我想这不应该是学术研究者采取的态度。

（五）新时代"农政问题"研究的重要性

正如我所指出的，"农政问题"从根本上是一个关于经济社会发展的问题，因此，当我们面对今日中国的发展问题时，思考中国新时代"农政问题"显得尤为重要。从历史的角度来看，一个国家的经济和社会发展之所以会出现问题，往往是因为没有处理好"农政问题"。任何一个国家的发展都无法回避"农政问题"，任何一个国家都必须找到适当的农政转型路径，从而促成适当的农政转型变迁。"农政问题"的概念本就来自马克思主义传统，因此特别契合中国所有关于农业、农地、农民和农村议题的探索。在我看来，我们国家的乡村振兴战略，正是为了探索新时代中国式现代化发展进程中的"农政转型"道路而提出的，即探索为了建成社会主义现代化强国，中国的农业、农地、农民、农村到底应该如何转型。

中国的发展成就已经逐渐得到世界各国的普遍承认，但中国的"农政问题"理论、"农政转型"路径和"农政变迁"历程却仍然没有被国际学术界理解。中国学术界缺乏对国际"农政问题"研究领域的了解，而我们中国的"三农"问题概念也没有办法被有效地传递给国际学术界，这是非常遗憾的事情。尤其是在当前，我们中国所面对的农业、农地、农民和农村问题并不是某种单一形态，而是一种非常混杂的形态，如我们既有现代农业又有小农农业，既要保留乡愁又要振兴，既有去小农化又有再小农化，既有承包又有流转，等等。如此复杂的现实情况说明中国发展进程中的"农政问题"研究非常重要，如何理解并处理中国的"农政问题"，如何推进中国的乡村振兴战略，对我们来说是个挑战。因此，假如我们不去回顾"农政问题"的理论传统和全球发展脉络，那么我们将不一定能够很好地认识中国的乡村发展与转型，不一定能够很好地理解中国的乡村振兴战略，也就不一定能够很好地指导我们的乡村发展转型与乡村振兴战略。

面对复杂的、多种形态共存的现实，我们应该如何理解今天的乡村振兴战略呢？我曾经尝试对多种形态的混存进行分析。我认为，在理解今日中国的乡村振兴战略时，马克思主义是总体指导，实体主义是乡村振兴的价值引领，而新古典与新制度经济学是乡村振兴的效率保障，后现代与后结构主义是乡村振兴的反思取向，生计框架是乡村振兴的底线思维。正是因为有那么多混杂形态存在，所以我们必须借助这样一种理论传统、理论脉络去理解今天的现实，这也许会反过来帮助我们更好地明白为什么会存在这些复杂的形态。

（六）构建中国农政转型理论

我们应该构建中国的农政转型理论。这要求我们在处理和研究"农政问题"，包括推进乡村振兴战略的时候，既要立足于国家的发展现实和历史经验，同时也要充分汲取其他国家的实践总结。例如，围绕全球"农政问题"和"农政转型"，国际学术界已经明确提出了英格兰式道路、普鲁士式道路、美国式道路、东亚式道路。我们要充分汲取其他国家的实践经验，尤其要重视马克思主义百余年来对"农政问题"的理论思考的积累，以及其他理论思想的学术成果，它们可以指导我们如何去理解、研究和处理我们今天的"农政问题"。

我们要进一步丰富马克思主义思想对中国发展的指导作用，重新见证自 19 世纪末积累传承而来的马克思主义"农政问题"理论对 21 世纪中国国家发展和学术研究的作用，还要将中国国家发展过程中有关"农政问题"的实践经验和理论成果分享到其他国家及国际学术界。假如我们不重视这样的理论传统，就难以发挥马克思主义思想对当前国家发展的指导意义。假如我们不去重视国际学术界已经通用、常用、固定的理论传统、理论概念的话，又如何将中国"农政问题"的实践经验和理论成果分享到全世界呢？

面对以上我讲述的问题，我认为最后还要回到我在这次报告之初提出的思考，即我们该怎样定位社会科学研究。我认为，社会科学要重视脉络、重视传统、重视逻辑、重视历史。在这一点上，我认为中国的学人特别需要开阔视野，加深理解，能够梳理学理脉络，延续学术传统，并且不断地拓展创新。我今天就以"重拾'农政问题'"来结束我的报告，谢谢大家！

中国人类学的学术风格与学科自信[*]

麻国庆

  郑杭生社会学大讲堂，是为了纪念郑杭生先生，其实我在准备讲稿的时候也一直在回忆和郑先生在一起交流的时光。

  先给大家看张照片，这是 2006 年陪郑杭生先生参观内蒙古包头下面的一个喇嘛庙时的照片，应该是在九原。当时郑先生就提出，对于内蒙古这些地方不同的宗教、文化，要从人类学、社会学角度做很好的研究。这是当时在喇嘛庙前面照的一张照片，照片比较珍贵，我们可以看到那个时候当地已经下雪了。

  我们这个讲座纪念郑先生，其实郑先生的很多研究不仅对社会学，而且对人类学、民族学都有非常深远的直接影响，对中国学科建设的影响很大。今天我们讨论中国特色、中国风格、中国气派的社会学理论体系，这几个体系也是郑先生的社会研究所追求的目标。我们会看到郑先生的社会学理论变化，包括社会运行论、社会转型论、学科本土论、学

---

  * 此文是 2021 年 4 月 1 日举办的郑杭生社会学大讲堂第三十三讲的内容，讲座由刘少杰教授主持，由学术志提供直播支持。

  演讲者简介：麻国庆，中央民族大学民族学与社会学学院教授、博士生导师。兼任北京市社会学学会副会长。曾任中央民族大学党委常委、副校长、民族学与社会学学院院长。主持多项国家级重大、重点项目，主要研究方向为区域文化与社会发展、全球化与跨区域社会体系研究等。著有《家与中国社会结构》《永远的家：传统惯性与社会结合》《走进他者的世界》《人类学的全球意识与学术自觉》《破土而出：流动社会的田野呈现》等多部专著，并在《中国社会科学》《民族研究》《社会学研究》《新华文摘》等国内外期刊上发表论文百余篇。

科本土化等等，这和我今天讲的内容关系比较密切。从动态上来看，郑先生的理论议题中的很多是用全球视角来看待中国的社会发展问题、中国的社会理论创新问题，并且专注于如何开发中国传统的学术资源，借鉴国外的社会学前沿理论，对我们的研究进行反思，来提炼自身的理论成果。这是我学习郑先生的理论的第一个感受。当然这里涉及郑先生所讨论的一个论题：无论是国家、地区还是社会，从传统向现代过渡的社会转型研究总是围绕着两个基本方面展开，那就是社会转型的度和式。"度"和"式"这两个词我特别喜欢。我们经常讨论做事要有度，学术上的度怎么来把握？我们谈式，下围棋大家都要讲究式的问题，我们谈形式、谈总体的研究，都需要这些讨论。在这些研究里面，我们也会看到中国传统社会在向现代转型的过程中所遵循的一种社会变化的规律。

社会学界很多同人知道郑先生对社会转型理论研究很深，其实他也非常关注民族地区和少数民族社会研究，很关注对中华民族整体性的思考。梳理他的研究过程，我们能发现他对民族社会学是有本土化的讨论的。费孝通先生在 20 世纪 80 年代创造了民族社会学这个概念，他做了很多民族社会学研究，特别是围绕着民族与社会的关系，把民族放在社会里面来看待民族自身的发展规律以及民族与社会整体之间的关系。郑先生在民族社会学领域的基础性研究很有启发性，他首先通过确立民族社会学的历史时空方位，建立了这一学科的研究视野，这对于我们今天研究民族与社会的关系意义重大，凸显了边疆研究的国家战略意义。郑先生的研究还涉及民族互惠、民族认同、民族团结，这些命题也是我们今天强调民族团结进步事业的一个话语体系，其实也在某种程度上讨论、揭示了中华民族作为一个生存共同体和命运共同体的关键所在。我们现在讨论中华民族共同体，以铸牢中华民族共同体意识为主线，来引领民族研究学科整体的研究对象和研究领域。郑先生的研究把民族放在社会转型的框架中来思考，既结合了我国多民族社会的转型进程，又将这种转型置于全球发展的大背景当中。当然，在郑先生的框架里面，民族社会学是社会学的分支学科，主要探讨与民族相关联的社会现象和社会问题，从民族的角度来理解社会的良性运行和协调发展的深层学科理念。我们今天谈国家治理体系和治理能力现代化问题，讨论社会治理共同体问题，其实在民族地区，社会治理有它自身的文化传统和习惯。郑先生比较早地关注到了这一问题——在不同的文化背景下如何思考社会治理的整体性问题，其实对这一问题的讨论本身就是对社会学中国化的一个思考。简单归纳来说，郑先生的研究具有中西贯通的学术理念。

而且，郑先生非常勤勉，他花在写作上的时间非常多，让我感触很深。他以身作则，带领着社会学的学术团队一路前进。

结合我们今天讨论学术发展方向，特别是我们强调理论自信、学术自信，应该重新反思中国社会学、人类学的发展过程，我们能从郑先生身上学到很多。应该说，郑先生为重建中国社会学做出了突出的、积极的贡献，特别是他对中国社会学主体性的思考，他对加强中国社会学的学派建设的贡献，他对将理论自觉与中国社会实际相结合来研究中国问题的强调。中国问题是一盘棋，不是简单的中部地区或者东部地区等等的问题。我们要将对东部、中部、西部等等地区的研究结合起来，构建中国特色社会学理论体系，推动社会学学科在应用领域的发展，并且凝聚社会学界的力量，为社会学（包括人类学）的学科建设做出积极的贡献。

我今天主要在郑先生的研究的基础上，当然也是结合我们整个中国社会学、人类学的学术发展脉络，包括我们几代学者的努力，来讨论中国人类学的学术风格与学科自信。

当然，我们知道，今天人类学在学科分类里面属于社会学的二级学科，同时也属于民族学的二级学科。但是在早期，1996年左右的时候，费孝通先生曾经强调社会学、民族学、人类学三科并立。这说明，这三个学科之间的共同性非常多、联系性非常强——特别是在中国社会研究里面，三个学科应该互补。

我是从人类学这个角度来讨论问题的，有时候很多朋友会问：是不是人类学就是讲故事？我觉得他们对人类学的理解还是有些简单化，当然讲故事、讲好故事是人类学的一个基本功，但人类学更主要的是关注一种在结构意义上的思想领域之间的关系研究，它其实很强调思想性，很强调研究对象的认知论、宇宙观。

回到人类学思考的框架，面对今天比较复杂的全球社会局面，人类学的很多理念，特别是它的理解的理念、交流的理念、共享的理念等等，对于解决全世界面临的很多复杂问题，推动全球的和平相处，意义非常重大。

一、流动全球

全球处于流动的状态，这跟人类学者的一些思考是连在一起的。中央民族大学在前几年举办过一次"全球相遇：跨国流动视角下的中国与世界"国际学术研讨会。在人类学的学术研究领域，研究、理解全球事件是人类学的常态，人类学不仅要研究国内，也要研究全球。

人类学早期强调异文化研究，这不仅意味着人类学的研究对象与西方社会文化的相遇，还暗含着研究对象地位的相对边缘化。早年人类学者在研究非洲社会时，发现这个社会是没有国家的社会——以祖先崇拜为中心、国家不在场。这在非洲研究，特别是英国的社会人类学研究里是非常经典的。这是早期，特别是在人类学学科刚建立的时候，当然今天完全不一样了，今天我们很难看到没有国家的社会。

非西方学者在接受人类学训练并从事人类学研究后，会发生什么样的变化呢？像费孝通先生这一代人在受过西方训练之后回到中国，特别是在从事自身社会文化研究的时候，有很多思考。

从整体上来看，这些传统研究对象原来所处的殖民话语体系实际上不断地被反思、被颠覆，包括它的地位与价值判断的内在反转，促成了人类学研究方向的转变，并从人类学者与研究对象的关系中发展出了人类学研究的新的本土化尝试。研究对象的转变是一个非常大的转变。从传统上说，从异文化研究转到本文化研究，是人类学思考得很多的问题。

　　到了 20 世纪八九十年代之后，人类学者开始反思传统研究领域究竟存在哪些问题。比如，研究者与研究对象的关系。当一个研究者居高临下的时候，他所做的研究的信度和效度到底有多大？包括殖民地时期做的很多研究，殖民者对于殖民对象都是居高临下的。战争时期的人类学研究——我们会看到，战争时期，不管是第一次世界大战还是第二次世界大战，很多人类学者参与了调查和研究——包括非常多对德国的研究、对日本的研究，当然还有很多对简单社会、小社会的研究，这些研究大多是为研究者所在国家的利益服务的。

　　还有就是比较经典的岛屿社会研究，像马林诺夫斯基、布朗等等做的研究。岛屿社会研究是人类学的一个传统，我 2018 年年底在《民族研究》上讨论了小岛屿和大世界的问题。现在，很多岛屿开放了，被开发得非常过度，这涉及岛屿生态问题。我们知道，岛屿在海洋链里相当于肺，如果岛屿本身的生态出现了问题，海洋生态就会出现问题。当然，岛屿和国家主权是结合在一起的。岛屿研究在人类学传统里有非常多的成果，我们应该如何看待这些成果？

　　我曾在冲绳做过调查。冲绳是非常具有想象力的地方，也是旅游者愿意去的一个地方。冲绳有很多离岛。它在历史上曾叫琉球王朝，和中国的关系非常密切，也是传统中国朝贡体系的一部分。我在冲绳的久米岛上做调查的时候，看到这个岛上家家户户都有族谱。每一个家庭都拜祖先，祖先的牌位上用的年号是我们清朝的年号，比如康熙多少年、乾隆多少年等等。包括这里的风水观念、价值观念，都受中国福建文化的影响非常深。久米岛上还有妈祖庙。民俗学者、人类学者在这个岛上做过很多调查，这些调查记录了岛上居民的民俗生活和文化习惯。传统人类学对太平洋岛屿的研究、对岛屿社会文化习惯的记录非常丰富，但这些记录本身与当地人的社会和文化发展之间究竟如何建立联系？就像费孝通先生在《迈向人民的人类学》中提到几句话："尽管当时有些人类学者已经摆脱了那种高人一等的民族优越的偏见，满怀着对土著民族的同情和善意，但他所做的这些民族调查对这些被调查的民族究竟有什么意义呢？究竟这些调查对当地居民会带来什么后果呢？"用我们今天的话说，就是：我们的研究如何能够为当地人的发展服务？因为人类学有学以致用的传统。

这些问题大家都在思考，对这些问题的反思，使我们今天回到了文化的概念，讲文化的权利。假如我们对某一个小的社会进行了研究，这个小的社会的文化是通过学者的记录表现出来的，但当地人会如何来记录他们的文化？这就涉及文化的解释权。这就产生了对外来研究者与本地人之间关系，包括民族志的权威性的讨论。

我的一位日本老师调查了冲绳东村，写了关于这个地方的民族志。他把民族志拿给当地人看了，当地人认为写得非常好，并授予了他冲绳东村的荣誉勋章，这可把他高兴坏了。这说明一个人类学者所写出来的研究报告、民族志能够被调查对象认可，是最大的荣誉。

接下来讲一下我对现代文化概念的思考。我在中山大学读硕士研究生的时候，很多人类学理论就开始强调这个问题。今天我们谈某一个社区、某一个岛屿，会问：它的文化还是它原来的文化吗？我们说北京的胡同现在变化很大，文化变化尤其大，很多文化已经是很杂糅的，用"你的""我的"已经很难区别。所以，文化的概念受到很多挑战。我们有人类学者在贵州凯里的一个苗寨做调查，看到苗寨给游客展演苗族传统文化，有歌舞、仪式活动等等，非常具有观赏性，非常热闹。这个苗寨旅游搞得很好，还实行了工分制，记工分，唱个歌算几分、跳个舞算几分、在现场做刺绣算几分、做群众演员算几分……规定得非常细，每一场结束后，拿着工分卡直接去会计那儿领钱。我当时看了就说，这个办法非常实际，愿意干的人第二场继续干，不愿意干的人直接走就行了。但这个文化是给你看的文化，表现了这里文化的真实性吗？这就带来问题了。

人类学者周星教授去那个苗寨做过调查，后来发现寨子给游客看的文化和它本身的文化是不一样的。等到他们祭祖、搞村寨仪式的时候，他们有自己的一套传统的展演方式，这个时候寨门是关起来的，外面的人是不能进去的。这就带来了很多讨论：怎么去理解我给你看的文化与我本身固有的文化之间的关系？它们发生在同样一个空间里面。这些问题随时都在发生着，我们对文化理念的理解发生了很多变化。传统的文化研究觉得文化是一代一代传承下来的，在无意识之中就把上一代的文化传承了下来，但事实上很多文化在有意识地自我改造着。

20世纪80年代末90年代初，美国人类学者萨林斯就讨论过这个问题，他的大概意思是说，不管是巴西热带雨林的人类聚居点还是东南亚热带雨林的人类聚居点，这些社会都在发生着变化，都出现了"文化＋文化"的现象，这就是说文化的概念在不断地叠加，新的文化在不断地进来，这些现象促使人类学者思考在现在巨大的全球变化的背景下如何进行人类学研究的命题。

我们原来对全球化的概念理解得非常有限，甚至在20世纪八九十年代这个概念刚传入中国的时候，对于如何翻译它，大家的看法都不一致。但即使是这样，全球化还是发生了，我们每一个人都被卷入了全球体系，全世界没有一个角落不在全球体系里。在这个背景下，人类学也在反思，这种反思就涉及对当地人的重新思考。再往前推，1978年，在澳大利亚召开的"非西方国家的土著人类学"会议就讨论了"土著的社会科学"这一命题的可能性，反对传统上仅仅将当地人当作民族志表述对象而不是研究参与者的做法，这表明了对于研究者与研究对象之间的关系，大家不断在反思、在思考。

在这个过程中，亚洲的"家乡人类学"概念被提出，一批亚洲人类学者开始从事家乡人类学研究。他们大部分受过西方学术培养、训练，包括大家所熟知的费先生、印度的斯利尼瓦斯、泰国的阿金·叻丕帕等等。这些学者往往在西方接受过人类学训练，并使用相关理论展开对本地域社会、文化（当然也包括本民族）的研究，这些研究推进了对既有的西方主导的亚洲社会人类学研究所存在问题的反思。

费先生这一代中国学者写的关于中国研究的人类学著作出版之后，引起了广泛讨论。讨论的核心问题是：一个小的村落能不能代表中国问题？这个讨论发生在 20 世纪 60 年代。费先生的回应是，并不是说要以这个村落来代表整体，而是我们的社区研究做得越多就越接近整体。在方法论上，这是一个非常重要的问题，即部分与整体的关系问题。这也是人类学者对研究对象的空间流动性与整体社会之间的关联性的思考，我们经常会讨论小地方与大社会的关系。

我和我的学生曾一起翻译了一本书——《学术世界体系与本土人类学》，这本书的作者叫桑山敬己，他在美国受的人类学训练、在美国大学教书，后来回到日本，对日本人类学进行了很多反思。

还有中西裕二。中西裕二是我的朋友，他原来做日本民俗学研究，后来到越南做研究。我的日本老师是末成道男，是他推荐中西裕二到越南去做研究的。因为越南刚改革开放时，去那里做研究的学者非常少。中西裕二在日本做研究的时候从来没说过自己是个人类学家，因为在日本研究本文化的、研究本土的是社会学家和民俗学家，研究海外社会的是人类学家，日本的学术传统存在这个差别。他到了越南以后，突然间从一个民俗学家变成了一个人类学家，他还写了一篇文章《我是人类学家吗？》进行了专门讨论，是个非常有意思的讨论。16 年前，我曾参与中西裕二组织的一个研究项目，即对自身社会和人类学的讨论，我们曾一起在日本福岛的一个村落里调查日本乡村社会的特点到底是什么，一起参与项目的还有韩国学者、越南学者，因为这几个国家在研究的知识概念里都属于东亚。来自不同国家的学者到了日本的乡村，关注的问题、对象是什么？因为大家没有提前预设，所以最后发现，出身背景不一样，对研究对象的关注点就不一样，有的关注仪式，有的关注社会结构，有的关注文化上的联系性，有的关注稻作这种文化习惯，等等。这个项目讨论了不同研究者所出生的国家和他所处的社会、文化环境会给他的研究兴趣、研究取向带来的一些影响，当然，比较早讨论这个问题的是末成道男老师，他一直在思考家乡人类学，包括东亚社会研究与西方社会研究的差异性，特别是东亚学者研究的自身社会的特点与纯粹的西方学者研究的东亚社会的特点有什么不一样。

在这个背景下，日本人类学者开始重新思考东亚知识共同体及其文化价值，形成了对原有研究的反思，并对目前出现的各种社会文化变迁进行了整理、把握，同时更加关注对本土社会的研究。

当然，中根先生强调研究者与研究对象之间的距离：初期的优秀的人类学者，由于对研究对象具有这一 detachment（就是研究者与研究对象之间要保持一定的距离），重现了非常多的重视立足于经验主义分析的科学观点，确立了社会人类学的基础。

中根先生早期学的是东洋史专业，后来转向人类学研究，他其实早年是想做对中国西藏的研究，因此做了很多藏学研究的基础性功课。后来他在印度阿萨姆邦做研究，他当时研究的社会是一个母系氏族社会，很小，人数也比较少。因为在中根先生看来，一个人类学者调查的人数最好控制在 200 人之内，当然这是在早期对于简单社会的研究。中根先生后来在伦敦政治经济学院学习，跟费先生属于同一师门。

我们再来看费先生对这些问题的讨论："实质上并没有所谓'本文化'和'异文化'的区别，这里只有田野作业者怎样充分利用自己的或别人的经验作为参考体系，在新的田野里去取得新经验的问题。"费先生认为，对异文化与本文化的这种判断不能固化，不能简单树立一个二元模式。

从前面所讲的内容，我们会看到人类学本身对于研究者与研究对象之间关系的思考。

二、从实求知

我想强调中国人类学的本土实践与实践中的人类学，借用费孝通先生喜欢用的一个词，即从实求知。就是说，知识的概念来自实践、来自田野。

中国早期的人类学经典，比如林耀华先生的《义序的宗族研究》《金翼》，杨堃先生的《中国家族中的祖先崇拜》，大多来自实践、来自田野。许烺光先生是在云南喜洲做的调查，是用"祖荫下"来讨论祖先崇拜的问题。

早期的研究，我把它们归纳为"作为文化仪式的祖先祭祀与作为社会结构基础的家族组织结合在一起，并以此实现了对中国社会的整体理解"。这怎么理解？在人类学里有个研究传统是偏社会研究的。英国社会人类学特别关注"社会"这个概念，当然这受古典社会学的影响非常深，但这并不是说英国关注"社会"而美国不关注，不是这个意思，美国的默多克也很重视社会研究。等于是有两种传统——社会传统、文化传统。像鲍尔斯、格尔茨，都做出了文化的解释。这两个传统各有各的特点。当然，在英国研究里面，也有不少将两种研究传统结合起来的研究，像福特斯对于非洲社会的研究，关注祖先崇拜、关注宗族组织之间的关系，把作为文化的仪式行为与社会关系结合在了一起。

我们中国的老一辈学者在做家族和祖先仪式研究的时候，是将社会和文化这两个传统紧密结合在一起的。中国学者很喜欢用中国文化的传统来解释社会，包括社会学一开始被翻译成"群学"，"群"的概念完全是中国文化里的一些思考。

费孝通先生在《江村经济》中说："正确地了解当前以事实为依据的情况，将有助于引导这种变化趋向于我们所期望的结果。社会科学的功能就在于此。"《江村经济》既是由家开始推及社会生活的研究，同样也在论述以家为基础的社会结构和各种经济关系的同时，涵盖了乡村社会发展的思想，是早期中国人类学研究及人类学者对中国社会发展实践进行反思的代表。

日本有个学者叫鹤见和子，她在 20 世纪 80 年代的时候和费孝通先生一起做苏南模式研究，后来她出了一本书叫《中日学者对农村振兴研究的思考》。在这里面，鹤见和子教授讨论了费先生和柳田国男先生的研究的特点，因为她一直强调内发型发展理论，她认为柳田国男和费孝通是日本和中国内发型发展理论的创始人，是原点。她对费先生的研究做了很好的梳理。她说，费先生的研究是从家庭开始的，他以家庭为他研究过程的基础。她的内发型发展理论特别强调一个社会的文化资源、文化传统、社会结构、生态环境对当地发展的影响，就是它的发展是由内在动力推动产生的，而不是归功于简单的外在模式。

以费孝通先生为例，他有三句话："天下兴亡，匹夫有责""学以致用""对社会美好的向往"。几年前，生活·读书·新知三联书店要出"中国社会学经典文库"，让我编点费孝通先生的东西，当时我用的题目就是《美好社会与美美与共——费孝通对现时代的思考》。实际上费孝通先生一生的追求是创造一个美好社会，不同的文化能够和平相处、美美与共。

应该说，本土人类学在中国的发展与中国人类学者积极投身于重新认识中国社会息息相关，以吴文藻、费孝通等一代学者为代表，中国人类学致力于在理解社会的同时，去除民众的疾苦和民族的屈辱。它是学以致用的，是有家国情怀的。中国学者、知识分子的这种家国情怀传统是非常重要的。

三、家国之间

下面谈谈东南亚地区的本土人类学。很多年前，我在中山大学做华南研究，当时就在考虑一个问题：如何思考中国华南与东南亚的关系呢？我后来用了一个概念"跨区域社会体系"来讨论中国华南与东南亚之间的这种社会网络关系。在东南亚社会，华人的比例相当高。虽然我没有最权威的统计，但是有个估计，比如泰国估计有800万华人，也可能更多。这些华人在当地形成了自身非常大的社会网络，这些网络有同乡的关系，有同宗的关系，当然还有和信仰联系在一起的关系，等等。在东南亚研究里面，华人是非常重要的研究对象，但反过来看，东南亚国家——其他国家也一样——的人类学发展既吸收了西方人类学传统，同时又展开了与自身社会文化相结合的本土化尝试。

关于中国华南与东南亚关系的讨论，我写过几篇文章。我们那时候讨论问题是把华南作为一种方法，方法的概念在今天发生了很多文化上的变化。早期沟口雄三教授说把中国作为一种方法，当时我们觉得很奇怪：中国怎么成了个方法呢？之后我们就明白了，方法的概念是一个超越传统的、超越固化的概念，它背后是一套文化理念。我写过一篇文章叫《作为方法的华南：中心和周边的时空转换》。为什么华南可以作为方法？正是因为，从过去到现在，华南本身的流动性都非常强，包括广州。有一次跟萧凤霞老师一起讨论，她说广州可以作为全球人类学的"实验室"之一。广州的变化非常大，历史上它的积淀很深，后来随着改革开放，不同国家和地区的人来广州的很多，阿拉伯的、非洲的，当然还有中国国内本身区域内部的流动，所以说广州是一个研究的"实验室"。

萧凤霞老师后来提到，中国的研究是个过程。确实是这样。我们来看费孝通先生的研究，当时费先生说："中国越来越迫切地需要这种知识，因为这个国家再也承担不起因失误而损耗任何财富和能量。我们的根本目的是明确的，那就是满足每个中国人共同的基本需求。"迈向人民、以人民为出发点，这是费先生的理念，志在富民、脚踏实地，这是费先生作为一个人类学者、社会学者的理念。

确实，家国之间的关系这个问题对中国学者来说非常重要，中国研究里有很多可研究的对象，但有一个概念是永恒的，那就是家。家与中国社会结构的关系是个永恒的关系，家国之间从过去到现在都是非常重要的。我们今天谈家国情怀，离不开家这个概念。但不同的文化对"家"的概念的理解是不一样的，中国社会对家的理解有它自身的一套文化理念。比如费先生说，中国的家是个反馈模式，是反哺的。养儿干什么？防老。中国的家庭支持很厉害，子女 18 岁之后，父母对子女的支持还很多，子女又对家庭有反哺的责任和义务，这就是中国文化。所以费先生说，中华民族是个既有祖先又有子孙的民族，祖先和子孙是一体的。在家庭关系里面，父子关系是一体的，夫妻关系是一体的，兄弟关系是一体的，等等。费先生所提出的"多元一体"是认识中国文化的一个非常重要的关键词。

当然，在中国文化中我们会看到，我们的思想家、我们中国的哲学、我们中国的文化传统给我们提供了非常多的文化策略，为我们人类学提供了非常重要的学术文化资源。比如，我们如何来看待格物的问题？我们如何来看待致用的问题？这些知识对于我们区分自者与他者这种认识论上的转化——就像我讨论的本土人类学和国家人类学——提供了非常重要的基础。

四、推己及人

这也是费孝通先生提出的一个概念。"中华民族的多元一体格局"是我们讨论国家建设和国家人类学的一个非常重要的领域，它是由费孝通先生于 1988 年在香港中文大学"特纳讲座"中提出来的。这个概念对于我们今天认识中华民族共同体是一个非常重要的学术基础，它涉及的内容比较多，不一定有时间展开讲，但是它确实是费孝通先生关于中华民族的理念的非常重要的基础。

我们会看到在学理上如何把国家建设转换到人类学的角度。国家建设和国家政策对于人类学者的研究对象的影响还是非常大的，特别是政策的执行对社会的影响是很大的。

回到学理的讨论。"家"的概念有很多，中国人的家族主义思想很浓厚，家的观念很强。我们的"家"有很多含义，当然也生成了很多关于"家"的理念，很多著名小说也离不开家。我们常说的"回家看看"，就是个家的概念，是家乡的理念，是家国情怀的表现。我们中国有这样一种传统——从家到国的传统。

再比较日本，比较柳田国男。我对柳田国男的研究一直很有兴趣，他的以家为单位的研究，强调历史延续性，强调单一民族国家——大和民族，和我们是完全不一样的，我们是多民族国家，有 56 个民族。

下面说一下费孝通先生。费先生对中国乡土社会的研究同样从家的观念出发，以家的延续构成对社会记忆体的连贯性思考。费先生的研究特别强调拜祭之间的张力、世代之间的张力。有一次，利奇先生问费先生："你觉得中国人类学发展的方向、关注的问题应该是什么？"费先生说：一是中国文化的延续性，就是这个文化几千年以来这样传承下来，是有它的道理的，直到今天中国的文化传统还是在延续的；二是中国的亲族关系、家族关系，"亲清而人明"。这两个关注点都非常重要，用我们今天的概念来说，一个是关注文化的概念，一个是关注社会的概念。在中国的社会文化里面，"文化"和"社会"这一对概念到底如何来表现？家是一个非常重要的研究基础。当然，我们现在说社会记忆体，社会记忆体更加强调了背后有一套文化的延续性的原则在发挥作用。文化发展是通过继承和替代实现的，但它的替代不是绝对的替代，而是在继承背景下的一种发展。

我们会看到中国人类学的学术风格的形成，正如我在《社会学研究》上发表的一篇文章中提到的，1949 年之前有关中国少数民族的研究大多集中在确定各民族与中原华夏主义的历史关系这一问题上。这确实非常重要，我们的少数民族与中原的关系在今天也是一个值得讨论的问题。当然也有学者讨论，在教学体系方面，中国的人类学在很多高校特别是北方高校带有浓厚的社会学色彩，主要关注汉民族社会研究。民国时的中国人类学有南北派之分：北派以燕京大学为重镇，侧重对汉民族乡村社区的社会分析；南派以中央研究院历史语言研究所人类学组为重镇，侧重对边疆后进族群的历史考掘。

新中国成立之后，为了宣传党的民族政策，加强同少数民族的联系，为新中国的民族工作奠定基础，党中央决定派遣中央访问团到全国民族地区开展调查和研究，包括民族识别工作、少数民族社会历史调查等等。民族识别和少数民族社会历史调查时期是中国人类学、民族学特色风格系统化和相对固定化的重要时期，在研究方法、指导理论、研究对象乃至科研机构设置等方面，确定了以少数民族为主的人类学、民族学研究特点。在那个时期，还形成了科研机构和政府部门密切合作的新形式。

以中央民族大学为例。中央民族大学在 20 世纪 50 年代初建立的时候叫中央民族学院，当时费孝通先生任副院长。当时从全国各地抽调了很多社会学家、历史学家、人类学家到这里。抽调过来的确实都是具有学术引领力的大家，比如吴文藻先生、潘光旦先生、林耀华先生、费孝通先生、杨成志先生、翦伯赞先生、于道泉先生等等。所以从某种意义上说，在中国社会学、人类学的很多活动停滞的时候，相当多的社会学家、人类学家参与到了民族研究的大队伍中，为推动中国民族调查和研究发挥了积极作用。应该说，社会学、人类学与民族学的关系非常密切，所以一开始才说这三个学科是互为补充、共同发展的。刚才提到了费先生的"中华民族的多元一体格局"，费先生论证了中华民族从自在走向自觉的过程。"中华民族的多元一体格局"理论框架是关于整个中华民族发展过程的宏大叙事和整体思考，应被视为国家人类学在中国民族研究中的杰出代表。这是我的理解。

以费孝通先生为例。我曾经总结费孝通先生一生"写"下了三篇"文章"——汉人社会研究、少数民族研究、全球化和地方化研究。同时，他在研究节点上有"三态论"——自然生态的研究、人文生态的研究、文化形态的思考。费孝通先生在他的研究里特别强调国家发展，强调多民族社会的共同繁荣，强调保人和保文化，强调人与文化的关系。

五、迈向人民

结合中国人类学的发展，我们会看到，中国人类学在很大程度上以费孝通先生的研究为代表。费先生的学问是个迈向人民的学问，强调了文化自觉，强调了学科自信。1952 年院系调整后，高校的人类学、社会学专业被取消，很多著名人类学家、社会学家被调到中央民族学院工作，以做少数民族研究为主，被定义为民族学的学科得到了发展。当时，许多人类学家、社会学家主动承担起了服务于新中国民族治理事务的研究工作。

人类学话语体系是以服务人民为中心的时代话语体系。人民是社会的主体，在日常生活中组织起社会，实践着中国文化。客观地调查人民的生活，真正了解人民的愿望，应该是人类学的基本逻辑。在此基础上，应该用人类学调查研究所形成的知识，去回馈田野对象。曾有一位日本学者采访费孝通先生，提到了知识转化的问题，费孝通先生说："我们社会学、人类学的知识来自我们的调查对象、来自人民，通过我们的加工回馈当地、回馈人民，这是我们学者的责任和义务。"

总之，学术研究与学科建设是紧密相连的。今天我们强调繁荣社会科学，实际上就是强调国家意志、国家理念在学术领域的意义。我们强调学术话语体系，强调我们自身的理念，特别是我们的国家观、民族观。我们也强调基层社会研究，强调小社区研究，强调民本思想概念，强调国家视角与社会发展之间的关系，等等。

今天这个讲座非常感谢刘少杰教授的邀请，感谢中国人民大学，也感谢各位听众的支持。当然，因为是线上讲座，有一些表达不一定很准确，希望大家原谅。谢谢大家！

中国传统社会思想的特性 *

王处辉

今天有幸在郑杭生社会学大讲堂和大家一起讨论学术，这是很荣幸的事情。从 20 世纪 80 年代到郑先生去世，我和他有 30 多年的相识相交，我还收藏着郑先生的很多生活和工作的照片，非常珍贵。

郑先生是当代社会学界有远见卓识的学者，像他这样的学者在我看来是为数不多的。他视野宏大、深邃，尤其是晚年提出了"理论自觉"的问题。他曾经在多次演讲时讲到中国社会学的发展、中国的理论自觉，并提出了三项任务：一是对西方社会学理论的再认识，二是对中国传统社会思想的再发掘，三是对中国现代社会研究的再深入。郑先生晚年在很多场合讲到这一问题，其中，"对中国传统社会思想的再发掘"

* 此文是 2021 年 4 月 8 日举办的郑杭生社会学大讲堂第三十四讲的内容，讲座由王水雄教授主持，由学术志提供直播支持。

演讲者简介：王处辉，历史学硕士，经济学博士。南开大学社会学教授，博士生导师。1977 年入南开大学历史系中国史专业读本科，1979—1982 年师从著名史学家郑天挺先生攻读明清史硕士研究生学位。毕业后留校，到时处筹建中的南开大学社会学系任教，成为该系"元老级"教师之一。1995—1998 年，师从著名经济史学家刘佛丁先生在职攻读中国经济史博士研究生学位。曾任南开大学社会学系副主任、南开大学党总支书记、南开大学高等教育研究所所长、教育部高职高专公共事业类专业教学指导委员会主任、教育部高等学校社会学类专业教学指导委员会委员、中国社会学会社会思想史专业委员会理事长、天津市国学研究会会长等学术职务。曾获"天津市优秀教师"和"南开大学教学名师"等荣誉称号。出版《中国社会思想史》《中国社会思想早熟轨迹》等学术著作 20 多部，在核心期刊发表学术论文 80 余篇。

确实是一个时代课题。

前几天，习近平总书记到福建考察时所讲的一段话，让我印象深刻。大概意思是：我们要特别重视挖掘中华五千年文明中的精华，把弘扬优秀传统文化同马克思主义立场观点方法结合起来，坚定不移走中国特色社会主义道路。这说明，在现代社会建设当中，传统思想、传统文化的现代意义是不可低估的。

今天我就根据我几十年来从事中国社会思想史研究的一些体会，谈谈我的一些认识，供大家参考，也供大家批评指正。

中国社会思想的特性有很多，其中有一些是从传统到现代一直延续的，我只是选其中我认为最主要的、在有限的时间之内可以基本讲清楚的，向大家汇报。

我总结了10个特性，前5个是比较大的、宏观的，后5个是比较中观和微观的。大家在研究社会学、研究中国社会或研究中国社会思想的时候，不要以为这都是故纸堆，都是前人的，其实很多都存在于我们的生活当中。所以我一直认为，研究中国社会思想、研究中国社会学，要和当代中国人民的社会生活结合在一起，从生活当中发掘中国传统思想文化当中有现代性的部分，这是我们研究的重点。

中国的社会思想是人类的原生性思想之一。中外学界对文化体系做了很多种划分，比如有"四大文化体系""五大文化圈""六大文化区""七大母文化""八大文化中心"等很多种说法。像李约瑟先生把文化区分为26种。但不管怎么分，中国文化都是其中之一，是不可或缺的。中国文化是原生性文化，原生性文化有其自身特点，中国气派、中国风格、中国特色就是要发掘我们原生性文化背景下的当代中国社会的特点，这个特点与中国特色社会主义实际上是同一概念的不同表述。

限于时间，我不能把这10大特性都说得很详细，请允许我有详有略地做汇报。如果大家有兴趣，将来可以再讨论。

一、连续发展性

从时间维度上看，中国社会思想是唯一从古延续至今的一个思想体系，我把这个特性叫作连续发展性。连续发展是说我们中国的文化、我们中国的思想是绵延不断的，思想的每一次进步、变迁或扬弃都有记录，都是可以通过文献查到的，从未间断，这在人类历史上是独一无二的。这点大家都知道，我不再赘述。

二、一主多元性

在五千年文明史当中，中国社会思想形成了"一家主导、多元并存"的特性，简称"一主多元性"。多元社会价值观虽然相互之间也有排斥的现象，但是都不是激烈的排斥。从夏商周以来，中国的思想体系就形成了"一家主导、多元并存"的格局，多元社会价值观相互借鉴、相互吸收，形成了一种趋势。到汉代之后更为明显，虽然汉代讲"独尊儒术"，但实际上是各种思想的集合。

到唐宋特别是宋代之后，禅宗大师开始讲儒释汇通，后来的全真道更讲究三教合一，各种社会思想在核心价值层次的冲突几乎不存在。尽管它们认识社会、表述社会的方式和视角不一样，但是它们之间并不存在根本性冲突。

虽然不同时期的主导性社会价值观不尽相同，但是它们与其他思想没有发生根本性的矛盾和冲突，这跟西方形成了鲜明的对照。

中国社会的思想理念是"一家主导、多元并存"的，对其他跟我们的主导思想不一致的思想，并没有产生强烈的排斥。所以，一主多元性这个特性在中国一直是存在的，几千年来都如此。在儒家做主导的时候，像道教、阴阳学说、佛教等等，都是存在的。关于这一点，大家可以用更多的东西去证实，在这方面我写过专门的文章。限于时间，我也不详细说了。

中国社会在任何时候都有一个主导性思想，同时也不排斥其他思想的存在。只有一家独存，否定、排斥其他各种思想的存在，并不是中国传统社会思想的特点，或者说不是中国文化的核心特点。我们的文化和生活是一致的，我们总希望多些朋友，总希望其他人到我们这儿和我们交朋友。我们也希望其他思想到中国来，被我们了解，只要它不冲击、不影响到官方认可的主导性思想，就是可以存在的。这一点是中国文化和西方文化明显不同的地方。

到现在为止，西方人依然有很强烈的排他性，只要跟他们价值观不一样，他们就很不舒服。包括现在的美国也是这样，搞价值观斗争。我们的观念不是这样的，从传统到现在都不是这样的，我们有自己的主导性观念，你们的观念可以存在，也可以在我们这里存在，只要不影响我们国家、社会的主导性思想的地位就可以了。

这是中国社会思想的第二个特性，限于时间，我不多讲了。

三、开放兼容性

对待外来思想，中国从来都是兼容并包的。我们知道，唐代的思想实际上是三教并存的，儒道释三教的位置各有千秋，发展最快的是佛教，主导性思想理论上讲应该是儒学，但是道教的政治地位也很高。外来的宗教信仰在当时的长安可谓五花八门，包括最早的天主教、基督教（景教）以及中东的很多宗教在内的外来宗教在中国并行不悖，也可以在中国存在。中国对其他宗教信仰的排斥性是非常低的，所以我们的社会思想有一种很强的兼容性。这是我们中国社会思想的一个很大的特性，这和以上讲的第二个特性是连在一起的，这一点我也不详细讲，如果大家有时间、有兴趣，我们再专门讨论。

四、自觉早熟特性

通过对人类其他原生文化、对社会思想的发展进程进行考察，我们发现中国社会思想是具有早熟性的，我把它叫作自觉早熟特性。

我们的信史时代是从公元前 841 年开始的，从那个时候起我们就开始认真地记录人的活动，这实际上是人的行动的一种自觉。包括我们的神话系统，大家或许研究过神话，或许在场的人当中就有人是神话研究专家。看我们中国的神话，很多是说人与自然斗争的，比如夸父追日、羿射九日、女娲补天等等，都是说和自然斗争的，以此为主题，实际上表现了人的行为的一种自觉和自信。不像西方神话，总是关键时刻来了一个神，神如何如何，神是至高的。在我看来，中国神话当中就体现了中国文化的基因。

中华民族在公元前 3000 年以前就开始了对人类生存自身的重要性的认识，这是一种人的自觉。比如梁漱溟先生说中国文化是一种自维的、调和的、持中的文化，是很有道理的。中国文化的自觉性体现在对于人的自身意义的发掘上，这一点开始得比西方早了很多年——西方直到三大思想运动之后，才开始强调世俗当中人的重要性。

五、轻神重人、以人为本的世俗功利特性

马克思在《〈黑格尔法哲学批判〉导言》中写道："反宗教的批判的根据是：**人创造了宗教**，而不是宗教创造人。""这个国家、这个社会产生了宗教，一种**颠倒的世界意识**，因为它们就是**颠倒的世界**。"西方的信仰都是以神——甚至是唯一神——为至高无上的，中国的社会思想到了周代已经把神的位置放得较低了。我认为在夏商时期及其以前，中国的文化以神巫文化为主导，到周代时开始变为以德礼文化为主导，即以"德"和"礼"为主导。大家都知道周代的一场思想革命，周武王曾经提到"天视自我民视，天听自我民听"。

我这里还引了很多春秋战国时期的话。如《论语》记载，孔子讲"子不语怪力乱神""未知生，焉知死"。春秋战国时期，叔孙豹讲"三不朽"思想，管仲讲"君人者，以百姓为天。百姓与之则安，辅之则强，非之则危，背之则亡"。季良说，"夫民，神之主也，是以圣王先成民而后致力于神""民和而神降之福"。很明显，老百姓的重要性远高于神，"民和而神降之福"。史嚚说得更清楚，"国将兴，听于民；将亡，听于神"，意思是说国家将兴盛的时候，会听老百姓的声音，国家将灭亡的时候，才会听神的声音。从那个时代起，我们就把"人"和"民"的位置放得很高。不像西方的信仰系统，认为上帝是唯一的，我们不

是，我们认为人是唯一的，老百姓是最重要的，这种轻天重民、轻神重人的思想成为中国社会思想的一个显著特点。这个显著特点就是把社会的关注点放到老百姓的问题上、放在世俗社会的问题上，是讲现实社会的人的功利，而不是为了神，神是为人服务的。中国社会思想基本上认为神是为人服务的，这和西方人为神服务或以神为最高宗旨的思想形成了鲜明的对照。

我在这里引了西塞罗的一段话："我们确信我们来自神，并且服从神意安排世界。就这一点而言，我们优越于世界上的任何人。"他说，罗马人之所以伟大，就是因为他们确信自己来源于神，并相信神意安排这个社会。而中国却说"国将兴，听于民；将亡，听于神""天视自我民视，天听自我民听"。这种思想的反差体现了中国思想和文化的鲜明特色，即轻神重人、以人为本的特性，或者叫作世俗功利特性，它讲的是世俗。这一点也印证了以上讲的第四个特性，中国社会思想的早熟实际上是在人类发展史上率先发现了或重视了现实社会当中人的价值、生灵的价值，而不是停留在为神服务这个层面。

以上几个层面是从宏观角度来讲的几个层面，如果从中观、微观角度来讲，还有若干。最近几年，景天魁先生在研究中国传统群学（中国社会学），他把中国传统群学分成四个层面，即合群、能群、善群、乐群，分别对应修、齐、治、平。

下面我讲的是中观和微观一些的，是今天重点讲的部分。

六、角色至上特性

中国人对于社会秩序的建构有一个很明显的特性，我把它叫作角色至上，就是我们所讲的社会角色。社会角色是什么不用我详细解释，我们学社会学的都清楚。戈夫曼还讲"镜中我理论""戏剧理论""舞台理论"，讲了很多，说人有表演性，进入角色就像舞台表演一样，下了舞台才表现出本我。心理学代表人物弗洛伊德也在讲"自我""本我""超我"这样一些区分。这是西方人观察社会的一个视角，可是我们中国人不是这样的。西方人的东西好不好？也有道理。可是我们中国的文化、中国的思想不是这样看的，中国的社会当中只有一个"角色我"，除"角色我"之外再也无"我"。费孝通先生曾经提出一个命题，叫作"我看人看我"。按照我的理解，"我看人看我"的背后，实际上就是"我"的角色，就是"角色我"。这种思想在中国文化思想当中根深蒂固，是中国社会思想、文化的显著特点之一。

中国人特别注重修身，三纲领八条目要以修身为本。孔子讲"四毋"，即毋意、毋必、毋固、毋我。"毋我"是什么意思？就是你不要太自我，不要自以为是。我是"角色我"。孔子讲过正名分的问题，荀子讲明分使群的理论讲得更多。孔子还讲慎独，什么叫慎独？就是在一个无人的环境之下，你要自己按照角色去做事，我们叫它表里如一，在角色上要表里如一。中国人讲修身，"自天子以至于庶人，壹是皆以修身为本"。怎么以修身为本呢？八条目就是"格物、致知、诚意、正心、修身、齐家、治国、平天下"。八条目中最主要的内容是修身，修身就是修角色。

景天魁先生讲合群，合群的前提就是你得符合角色的要求。我们中国人的角色是在教育和生活中形成的，所以在社会学上，角色绝不是一个人的自在，它是对人与人之间关系的一种认知，这一点可以叫作两个主体人之间的间性，也可以叫作主体间性——我从这个意义上用这个词。在人与人相处的时候，关系、位置都是由社会伦理关系、社会价值所确定的。对于父亲，我是儿子；对于儿子，我是父亲。父亲和儿子同在的时候，我一方面要当儿子，另一方面要当父亲。

我曾经看过一篇文章，讲当年学生到陈寅恪先生家拜访，当时陈先生父亲也在场，于是学生坐着，他父亲坐着，陈先生自己站着。为什么？因为学生来了，尽管是晚辈，可是来了就是客人角色，对客人要请坐。陈先生在学生面前是老师、是父辈，可是陈先生父亲在场，陈先生又是儿子的角色，所以父亲坐着，他站着。在两个角色冲突的情况下，陈先生选择了自己处于下位人的角色，大家说陈先生是一个有教养的人，是一个中华文化底蕴很深的人。这个例子说明了什么？说明了角色是一个角色丛。当一群人在一起时，在处理同时出现的几个角色，即处理角色丛的时候，你要知道在群体当中你的角色到底是什么。面对父亲时你是儿子，面对儿子时你是父亲，面对同学时你是同学，面对朋友时你是朋友，面对哥哥时你是弟弟，面对弟弟时你是哥哥。当这些角色同时在场时，你怎么处理？中国人修身就修这个，学习怎么处理这样的关系。把这种关系处理好了，你就是一个修身到家的人，就是一个有教养的人，就是一个被社会接纳的人。修不好，就会出问题。

中国人修角色时，要知道当两个主体相处时，主体之间的性质是什么、主体各自的位置是什么；当在一个角色丛中时，到底应该扮演什么样的角色。以郑杭生先生为例。我和郑先生很熟。有另外一位先生到处说自己是郑先生的同学，郑先生也承认了这个事情，他们确实是同学。可是郑先生早慧，在上学的时候就开始留校当助教了，教过他的同学，所以从这个角度说，他跟那位先生既是同学又是师生。那位先生在处理这个关系的时候，应该强调亦师亦友的状况，这才算摆正了自己的位置。只强调是同学关系，而忘掉了郑先生也是他的老师这样一层关系，就显得修身不到位了。

这样的例子有很多，可以看到中国的修身就是修角色，尤其是处于角色丛的状态下，你要找准你的位置。如果一个人既是你的同学，又是你的上级，你怎么做呢？总强调是同学，而把你们之间的领导与被领导关系忽略掉，就显得有点自大了。中国人不喜欢这种人，因为这种人道德水平不够高。古来是这样，现在也一样。这种角色至上的思想，从传统到现代没有发生变化，我们中国社会从来都是这样。

我们在修角色的时候，要求修到表里如一。何为表里如一？比如，当着老师的面的时候你是学生，老师不在，你在处理与老师的关系时，也依然要时刻想到自己是学生。当着父母的面你是儿子，当父母不在场时，你也要知道自己是儿子。修身要修到表里一致，角色我就是我，除了角色我再也无我，没有西方的表演性的概念。这是中国修身的一个很大的特点，也可以说是根本性特点，跟西方极不一样。

西方的理论到中国来，比如戈夫曼讲表演性、讲戏剧理论，放在中国也有道理，好像也对，我们社会学研究也这么讲，可是中国文化、中国思想、中国社会不是这样要求人的。换句话说，中国人对人的要求比西方高得多。在中国社会当中，一个人在任何地方都要定一个位。怎么定这个位呢？孔子讲"正名"："必也正名乎。""名不正，则言不顺；言不顺，则事不成；事不成，则礼乐不兴；礼乐不兴，则刑罚不中；刑罚不中，则民无所措手足。"什么意思？孔子讲的名实际上指的就是角色。荀子讲"明分使群"，强调身份。人与人在相处时，都要看到自己的身份，要按自己的身份去做事情，如果都这样，就都不越分，社会秩序就会非常和谐。为什么孔子说春秋战国时期礼崩乐坏？就是破坏了这样一种规定的名分关系，诸侯不拿周天子当回事，所以就乱了。社会的混乱，中国人认为是大家不按角色办事所致的。

但这里有一个前提，那就是角色应该是科学的，应该是符合人们的生活认知的。当然，中国人的角色是在不断发生变化的，角色之间存在着不平等。这和下面我要讲的问题是相关的，我说的 10 个特性相互之间是穿插的。角色之间是不平等的，权利义务是不对等的，但是角色义务是变换的，总量是对等的。比如，对于父母我是儿子，是子辈，应当按照子辈的角色规范去对待父母。当然，后来出现的愚孝，不是我们所提倡的。可是换一个场景，对于儿子我就是父亲，儿子也应该按他的角色要求去做事情。我对我的哥哥非常恭敬，同时我的弟弟对我也非常恭敬，兄友弟恭，每一个角色都按照自己的角色规范办事，就是一个良好的社会，就是郑杭生先生所讲的"良治"——良好的社会秩序、良好的社会运行状态。

中国社会思想、中国文化非常强调修角色，强调表里如一、除了角色我再也无我，这是中国社会思想的一个非常鲜明的特点。这个角色不是表演出来的，而是从内到外一致的，就像孔子所讲的"从心所欲不逾矩"的那个状态。只要修身修到了家，我们就可以从心所欲不逾矩。但达到这个状态是很艰难的，所以中国人对人的要求是比西方高很多的。

当然，如果修不好，就会出现另外一种现象，那就是表里不一——表面这么做，但心里不是这么想的，于是就会出现一些伪君子，表面一套背后一套，当面说得很好听，背后做另一套，这种人在社会当中也是常有的，传统社会有，现代社会也有。伪君子现象在中国出现，为什么？就是因为修身不到位，这就是我们的传统社会强调修身、修角色的重要性的原因所在。

总之，中国的角色观跟西方的角色观是不一样的，中国的角色观强调的是认真地了解角色的行为、角色的义务和责任，以及角色的权利，是这么一个社会状态，或者说是这么一个社会的人与人之间关系的状态。中国社会是角色至上的，或者说角色唯一也可以，修身就是修角色。

七、爱有差等特性

客观地讲，在中国人的思想中，"爱无差等"的价值观、博爱的价值观是很弱的。中国思想中有讲博爱的，那就是墨家，墨家讲"兼相爱、交相利"，基本上讲的就是博爱、无差等的爱，但是墨家在中国不发达，在战国时期曾成为显学，可是之后就销声匿迹了。两千年来，中国人很少提倡墨家思想，为什么？是墨家说得不好吗？其实墨家说得对，"兼相爱、交相利"，有利益大家均分多好，可是它不符合中国多数人的文化认知。中国人其实处于一种爱有差等的状态，爱有差等是什么？就跟费先生所讲的差序格局的意思差不多，爱是有远近差别的。我们中国人认为，人的爱的能量有限，爱的能量的释放有差等、是由近及远的，有差等的爱构成了中国的社会关系结构。尽管孔子也讲"泛爱众"，但"泛爱众"是指博爱吗？实际上，泛爱众跟博爱的内涵并不完全相同。限于时间，我不做详细解读。

中国的这个思想更符合孟子所讲的"推己及人"。费先生说他的差序格局观点就是从"推己及人"当中的"推"字衍生出来的。推是什么？由近及远地推。孟子讲"老吾老以及人之老，幼吾幼以及人之幼"，关键是"以及"两字，先孝敬自己的父母再推及其他父辈，先照顾好自己的孩子再推及别的孩子。这就叫"推"，推一下就差一等，推一下就远一点。

改革开放之初回国投资的一些海外华侨到哪里去投资？他们在投资的地点上大多选了他们的家乡。华侨少的地方投资就少，为什么会这样？他们要造福乡梓，若有工作机会，先让族人、邻里得到，先让老乡们得到，有了荣耀先与亲人、熟人、乡亲分享。这有错吗？没错。西方人的爱无差等的慈善有错吗？也没错。大家各有千秋。我无意贬低西方，但是我希望大家能理解中国这一套推己及人、"老吾老以及人之老，幼吾幼以及人之幼"的爱有差等的思想也是高尚的，和西方的无差等的爱的效果是一致或者接近一致的。为什么这么说？跟刚才讲的是一个道理。我们可以想象，在社会上所有慈善的量、救助的量恒定的情况下，普遍救助和每个人由近及远地救助的总量是一样的。只不过在中国社会中，如果每个人都由近及远地救助，由于群体资源不同，有些人得到的救助可能很少甚至没有，结果可能不尽公平。这就是中国人要努力"光宗耀祖"、努力做出成绩的原因，就是想让亲朋好友感到荣耀。总体上慈善的量是一样的，只是与西方的逻辑不一样。

我认为，中国慈善事业的发展与西方不会一样，因为中国人不是这么认识问题的。我们有了剩余的衣物和玩具，会首选给亲戚的孩子或者朋友的孩子，而不会首选捐助，多数中国人不会这么做。我们这样好不好？好。关键是我们有了能量，每个人都要去释放。当社会的阶层结构、家庭资源结构相对平等时，慈善的总量与西方是一样的，效果与西方也是一样的。

有些西方人认为中国人没有爱心，这失之偏颇。我们爱心的释放方式跟西方人不一样，如此而已。中国社会是爱有差等的社会，过去是这样，现在也一样，再过 100 年我估计还是这样。非要改不可吗？不一定。只要有爱，不管你是无差等地去释放还是有差等地去释放，它的总量都是一样的。

中国文化的特点也就由此产生了。我们在制定一些社会政策的时候，包括我们在认识中国社会的时候必须看到这一特点。就各位而言，如果你们有能量、有余力去释放的时候，你们怎么释放？这种释放我们觉得很心安理得，大家也都觉得好，这就是中国文化的特点。我们的文化跟西方文化不一样，大家各有千秋，我们应该按照费先生所讲的"各美其美，美人之美"，不要总觉得西方文化就好，我们要平等地看待各种文化的特点。中国文化延续 5 000 年，文明社会几千年来绵延不断，自有其行之有效的逻辑在里面。我们只有和传统文化认知、传统价值观保持一致，以此来制定政策，以此来处理社会中的各种关系，才会行之有效，生搬硬套不会有好效果。

八、上位优先特性

它与刚才讲的角色至上、爱有差等是相关联的，讲完了串在一起看，就可以看到中国社会结构的全貌。实际上角色至上也好、爱有差等也好，都是以上位优先为前提、为基础的。什么叫上位优先？也就是角色的权利、义务不是完全对等的。父子关系、夫妻关系、兄弟姐妹关系、朋友关系等等中的人的权利、义务不完全对等。比如朋友之间分年龄，你大我几岁就是老兄，我小你几岁就是老弟，要分出上下。同学之间也一样，以各种方式分出上下。除了要分出上下，还要分出远近。分出远近的维度有很多，比如同乡、同学、同事、战友、老部下、同姓、同宗等等因素，通过它们分出远近来。两个主体人之间的间性也就是主体间性不完全对等，是不平等的，这里就有一个上和下的问题。三纲当中讲上下关系、阴阳关系。阴阳讲什么？讲上下。在上下关系当中，上位为优先，你跟一个上位者在一起，你就是一个下位者。在任何情况下都要分出上下，不追求平等，追求的是上下，或者说以上下来定位，以上下来确定自己的角色、自己的权利和义务。父子之间、兄弟姐妹之间、上下级之间、师生之间、同学之间等等，都要分出上下，即使是再横向的关系，也要分出上下。

通过上下排序，形成了长者的优先性、长者的权威性。中国社会可以叫权威社会，不能叫威权社会，我认为威权社会是含贬义的。权威来源于上位，上位是靠什么获得的呢？靠角色获得，靠角色相互认知获得。在一个群体当中出现了一些争执，谁说了算呢？关键时刻上位者说了算，上位者有更多的话语权。我把它叫作"横向关系纵向化"，即非要把横向关系纵向起来、分出上下来不可，然后确定上位者有优先的权利、有优先的话语，这是中国社会组织群体建构的一个很大的特点。

按照中国的这种逻辑，越是上位者，越应该是修身修得好的人，越应该是具有修养的人。如虽然墨子提倡兼爱交利，但他建构的社会关系依然是上下结构的。他说，老百姓上面有正长，正长上面有三公，三公上面有天子。老百姓之间发生冲突，摆不平的事去找正长，正长说是就是、说不是就不是，因为正长比老百姓更贤能、更有智慧、判断更准确。正长之间发生争执问三公，三公说是就是、说不是就不是，因为三公比正长更贤能、更有判断力。三公之间有争执就问天子，天子更圣明、更有判断是非的能力、判断更准确，听他的不会错。可见墨家在这种问题上依然是强调上下、强调上位优先的，但上位优先的前提当然是上位者要贤能，这就是中国所讲的"内圣外王"的道理。中国总希望内圣而外王，也就是说先内圣后外王，你只有修身修得好，各种关系处理得好，有这个能力，有这个教养和修养，然后才有话语权，这是一种良好的状态。这样一种状态实际上就总体社会的运行成本而言是最节约成本的，"内圣外王"的社会是最节约成本、效率最高的社会，但前提一定是先内圣后外王，不能相反。而在中国社会当中，出现了很多相反的现象，理论上讲是内圣外王，但实际上是外王内圣。比如皇帝死了，他的嫡长子继位。嫡长子圣不圣？不知道。他因为是嫡长子，因为自己的角色而获得了这样一个位置，可是他可能没有达到那样的修养，"德不配位"。这是传统社会中的一个现象。

中国传统社会就是这样一种状态，是上位优先的，横向关系也要立起来看，找到理由排出上下，然后下位者与上位者分别按照自己的角色规范去做事，这是中国社会秩序建构的逻辑或者说中国社会秩序运行的重要逻辑之一。这种逻辑在传统社会如此，在现代社会也大体如此，就是要确定位置，上位优先。

九、大群优先特性

中国社会具有大群优先特性。社会学基本理论分为社会唯名论和社会唯实论，中国社会是个典型的社会唯实论社会。在中国人的思维中，一个人有没有教养就看他在这个组织当中是不是能够以他人优先、以群体优先。个人与群体之间要群体优先，小群与大群之间要大群优先，大群与国家之间要国家优先，是这么个定位。毛泽东讲，要做一个高尚的人，一个纯粹的人，一个有道德的人，一个脱离了低级趣味的人，一个有益于人民的人。而这样的人就是以个人服从群体、小群服从大群为追求的人，就是符合中国传统文化、传统价值观、传统人格的人，或者说是修养高的人。

当然，它同上位优先一样，也容易出现伪君子，就是口头上按照社会共同价值说群体优先，背地里却不这么想，这也是我们社会当中屡见不鲜的一种现象。原因是什么？就是修身没修好，用现在的话说就是革命觉悟不够高、道德水平不够高。什么叫道德？"道者，人之所共由；德者，己之所独得。"天下共同遵守一套价值观，自己的体会、自己的所得化为行动，就叫道德。群体优先的观念在中国古往今来都没有变化。

十、化冲向和特性

这是中国很鲜明的特点之一。中国人讲"和为贵"，和是最大的追求，是大同的状态。对"大同"内涵的最早理解就是和。大同就是神意和天子、大臣、庶人的意志都相和，这种和的状态就是大同，大同社会就是大和的社会。

关键是什么叫化冲向和。中国人是向和的，但是承认"冲"或者叫"冲突""不和"的存在。我们是怎么对待冲突的？孔子讲"以直报怨"。"怨"是什么？怨是一种冲突的现象。要以直报怨，用率真、用真话回应对方，用这个来化解相互的冲突，而不是以怨报怨，这是化冲向和的方式之一。

生活中有很多"冲"的状态，小说或武侠剧当中，两个人打起来了，打着打着成朋友了。中国有句老话叫"不打不相识"，打就是"冲"，相识就是"和"。

《周易》六爻中对"冲"是怎么理解的？比如，《周易》六爻中有"世"有"应"，"世"是自己，"应"是别人，遇到事情时要看"世"与"应"之间的关系，看其是"冲"还是"和"，如果是"和"就没问题，如果是"冲"，可能就要去转换，化冲向和。

中国社会就是这样，我们讲五行相生相克，天干地支也相生相克，相克就是"冲"，"冲"不一定就坏，要把"冲"转换为"和"。这是中国思想中很有意思的一个现象，叫作化冲向和。

中国社会现在讲倒逼理论，倒逼是什么？倒逼本身是化冲向和的方式之一。化冲向和是中国文化一个很重要的特点，在传统的阴阳学、五行学、《周易》当中都有体现，在日常生活当中同样有体现。这是我们处理人与天的关系、人与人的关系、人与群的关系，以及群与群的关系的一个重要的思维方式，和西方不一样。

对于信仰当中的冲突，我们是通过化冲向和来解决的，对于价值观当中的冲突，我们也是通过化冲向和来解决的，西方的文化冲突理论讲的就不是这个。化冲向和思想在中国社会从传统到现在是一致的，我们的社会思想理念总是以和为最高目的，转化冲突，让它归于和，最后达到大和即大同。费孝通先生讲的天下大同的前提是"各美其美，美人之美，美美与共"，也就是只有上下、内外、天人相和了，才能达到大同的状态。

在和西方的比较当中，我们可以看到中国的社会思想有很多特性。

我以上讲了 10 个特性，限于时间不能做太详细的解读，说得不是很全面，如果大家有疑问可以提出来，而且可以批评指正。

总之，中国文化作为一个原生文化，作为唯一一个到现在仍绵延不断的、有持续性的文化，有其自身的特点。换个角度讲，它必然有其自身的特点，如果没有特点，它就不能称为原生文化。对于这些文化是要总结的，很多传统文化能够延续到现在，说明它是有生命力的，说明它的内容中的很多东西是有现代性的。我们要发掘中国传统思想、中国传统文化的现代性，以此跟中国现代社会的发展相结合，建构中国的社会学理论，建构中国的社会主义，这与郑杭生先生在其所讲的理论自觉当中提倡对中国传统文化再发掘、对西方文化再认识、对中国社会研究再深入的观点是一致的，也与习近平总书记所讲的把弘扬优秀传统文化同马克思主义立场观点方法结合起来的认知是一致的。

这个问题很大，希望通过我的抛砖引玉，引起大家的思考。

谢谢大家！

图书在版编目（CIP）数据

社会学与中国社会研究：郑杭生社会学大讲堂实录．
第二辑 / 冯仕政，奂平清主编． -- 北京：中国人民大
学出版社，2024.10． -- （明德群学 / 冯仕政总主编）．
ISBN 978-7-300-33340-3

Ⅰ．C91-53

中国国家版本馆 CIP 数据核字第 20242W8E40 号

明德群学　冯仕政　总主编

社会学与中国社会研究
——郑杭生社会学大讲堂实录（第二辑）
冯仕政　奂平清　主编
Shehuixue yu Zhongguo Shehui Yanjiu

出版发行	中国人民大学出版社	
社　　址	北京中关村大街 31 号	**邮政编码**　100080
电　　话	010 - 62511242（总编室）	010 - 62511770（质管部）
	010 - 82501766（邮购部）	010 - 62514148（门市部）
	010 - 62515195（发行公司）	010 - 62515275（盗版举报）
网　　址	http://www.crup.com.cn	
经　　销	新华书店	
印　　刷	北京昌联印刷有限公司	
开　　本	720 mm×1000 mm　1/16	**版　　次**　2024 年 10 月第 1 版
印　　张	20.75 插页 2	**印　　次**　2024 年 10 月第 1 次印刷
字　　数	285 000	**定　　价**　118.00 元